ビジネス化する性暴力

性暴力の法市場化に抵抗する政治の再構成

キム・ボファ［著］
影本 剛［訳］

解放出版社

日本語版序文

この研究を集中的に行った時期は、韓国社会でMeToo運動が本格化していた時期すべてを貫通する。当時、女性運動の現場で研究活動をしていたわたしの経験から見る時、韓国のMeToo運動は二〇一五年頃から社会運動、大学、職場などの共同体を背景にして拡がっていた。これは二〇一六年の江南《カンナム》駅で起こった女性殺人事件を起点に、「新しい世代のフェミニズム運動」と呼ぶに十分値する勢力化へとつながった。大学で、共同体で、「フェミニズム」という名前をかかげれば多くの人びとが集まり、フェミニズム関連書籍も、いついかなる時よりも多く溢れんばかりに出版された。このような流れは、二〇一八年のMeToo運動が絶頂に達する状況を作りだした呼び水でもある。MeToo運動は、特定の世代、特性の性別だけの問題であると矮小化してきたさまざまな不正義が、長い間韓国社会に累積してきた暴力の「さまざまな記憶」と出会うことになった結果だ。この研究はその「さまざまな記憶」を流し去るのではなく、その「さまざまな記憶」をめくりかえしていく過程であると同時に、韓国社会のいたるところで#MeTooと#WithYouのスローガンが溢れていたその時、その時期、その人びとについての話である。言いなおせば、自分の性暴力事件の解決の過程をMeToo運動の一部として言語化し、勇気を出して動きはじめた被害者たちが、逆に加害者たちから「逆告訴」という法的な攻撃を受けるようになった現実、つまり、当然持つべき羞恥心をかなぐり捨てた加害者らによるバックラッシュにさらされた現実があった。しかしそれにもかかわらず、被害者たちが見せてくれた政治的責任感と政治的治癒に関する話である。

この研究が世に出たあと、性暴力加害者の減刑や性暴力の法市場化（ビジネス化）の問題は、思ってもいないほど多くの関心を集めた。もちろんこれは研究の成果だけでなく女性運動の結果でもある。ニュース、ラジオ、さまざまなドキュメンタリーなどが「性暴力加害者の減刑市場」に注目し、「あさましい減刑」と称してこのような事態を批判した。ある国家議員は「性犯罪加害者の反省文による減刑」を根絶するための法案を発議し（二〇二二年一月二八日）[1]、最高裁の性犯罪量刑委員会は「真摯な反省」に対する定義基準を新設（二〇二二年六月一日）した。しかし他方で二〇二二年一二月から「刑事供託特例制度」が施行され、加害者が被害者の個人情報を知らずとも刑事供託ができるようになった。それゆえ、宣告公判の直前に、つまり被害者が認知したり対応したりできない時に突然のように供託をする「奇襲的な供託」が盛んに行われたのであるが、そのうえ供託金額が高くなればなるほど減刑比率が高まったという記事も報道された[2]。また予想していたかのように、まったく女性主義的な感受性をもたない法律事務所による「性暴力被害者を専門的に担当する」という宣伝も増加し、性暴力被害者に対する法市場もまた拡大しているのが実状である。

それゆえわたしが指摘したかったこと、そしてわたしたちが注目しなければならない部分は、性犯罪加害者や性犯罪専門法律事務所の「あさましさ」を単純にあれこれ述べることだけではなく、それらを可能にしているネオリベラリズム的な構造を明らかにすることだ。性暴力（ジェンダー暴力）がいかなる構造のなかでどのように作動しているのかについてわたしたちが注目しないことには、常に新しいトレンドをつくりだし、千変万化であるかれらの「技術」に振りまわされるしかない。

その一方で、韓国で本書が発刊された頃、（性暴力）虚偽告訴の処罰強化を公約にした政権が登場した。その政府は、女性への暴力に関する対策・支援の関連予算の削減、政府支援の民間雇用平等相談室（職場内セクシュアルハラスメント・性差別関連相談所）の廃止、女性への暴力を対策するさまざまな支援団体に対する統廃合を強行している。そしてその代わりに、韓国社会の少子化危機論に根ざした少子化対応政策を講じている。現在韓国では、合計特殊出生率が〇・七にいたろうとしており、「国家消滅」の危機が論じられている状況だ。しかし異性愛中心の婚姻関係のみが法的・社会的に認められる社会、あるいは非婚の母に対する否定的な視線がある一方で支援が不足している社会、さらに女性への暴力が高度化され続けており被害者に対する十分な支援と加害者に対する適切な処罰が前提されていない社会において、目先のことしか考えない政策によって少子化問題が解決できるかは疑問である。しかしその疑問を疑問にとどめるのではなく、批判的問題提起へと、路上における声へと、研究現場における政策へと、政治化された理論へとつなげていかなければならないことは、ほかならないわたしたちの役目でもある。

最近数年間、日本社会でもMeToo運動が展開され、二〇一七年と二〇二三年の刑法改正によって刑法上の強かん罪が不同意性行等罪に改定されるという大きな成果があったことを知っている。このような時期に、本書が日本社会に紹介されることは、本書が今後、性暴力の法的解決過程に対する両国の変化の足跡とその効果を議論できる一つの場（field）の提供になることを期待する。整然としていない文章を誠意をこめて翻訳してくださった翻訳者の影本剛さんと、本書が日本の読者たちと交流できる機会をくださった解放出版社に心を込めて感謝を伝えたい。

ソウルにて
キム・ボファ

注

（1）「ソン・ギホン委員「反省文のあさましい減刑の根絶法」発議」〈LAWnB〉二〇二二年一月二八日。https://www.lawnb.com/I

（2）「判決九八八件を初めて分析……半数以上が「奇襲的な供託」（刑事供託一年）」〈KBSニュース〉二〇二三年一一月二〇日。https://news.kbs.co.kr/news/pc/view/view.do?ncd=7821970（最終検索日：二〇二四年六月二四日）

目次

ビジネス化する性暴力——性暴力の法市場化に抵抗する政治の再構成

プロローグ

「被告○○○を懲役二年に処する」。

二〇一七年一月一七日、瑞草洞《ソチョドン》〔最高裁などがある韓国司法の中心地〕の裁判所から相談所に戻る電車のなかで感じた怒りと興奮、無力感と惨さが、いまなお生々しい。

二〇一六年を前後して、韓国社会では有名人や男性芸能人による性暴力がつづけざまに一面記事になり、加害者と名指された一部の男性たちは「虚偽告訴は大罪」だと言いながら、先を争うように被害者に対して虚偽告訴罪で逆告訴した[1]。その日は、有名芸能人パク某に性暴力被害を受けたという虚偽告訴で訴えられた多数の被害者のなかの、最初の被害者に対する一審判決の日だった。その日のメモと裁判記録を参照すれば、当時、裁判官は被害者に「被告人たち〔被害者と助力者A、B〕の罪質はきわめて悪い……パク某は虚偽告訴によって性暴行をした犯人に追いこまれ、とてつもない苦痛を受け、ぬぐい切れない致命傷を負った。なんら罪のないパク某は、これによって回復困難な被害を負い、家族たちも精神的に苦しんでいる。被告人〔被害女性〕の話は納得しがたい弁明であり、厳罰に処するべきである」と実刑を宣告した。この日、同一法廷の別の判決公判では、前科があり、怒りにまかせて刺身包丁で横の人の太ももを刺した被告人は、実刑六カ月、執行猶予二年の判決が下された。他方で、すでに拘束捜査中であった芸能人パク某の性暴力事件の被害者は、懲役二年、かのじょを助けたAは懲役一年六カ月、B

は二年六カ月の刑を言い渡され、その場で法廷拘束された。

　わたしは二〇〇六年から韓国性暴力相談所で性暴力被害者相談と支援、加害者教育などを行ってきて、二〇一〇年には「性暴力加害者の加害行為構成過程に関する研究」で女性学の修士号を取得した。大学の性暴力相談センターを経て博士課程を修了した。二〇一六年からは韓国性暴力相談所の付設研究所ウルリム〔「響き」という意味〕で責任研究員として活動し、少なくない時間を反性暴力研究活動家として生きてきたが、その時のぞっとした感覚は特別だった。加害者たちの逆告訴はいつもあったことであり、法はすでに骨の髄まで男性中心的であったし、被害者に対するメディアと社会の認識は更新されずに加害者たちを代弁してきた。しかし最近になって被害者に対する虚偽告訴や名誉毀損のような加害者の逆告訴がしょっちゅう現れるのは、ただ気分のせいなのか？　実際に増えているのか？　少なくとも増えているように見える理由はなにか？　これまで三〇年間の韓国女性運動は、社会的セーフティーネットとして性暴力被害者の権利保障のための法的・制度的変化を要求してきており、多くの部分で進んだ点があると信じていた。しかしふりかえってみれば、法と正義の名前で性暴力被害者たちが虚偽告訴の加害者になって刑務所に行ったり、さらには被害者が加害者に金銭的な補償を支払わさせられることが起こりつづけていた。なにがどのように、なぜ変わっていっているのだろうか？

　そうしていたある日、わたしは地下鉄の教大《キョデ》駅に掲示されていたある法律事務所の広告を見て唖然とした。「児童セクハラ、強かん犯罪、その他性犯罪」などに対する「不当な処罰を無罪、不起訴、執行猶予に導きます」という内容の広告だった。[2]　性暴力が法的解決過程を経る時、これまで裁判所と社会は性暴力被害者が自ら被害を誘発したであろうと強く疑ってきたし、加害者に対する軽い処罰と温情的認識が存在した。その広告は加害者たちを代弁し、性暴力に対する処罰は重過ぎるだけでなく、悔しく思う加害者が多いということを公然と宣布するように見えた。

その広告は、当時さまざまな市民の問題提起によって撤去されたが、「加害者専門弁護士市場」、いわば加害者中心の「性犯罪専門法律事務所」が形成されていることを知らせるサインであった。その頃、インターネットで性暴力と検索すれば、さまざまな法律事務所が「性犯罪専門担当弁護士」、「嫌疑なし、無罪を勝ちとってさしあげます」、さらには「虚偽告訴専門」などの文句をオン／オフラインで広報しており、パッケージ商品のような形で加害者弁護と(逆)告訴の件数を増やしていた。自らを性犯罪専門法律事務所と自負する法律事務所のホームページには、その法律事務所の弁護士を選任した性暴力加害者が無罪を勝ちとったり、軽い刑にとどまったという口コミが「成功事例」という名目で掲示されており、一部の法律事務所は自分たちを「性暴力相談所」とまで紹介していた。性暴力加害者の法的対応過程は、受任料が高いとしても勝訴率が高く、成功の口コミが多い業者を選択すれば勝てるものとして市場化されており、法曹市場で性暴力加害者の弁護は、他のどの犯罪よりも金になる分野として好まれていた。

緊張感のなかで二〇一七年に韓国性暴力相談所の付設研究所は、韓国女性ホットライン連合とともに『性暴力逆告訴被害者支援のための案内書』を刊行した。そして現場で逆告訴被害者たちと弁護士たちにインタビューをし、このような法律事務所の活動が決して例外的な状況ではないことを知った。何人かの被害者たちは六〜七件以上の逆告訴被害を受けていた。逆告訴は本人だけでなく家族や周辺の人、支持者たちにまで至っており、その数は数十から数百件になる場合もあった。加害者を告訴したという理由で、被害事実を公《おおやけ》にしたという理由で行われる逆告訴は、虚偽告訴、名誉毀損、脅迫、侮辱、恐喝、強要、偽証、損害賠償など民事と刑事を隔てることなく、対象を選ばずに無差別的に行われた。被害者の学校、職場、家族、友人関係をはじめとし、人生をまるごと揺るがす「報復性逆告訴」が溢れかえっていたのだ。(3) 現在、性暴力被害者たちは告訴や問題提起を考えるさいに加害者の逆告訴も考慮しなくてはならず、性暴力告訴と逆告訴、またこれに対する対応によって性暴力事件の解決過程は司法秩序に従属しているように見えた。この段階までくれば、法は性暴力被害者たちに正義を具現し、加害者に対する処罰を期待できるものというよりは、むしろ加害者の側に立つ保護膜のように感じられるほどであった。

このような雰囲気のなかで、最近の女性運動団体は、加害者たちの減刑戦略と流行病のような現象に悩まされている。反省の一環として裁判所に提出するための〔女性運動団体への〕後援金納付と会員加入が増加し、加害者であることを隠したままボランティア活動に申しこんだり、ボランティア活動をしている男性がしばらくしてから裁判中の加害者だったと発覚することもあった。このように、被害者の意思と無関係に、そして被害者たちは全く認知できないまま、このようなやり方が加害者の減刑要素として適用される慣例によって、女性運動の諸団体は、後援会員加入や寄付がどのような理由と経路で行なわれているのかを、さらに細かくチェックするようになった。後援会員や寄付者を、歓迎と感謝ではない疑いと検閲の判断軸で見なければならない状況になったのだ。活動家たちは、被害者たちをいかにして性犯罪専門法律事務所に幻惑されないようにするかを、いかにして加害者の「強引な寄付」を探しだせるかを、出所のわからない寄付がなんらかの事件の加害者であるかもしれないという心配のなかで、さまざまな対応活動をすると同時に反性暴力運動の内容と方向について考えてきた。

はたして加害者にきちんとした法的処罰が可能なのかと反問していたのもしばらくのあいだであり、二〇一五年頃から特定の共同体を中心に発話されたいわゆる「性暴力被害経験を語る運動」が、ハリウッドを経由して二〇一八年一月二九日、〔生放送のニュース番組を通して検察内部のセクシュアル・ハラスメントを暴露した〕ソ・ジヒョン検事の語りとともに「MeToo運動」という名前で実践されはじめた。韓国性暴力相談所の相談統計分析によれば、二〇一八年の全相談一一八九件のうち、MeTooに関連した相談は一八一件(一五・二%)であり、成人期の被害は五九・一%、青少年期(一四~一九歳)は一三・八%、子ども(八~一三歳)は二〇・五%、幼児期(七歳以下)の被害も三・六%であった。主に、MeTooに言及しながら相談をしたり、これまで被害を語れなかったが最近になってMeToo運動を見て勇気を出したり、それ以前には被害と認識できなかったが最近になって被害を認識するようになったりした場合であった。[4]このような相談はとりわけ二〇一八年一月三〇日から五月末まで集中的に行われ、相談に来た人びとは相談員に語ることから、公にしたり、法的申告を考慮すること、個人的に抗議することに至るまでさまざまなやり方の問題提起をMeTooと認識していた。

当時、それまでの三〇年のあいだで、このような全国民的反応ははじめてだと語った活動家の言葉のように、相談室に相談電話が嵐のようにやってきて、MeToo運動に参加する被害者たちの増加と、関連するメディア報道が続くにしたがい、学校で、会社で、路上で、大小さまざまな共同体で、オンラインで、被害者たちはなんでもやる勢いで集まっていった。わたしが属していた研究所では女性家族部〔「部」は日本の「省」に該当する機関〕からの急な研究依頼を受け、「性暴力被害相談分析および被害者支援方法研究」を行った。この研究は全国の四つの相談所の一年間の相談日誌である約一万五〇〇〇頁を一つずつ検討し、MeToo運動の背景、動機、実際の被害者たちの訴えの内容、処理過程に対する意味を分析したものだ。日誌に現れた諸事例は、主に児童・青少年期に親族関係や教師などによる被害と、職場、学校など明確な権力関係の下で発生した性暴力、そしてかなり以前の被害が多く、なかには五三年前の被害をはじめて語るという相談もあった。相談日誌は世の中に現れない多くのMeTooが存在しており、法的構成要件や告訴時効、親族関係などの理由で法的に解決されなかったり、することができなかったりする性暴力被害がどれほど多く累積しているのか、なぜMeToo運動が起こるしかなかったのかをありありと見せてくれていた。また性暴力は特別な個人の不運ではなく、構造的に発生する「普通の経験[5]」だということ、女性たちと被害者たちが語りはじめれば社会に大きな亀裂を生じさせうるということも経験させた。

　MeToo運動によって、なんとかもう一度、あるいはようやく法的解決を試みた事件も少なくなかった。そのうちの一部は加害者の逆告訴によって報復をされたり、むなしくも無罪判決を下されもした。代表的なものは二〇一八年八月一四日、アン・ヒジョン前忠清南道《チュンチョンナムド》知事による性暴力に無罪判決が下された第一審裁判であり、判決文は、性的自己決定権を説明するなかで「女性が相手側の男性と性関係をもつかどうかを自由意志の制圧がない状態で決定したのにもかかわらず、自分の決定を事後的に覆して相手側の処罰を要求することは、性的自己決定権を自ら否認する行為［憲法裁判所二〇〇九年一一月二六日。宣告２００８ホンバ58、２００９ホンバ１９１（併合）決定など参照］」と、被害者を個人化して非難する論理を作りだした。この判決が下された直後、わたしもまた多くの女性とともにソウル西部地方裁判所の前で、抵抗の声を叫んだ。路上を占拠して「女性に国家はない」と主張する女性と市民たちのデモ、そして強い問題提起に力を得て、第二審と第三審ではさいわい有罪判決が出されはしたが、旧態依然のようでありながら新しかったこの論理に少なくない衝撃を受けたわたしは、性暴力のさまざまな判決文を調べはじめた。その判決も含め、ここ数年間の性暴力の無罪判決文で、被害者が性的自己決定権を行使しなかっただとか、加害者は被害者が性的自己決定権を行使したであろうと考えたがゆえに無罪だとかいう論理の判決文を、簡単に探しだすことができた。性的自己決定権をもつ女性は正確に自分の意思を表現できるがゆえに性暴力被害者になりえないという逆説が登場したのだ。いったいどうすれば被害者になることができるというのか。

性暴力の告訴率は高まっているが起訴率と拘束率は高まっていない状況において、被害者たちは自らを絶えず、そしてより強く被害者化してこそ被害者に「なる」ことができる。昔から韓国社会では性暴力被害者に対する同情的・施恵的な視線が強かった。それは被害者に対する特定のイメージが存在するということを意味する。そのイメージの代表的なものは、被害者はとてつもない精神的衝撃によっていつも憂鬱で苦痛のなかにはまりこんでいるであろうということ、職場生活や学校生活、恋愛などをするのは難しいであろうというなどの認識である。このような偏見は、性暴力が何に対する侵害なのかについての理解が欠如しており、ともすれば二次被害に繋がることもある。被害者は大変だし悲しみもあるだろうが、憂鬱な感情から抜けだすためにおいしい店を探したり、旅行に行ったりもして、憂鬱なそぶりを見せたくなくて明るい姿をSNSにアップしたりもする。傷つけられた心を新しい恋人と克服しようと努力してみたりもするし、学業や仕事が大変な日もなんとか耐えていくこともある。一〇〇種類の性暴力があれば、少なくとも一〇〇人の被害者がおり、それぞれの被害者たちが回復していくやり方は、数百、数千種類にもなりうる。被害者の回復は、被害者と加害者の関係、発生空間、被害類型、二次被害の有無と程度、解決の方法と結果、事件関係者たちの支援と力量、被害者の生涯史的な背景と経験などによってそれぞれ異なるやり方で構成されるからだ。典型的な性暴力や典型的な性暴力被害者と加害者は存在しないということだ。しかし性暴力被害者に対する特定のイメージは、力づよい主体ではなくて、かならず苦しがっているべきであって、もっといえば苦しがっていないのであれば被害者ではない者として見なす。

このような治療言説は、うつ病、パニック障害、不安障害、PTSD(外傷後ストレス障害Post Traumatic Stress Disorder)のような精神障害と深い親和性をもつ。「韓国は自殺率が一位だが、うつ病の薬の服用はOECDでビリ」というような精神科治療を勧める記事[6]が絶えず登場し、とりわけ性暴力の被害はさまざまな精神的問題をともなうがゆえにカウンセリングや薬物服用などを通して治療されなければならず、「性暴力被害者の八〇%が精神的苦痛を体験している」などの報道[7]が増えはじめた。このような言説の問題は、法的空間において被害者が「本当の」被害者であることを認められるためには精神的苦痛を立証しなければならないというところにある。治療が必要ないということではない。治療が必要なこともあり、必要でないこともある。しかし精神科的な苦痛を証明してこそ被害者として信じてやる法と社会は、男性中心的社会構造に対して問題提起をしてきたフェミニズムカウンセリング運動と理論、そして被害者の治癒を社会的変化と連帯の言語として意味化してきたさまざまな政治学を削除し、性暴力事件は個人的な治療によって解決できるものへ縮小している。ここまでくると被害者は存在するものではなく特定の立証システムを経由してつくられる。この社会が被害者と信じたい被害者だけが被害者になることができるのだ。このような現象に対し最大の責任が割りあてられている国家の支援体系はどうなのか？　国家は財政支援を口実に、女性運動団体の活動を「カウンセリング実績」という名目で報告させ管理することをもって国家の代理サービス機関として位置付けるために絶えず努力中である。

そうであるならば性暴力被害者が国家のサポートを受けて性暴力事件を法的に「解決」することは可能か？　性暴力とともに強力犯罪である強盗、殺人、放火と異なり、ひときわ性暴力犯罪で加害者のための弁護業界が速度をもって広範囲に市場化されていくことができた条件はなにであろうか？　性暴力加害者のための商品を売り買いする法律市場はどのように構成されており、なにを意図しているのか？

医療サービスと感情の商品化は被害者の位置をどのように再調整しているのか？　法はどのような被害者と加害者をつくりだしているのか？　法的に勝訴すれば事件は解決するのか？　「解決」とはなにか？　性暴力被害に対する治癒と回復は可能なのか？　なによりも現在のようなネオリベラリズムの秩序下において性暴力事件の解決の意味はいったいなんなのか？

このような質問をもとにして、本書は性暴力事件の解決の司法化（事件を社会的・共同体的にとらえて解決しようとするのではなく、個人間の争いとして司法的に解決しようとする傾向。本書五九頁以下を参照）が強化され法が市場化される秩序と、この過程においてネオリベラリズムの主体として被害者と加害者が異なるやり方で個人化され、女性運動のフェミニズムの政治を脱政治化しようとする国家の統治戦略をネオリベラリズム統治性理論を通して分析する。そしてこの過程で性暴力をめぐるフェミニズム政治が事件解決の場でどのように「脱臼(disarticulation)」され、性暴力をめぐる諸言説が再構築されているのかを分析する。このための本書の研究方法は深層インタビューと言説分析だ。まず性暴力被害者一七人、女性運動団体活動家六人、弁護士八人の研究参与者とインタビューを行い、性暴力の意味がつくられる判決文(二〇一八~二〇二〇)および法的資料、そしてそれに影響を与えるオンラインなどの媒体にあらわれた言説を分析した。そしてこれらがどのように相互作用しながら、どのような効果をつくりだしているのかを検討した。本書は、研究者が同僚である活動家たちとともに、見て、聞き、感じ、研究し、闘ってきた現場の悩みをもとに、反性暴力運動における法市場化がどれほど運動の秩序を攪乱させ、被害者たちを無力な状態に位置づけようとしているのかを、それにもかかわらず被害者たちはいかなるやり方で被害を表しながら連帯を結んでいるのかについての悩みのなかで行われた、現場にもとづいた女性学研究である。

注

(1)「性暴力嫌疑イ・ジノク「虚偽告訴は大罪」」『ハンギョレ』二〇一六年七月一七日(オンライン参照)。
(2)「「性暴行を無罪に導きます」法律事務所の広告が物議」〈YTNニュース〉二〇一七年四月三日(オンライン参照)。
(3)韓国性暴力相談所の付設研究所ウルリムは、このような「報復性逆告訴」問題を分析し、二〇一八年四月九日「疑いから支持へ――性暴力逆告訴を解体する」研究フォーラムを開催した。本書〔韓国語原著〕の題名「市場に行った性暴力」は、当時筆者が発表した発表文「市場に行った性暴力――「企画告訴」の実体」

から採ったものだ。

（4）韓国性暴力相談所「二〇一八年韓国性暴力相談所相談統計分析」韓国性暴力相談所、二〇一九a。

（5）韓国性暴力相談所には性暴力が少数の人だけに起る例外的な事件ではなく性差別的な社会にまん延している問題であることを強調し、これを「普通の経験」と表現することで被害者たちが自ら治癒と回復を設計できるようにサポートする本を発行したことがある。韓国性暴力相談所『普通の経験――性暴力被害者のためのDIYガイド』イメジン、二〇一一。

（6）「韓国、自殺率一位なのに……うつ病薬の服用はOECDビリ水準」『聯合ニュース』二〇一五年一一月一八日（オンライン参照）。「自殺率OECD一位……うつ病薬服用一／三水準」『韓国日報』二〇一八年七月一二日（オンライン参照）などを参照。

（7）「「性暴力二次被害を防ごう」「その日」以降睡眠剤なしには眠れない……被害者八〇%以上うつ病に悩まされ」『ヘラルド経済』二〇一二年九月七日（オンライン参照）。「性暴力トラウマ、戦場軍人と類似……衝撃が大きく長く続く」『聯合ニュース』二〇一八年二月四日（オンライン参照）。「「性暴力トラウマ」一月以上持続すればPTSDと判断」『国民日報』二〇一八年三月七日（オンライン参照）。「性暴力被害女性、高血圧、睡眠障害、うつ病確率大きく「増加」」『アジア経済』二〇一八年一〇月一一日（オンライン参照）などを参照。

第一章

法市場、性犯罪加害者を支援する

この三〇年のあいだ、韓国の女性運動はフェミニズムの政治の戦略として性暴力関連法の構成および制度化過程に積極的に介入し、性暴力事件の解決のための国家の公的な責任を要求してきた。しかし性暴力事件の解決過程において司法的処理への依存度が高まるなかで、セクハラ・性暴力をめぐる暴力的構造と治癒・回復の意味、組織内の性差別的文化などをめぐる政治的論争が縮小され、事件解決の手続きと内容が司法化していった。そして加害者たちは被害者が性暴力を法的に告訴したり社会的に公にしたりする時、虚偽告訴や名誉毀損などの逆告訴[1]によって、事件解決のための被害者たちの意思を挫折させたり、むしろ自らを被害者化するやり方で法を活用する現象が増えている。この背景には、ネオリベラリズム化による法市場の構造変化および性暴力関連法の変化を踏み台にして、性犯罪を「専門」だと自負する法律事務所と弁護士たちがいる。このような状況において性暴力事件の解決のための女性運動が国家に対して行う要求は、だんだん法と市場の領域へと移動しているのだ。

第一節　性犯罪専門法律事務所の登場

❖法律市場の開放と競争の深化

韓国の法律事務所市場は、ＧＡＴＴ（関税および貿易に関する一般協定）、ＷＴＯ（世界貿易機構）、韓米

ＦＴＡ（自由貿易協定）などの交渉過程において、他の部門とともに開放を要求されていた。しかし韓国の法律事務所市場は、一九九〇年代後半の外換危機〔ＩＭＦ危機〕の時に、企業の倒産、リストラ、引継合併、法令整備などの問題を処理する一方で、米国およびグローバル法律事務所と競争するために内的競争力を育成しつつ飛躍的に成長した。韓米ＦＴＡの交渉妥結によって法曹市場がグローバル化され、法律家たちはだんだんと企業弁護士と化し、新法律家たちは商人の法で武装し、百貨店のように羅列されてワンストップで進む専門化されたサービスを提供し、内部構成員たちのあいだの無限の競争を助長する法律事務所文化が形成された。この過程で法曹分野は新エリート集団として、グローバル化の最大の恩恵を受けた者であり、[2]いわゆる「ＩＭＦ特需」[3]が著しい領域として、危機管理に能動的に対処するために法を扱う人的資源を拡大し、収益を産出するための方法を積極的につくりだしていった。

二〇〇〇年代はじめ、国内の法律事務所はグローバル化に対応するための内的戦略を立てていった。消費者が近づきやすくすること、差別化、専門化、大型化、ニッチ市場の攻略、オン・オフラインの相互補完などを提案したり、[4]法務サービス開放のために法曹人養成試験制度の敷居を下げ、裁判所も国際競争力を備えもつべきだ[5]という主張を展開したりした。ちょうどサイバー法律事務所のような名前でオンライン上の法律サービスを提供する業者が登場し、比較的厳格であったインターネットの広告基準も二〇〇七年を起点に緩和され、弁護士が運営する法律サイトのオンライン広告とさまざまな広報方法が拡大した。[6]すでに韓国の近代化過程から議論されてきた法曹人養成制度改革を骨子とした司法改革は、官僚主義な司法を止揚し、法曹人の倫理と資質を高めるために行われたが、[7]これは法律市場のグローバル化に対応するための時代的要求と噛みあって、二〇〇八年には米国式のロースクール制度が導入された。これによって弁護士数は増加しているが、弁護士倫理に対する認識や弁護士業務の質的向上のための教育水準は担保されていない状況では弁護士たちも生き残るための競争に便乗するしかなかった。(8)

ウンジュ（弁護士）(9)　弁護士も広告できなくてはならないし、弁護士はただの商人だというマインドが強くなりましたよ。自分の費用と時間と資本をとてつもなく投資して弁護士になったけれど、だからといって自分たちの生活が保障されるほどの収入にならないのに、なぜ自分たちだけにそんなに過大な倫理的義務を課すのか、社会的公的責務を課すのかという反発も大きいんです。もともと弁護士は義務的に一年に数時間以上は公益活動もしなければならないのに、それがかなり形式的に行われています。それに反発する人も多いし。弁護士がなんで公人なんだと、あまりにも形式的にのみ考える場合も多いので、専門家としての倫理や法律家としての倫理みたいなものはおおよその場合、冷笑の対象になるんでしょう。弁護士法第一条を見れば基本的人権を擁護するだとか社会正義を実現するだとかが書いてありますが、ちょっと冷笑的ですが、自己責任の時代だからそう〔競争に〕なるのかもしれません。いまの競争社会のなかで仕方なく便乗していく部分なのかなとも思います。

経歴一四年目の弁護士であるウンジュはだんだん生計が保障されなくなっている状況において、弁護士たちの倫理は重要だと感じられないと言う。「自己責任の時代」に弁護士の「商人」マインドは受けいれられるしかないということだ。したがっていままで弁護士たちに期待されていた公益活動や人権の擁護、社会正義の実現などの理想は「冷笑的」に認識され、弁護士たちの商人マインドは「仕方ない」ものとして認識される。

このような状況で、競争市場に入っていく法人のもっとも代表的な方法は、オンライン広告であり、とりわけ離婚と性犯罪の領域に特化されている。

ユジン（弁護士）　わたしたちは普通、事件の弁護士を探すさいに「だれかいないか？」と知人に聞いたりとか、会社の取引先だとかのつてをたどったりして依頼が来るんです。でも一〇〇％の確率でそもそも知らない弁護士に依頼をする場合が二つだけあるんですよ。離婚と性犯罪です。人の心理で言えば、自分の知り合いに言うのが恥ずかしいんですよ。（…）知り合いに言うのが恥ずかしいからオンラインで検索をしますが、オンライン市場が活性化している状況でオンライン広報マーケティングを初期からやっていた法律事務所がかなり栄えているのを見て、同じようにするところが出てくるんですよ。

ソンフン（弁護士）　わたしたちの立場から言いますと、人生で事件が一度だけの人たちと呼びます。（…）この人びと（加害者たち）のほとんどは知り合いに弁護士がいません。そうするとけっきょく弁護士を探す道が広告しかないのです。広告が儲かるんですよ。（…）たとえば建設、再建築、再開発などの広告を見たことはないですよね。そのような事件は広告じゃなくて、人の紹介で担当できる弁護士を探すからですよね。その反面、性犯罪や離婚は人生で事件が一度だけの方たちがほとんどだから、広告を見て探すしかありません。（…）いま法曹システムは経歴一年目、二年目、三年目などの新米弁護士たちをとても安い値段で使えます。だから三〇〇万ウォン（約三〇万円）や四〇〇万ウォン（約四〇万円）ほどの月給でかれらを使える環境ができているんですよ。いきなり弁護士たちが数年前から溢れるほど誕生したからです〔。〕（…）つまり安い弁護士を大量に雇うんです。（…）ブログ広告などで顧客を勧誘すれば、経験の浅い弁護士たちで運営することができるんですよ。そうしても大した問題になりませんよ。

経歴八年目の弁護士であるユジンは、離婚と性犯罪分野は「知り合いに言うのが恥ずかし」くて全く知らない弁護士を探す傾向があり、とりわけ性犯罪分野のオンライン広告が活性化されていると把握する。ロースクール出身のソンフンは、現在の弁護士市場の構造をうまく代弁してくれているが、性暴力加害者のほとんどは、いきなりはじめて告訴された場合なので、建設などの他分野のように口コミを経由して行われる依頼ではないし、その事件のあとに再び依頼する事件もないと言う。さらには知り合いの弁護士もいない場合が多いがゆえに広告が唯一の接近経路になるのだ。それとともに、ここ数年ロースクール出身弁護士たちが大勢登場したことによって、法律事務所の立場からは弁護士たちを「安い値段」で「使うことのできる環境がつくられて」いるがゆえに、一部の法律事務所は巨額の広告で顧客を勧誘し、その広告費を維持するために低賃金で経歴の浅い弁護士たちを大量に雇用するということだ。

このような環境は、最近ロースクール出身弁護士たち内部にある差異にも影響を受けている。

ソニ（弁護士）　弁護士市場が悪くなれば、全部ピラミッドみたいに一番低い弁護士にその負担が行くじゃないですか？　かつて司法研修院〔日本の司法研修所にあたる〕出身の弁護士たちは既得権を十分に享受した人びとですよ。だからいま新しく登場した人びとに対しては弁護士がもはやそれほど既得権でもないですし千差万別なので、ソウルの有名大学のロースクール出身弁護士たちはいいでしょうが、じっさい地方大学を出た人はもっと市場がよくないので、スペクトラムが拡がりきっていてその弁護士たちはいわゆる３Ｋ業種である性犯罪者弁護をすることになるんですよ。弁護士たちのあせりがあるみたいですし、いい職場もないですし、代表たちが経歴の浅い弁護士をそんな立場に追いつめるからですよ。

ロースクール出身で経歴二年目の弁護士ソニは何度も弁護士開業の困難を吐露したが、かつての司法研修院出身の弁護士たちを「既得権を十分に享受した人びと」と表現する。現在、弁護士業界で司法研究院出身の弁護士よりもロースクール出身弁護士がより大変であり、そのうえ地方大学のロースクール出身や、経歴が浅い弁護士たちは仕事を探すのが難しいので「いわゆる３Ｋ業種である性犯罪者弁護」をするしかないというのだ。このように経歴や出身ロースクールによる弁護士たち内部の不均等な位置のなかで、自分たちを「性犯罪専門」と広報するいわゆる「性犯罪専門法律事務所」が登場するのであるが、かれらは競争がし烈な弁護士市場において、むしろ変化にうまく適応した事例と認識されることもある。

ミンス〔弁護士〕　弁護士業界から見ればかなり市場開拓が成功した事例だと見なすことができます。弁護士業務のなかで刑事〔裁判〕業務がそもそもお金になるんですが、じっさい刑事分野は検事出身、裁判官出身の弁護士たちが重要な事件をたくさん受けてきたので、その他の弁護士たちは近づく機会があまりないんです。しかし刑事は人が拘束され刑務所に行く関係でじっさいお金をたくさん使うので、多くの弁護士たちが刑事業務をやりたがるんですが、検察と裁判所出身〔の弁護士〕でなければ競争力がない状況で、性犯罪の場合は需要層である加害者たちのニーズをきちんと攻略したんですね。まあ検察出身や裁判所出身の弁護士でなくとも性犯罪についてよく知っている、専門家だ、積極的な戦略があるんだと広報していますが、じっさいのところそれはとても難しい技術だったり特殊な知識だったりが全然必要ではないんですよ。(…)だからもともと弁護士市場の情報がほとんど提供されないうえに、企業の場合は法律の需要がずっとあるので弁護士に対する評価が蓄積されていて、ある程度の規模があるので選択の余地がありますが、刑事事件は予期せずに降りかかってくるものじゃないですか。いきなり個人に事件が生じる時、知り合いの紹介を受ける場合でなければ、かなり非対称的な情報で弁護士を探すしかないんですが、この点で性犯罪専門弁護士たちが広報をうまくしたんですよ。市場のもともとの特性や刑事事件の特性が結びついて現在の専門法律事務所がとても活性化したのだと考えます。

ソニョン〔活動家〕　減刑や勝訴をするための被疑者・被告人たちのオンラインコミュニティみたいな内容をユーチューブで放送する弁護士たちがいるんですよ。まさしく映像の時代。同じ話をするんですが、あたかもカリスマ講師のように映像をうまくつくって、スーツを着てすっきりした身なりの弁護士たちが勝訴できる戦略みたいなものを教えてくれるというような、そんな知識が溢れかえっているみたいです。加害者たちもどんなやり方をしたらこれを自分に有利な形で終わらせたり縮小させたりできるかを知っていて、じっさいに実行して、むしろ被害者が先に強迫をしただとか強要をしただとかと先制攻撃を加えて。事例がさらに知能的になったとでも言いましょうか、そのように感じます。

経歴一二年目の弁護士ミンスは、性暴力加害者の弁護は「とても難しい技術だったり特殊な知識だったり」を必要とはしないが、性犯罪専門法律事務所は自分たちが性犯罪の「専門家」だという戦略を通して広報していると語る。つまり刑事事件の被告人はともすれば刑務所に行くかもしれないのでお金をたくさん使うしかなく、弁護士業界は弁護士の能力やノウハウ、個別の弁護士に対する情報などをほとんど提供しないがゆえに、オンラインで自分たちの戦略などを広報するやり方は性犯罪専門法律事務所の活性化に寄与することになったということだ。それゆえ女性団体活動家のソニョンの言葉のように、弁護士たちがユーチューブを通して加害者の減刑と勝訴戦略を「あたかもカリスマ講師のように」教えてやり、自分たちの法律事務所を広報する「知能的」なやり方が増えているのだ。

そしてその広報は、次のように単に法律事務所の能力の強調を超えて虚偽広告になることまである。

スジン(弁護士)　わたしがかなり驚いたのは、加害者が児童・青少年の事例です。加害者とされた人が児童・青少年である場合、ほとんどの場合は起訴されず少年裁判送致で終わるじゃないですか。だから刑事裁判に回付される可能性はほとんどありません。事件の内容だけを見ても、それがじっさい加害犯行が事実だとしても絶対に刑事法廷に立つことはなく、少年裁判送致で終わる程度の事件であるにもかかわらず、これを検察で終わるようにしてやる、刑事裁判に回付されないようにしてやるとはったりを言うんですよ。(…)少年裁判送致は刑事処罰ではないですよね。だけど一般の人はそれを知らないじゃないですか。だから刑事裁判に回付しないようにしてやる、被告人の地位にならないようにしてやる、検察段階で終わるようにしてやると広報して、受任契約をするんですが、(…)検察の段階で終わるようにしてやるだとか自信があるだとかいうような言葉は弁護士が見ても詐欺ですよね。ほとんど確定した事実じゃないですか。それは弁護士の努力によって結論が変わる類のものではなく、当然そこで終わるのが当たり前の事実なのに、そんな広報をしていたんですよ。(…)それも新しい金儲けの手段になったんです。じっさい性暴力事件です。現在、MeToo運動もそうですし、とてもホットな分野じゃないですか。だけどそれは弁護士の良心にかかった問題なのですが、一部の弁護士たちは、けっきょくそれもあいつらが営業能力が優れているからじゃないかだとか、収入能力が優れているのはただ羨ましい限りだとか言う人もいますよ。

経歴一〇年目の弁護士スジンは、一部の性犯罪専門法律事務所は依頼人たちが法的な用語と過程に不慣れだということを利用し、当然刑事裁判まで行かない事案であるにもかかわらず、裁判に回付されないようにしてやると「はったり」を言って広報する場合を紹介する。とりわけMeToo運動などで

「ホットな分野」になった性暴力は、いまや弁護士たちの「新しい金儲けの手段」になったということだ。このような性犯罪専門法律事務所の元祖と言えるY○は「ネットワーク法律事務所」と呼んで全国に支部を開くやり方で拡張しており、「設立五年で年間売り上げ一〇〇億ウォン〔約一〇億円〕を突破」し、「所属弁護士数七七人の準大型法律事務所に成長」している。かれらは広告競争を煽るという批判も受ける一方で、新しい経営戦略だという評価を受けもしているのだ。[10]

このように、二〇〇〇年以降、法律市場の開放と弁護士数の増加、オンライン広告の範囲を拡張し広告の内容を緩和する弁護士会の内規の改訂および性暴力事件の特殊性が合わさって、主に性暴力加害者を弁護する性犯罪専門法律事務所が登場することになり、かれらの攻撃的マーケティングと営業手段は日々拡張されている。そしてこのような状況で性暴力加害者弁護は、公人と商人、倫理と利潤追求、良心と能力のあいだで、顧客勧誘のために絶えず新しいやり方で開発されており、その代表的な様相が、まさしく性暴力逆告訴なのである。

❖法律事務所によって企画される性暴力逆告訴

これまでの性暴力逆告訴は、被害者が加害者を告訴したあとに、加害者が虚偽告訴などで被害者を告訴したり、調査過程で検事が被害者を虚偽告訴と認知して起訴したり、被害者の公論化〔被害事実を社会的に公《おおやけ》にすること〕に対して加害者が名誉毀損で告訴したりする場合がほとんどであった。とりわけ虚偽告訴の場合、〔二〇一三年の性暴力犯罪の〕親告罪廃止以前には、被害者が告訴を取りさげるよう圧迫する、いわゆる対抗告訴の用途として活用されもした。

しかし最近、加害者たちの逆告訴は、次のように法律相談をする事務職員や弁護士によって少なくない影響を受ける。

スジン(弁護士)　わたしが思うには、三年前、五年前はこんな雰囲気ではありませんでした。被害者もそんなに積極的なサポートを求める場合があまりなく、加害者も静かに弁護士を選任するにとどまり、積極的に虚偽告訴で告訴するだとか名誉毀損や恐喝で告訴する場合はあまりなかったんですが、だんだん攻撃的な様相になっていったんですよ。その原因の一つが、わたしは私選弁護士だと考えます。(…)もちろん弁護士は個人事業者であって公務員ではないのは確かです。だからといって弁護士も「弁護士倫理章典」によれば公共の義務があるんですよ。公益的義務がある人たちなのに。

ギョンヒ(弁護士)　だけれどふつうの場合、弁護士に会ってくれればだいたいがそうみたいです。相談をしてくれれば、一種のパッケージのように受任をするみたいですよ、最近は。自分が性犯罪の被疑者だとなれば弁護士事務所に行きますね。そうすればそこであれこれ対応して、あんたもこいつを攻撃するべきだとか、虚偽告訴だとかなんだとか言って、こうこうしましょう、と。それでふつうは被疑者たちもこのように具体的に最初から「お前を虚偽告訴罪で告訴する」というよりは、具体的に誰かに会って相談をしてから、一回やってみるかと考えるのでしょう。そして意外なことに虚偽告訴罪がなんなのか知らない加害者が多いんです。（…）さらには自分が被害者を虚偽告訴罪などで告訴したということすら知らない人もいました。だから弁護士事務所でそのようにしたということですよ。

弁護士スジンは最近になって加害者たちが「積極的に」逆告訴をし、「だんだん攻撃的様相」になっている原因の一つとして私選弁護士の存在を指摘し、このような私選弁護士たちを「弁護士倫理章典」による公共の義務にしたがわないものとして理解する。弁護士ギョンヒは何人かの加害者たちは弁護士事務所で相談をしたあとにさまざまな逆告訴を「パッケージ」で委任しもするが、自分が被害者を虚偽告訴罪で逆告訴した事実を知らない加害者たちもいたという。このように弁護士事務所は件数を増やしながら加害者の逆告訴を企画するが、法律をあまり知らない加害者たちは弁護士の提案がどのような意味なのか細かく検討することも困難であり、そのような提案を拒絶することも簡単ではない。

最近の性暴力逆告訴は、過去に比べてより多くの法を活用しつつ、より多くの人を対象にして構成されており、被害者だけでなく被害者を支援したり支持したりする家族や周りの人びとにまで拡張されている。次は事件を公にした被害者の母や被害者の支援者が加害者から名誉毀損で逆告訴被害を被った事例である。

ウンジョン（被害者）　担任牧師、長老が八人、そして副牧師が五人、このようなメンバーがいるなかに入っていきました。入っていって話したんです。教会でこんなことがあったのですが、これをどうすればいいかわからないし、いまどのように解決するべきか建議したくて来た。これこれのことをこの子がされた。そうお母さんが話をしました。(…)その次の日、お母さんの職場に警察署から連絡が来たのです。名誉毀損の件で告訴されたから出頭しろと〔。〕(…)それで毎日毎日教会に弁護士を呼んで、毎日その話をして、弁護士と緊密に話をしているというので、弁護士も率直にいえば五〇〇万ウォン〔約五〇万円〕出したらやるじゃないですか、でもそうするんじゃなくて一〇〇〇万ウォン〔約一〇〇万円〕だとかそれ以上のプレミアムをくれたらもっと強くやると言うそうなんです。そのようにして弁護士と契約して使っているそうなんです。(…)だから名誉毀損の件をやる時も、教会でお金を出してやるからやれと言ったんですよ、弁護士と契約しないといけないだろう、と。なぜなら相手側でも高い弁護士と契約しているから手段を選ばないだろうし、若干問題のある牧師たち同士で頼母子講をやるみたいにして一つの法律事務所にお金を払いつづけて弁護士と契約しているそうです。そうすれば、法律事務所側が今後も牧師たちが問題を起こすたびに来て、本当ににあきれるほどのことでも牧師が絶対勝てるように処理してくれるそうです。こんなふうな話をたくさん知るようになったのは、自分たちで毎日そんな話をするからです。この〇〇教会出身の人びとが契約している法律事務所があるそうです。有名なところで、(…)その人たちがこれを一つの方法として考えているんでしょう。これいいね？　儲かるね？　と言うから、今後こんな状況に直面すれば一人で戦々恐々とするのではなく、こんなふうに弁護士に聞いてみて、というふうにやるじゃないですか。そうしたら弁護士がそれに対する対応を示してくれますよね、〔逆告訴〕しろと。

ユミ(活動家)　公にした被害者が二人いたんですが、公にした理由はこの人(加害者)が学校を代表する代表者になってはならないという思いからでした。だからポスターを書いて公にしたんですが、それ以降その二人を含む周りのあらゆる支援者に告訴状が届いたんですよ。名誉毀損でです。(…)加害者が社長の息子なんですが、父が事業をやってお金があるので法律事務所の弁護士を七人だったか雇用したとか?　そもそも戦略的な土台を準備してから告訴したんですよ。

ウンジョンは通っていた教会の担任牧師からセクハラ被害を受け、その後母とともに抗議をすると、この事件を口実に加害者は被害者の母を名誉毀損で逆告訴した。ウンジョンは「問題のある牧師たち同士で頼母子講をやるみたいにして一つの法律事務所にお金を払いつづけて」いると聞いたが、特定の教会出身の人びとが「有名な法律事務所」と契約して、問題が生じた時に名誉毀損のような逆告訴を「方法の一つ」として活用するということだ。女性団体活動家のユミが支援した事件のなかには、大学内で二人の被害者が性暴力被害を公にした事例があった。加害者は被害者たちだけでなく、大学内で被害者たちを支援したすべての人を告訴したのであるが、七名ほどの弁護士を雇用して「戦略的な土台を準備して告訴」したと語る。このように、加害者は被害者が先に告訴しておらずとも公にしたことを理由に逆告訴することもあり、このようなやり方は被害者だけでなく周りの人びとにまで拡張されている。これは刑事告訴だけでなく巨額の民事訴訟においても行われる。

インギョン(活動家)　調査官たちがたくさん告訴されていると聞きました。いま先例を探すところが○○○しかないじゃないですか。（公共機関の調査官たちが）告訴される場合が往々にあると言います。（…）（加害者が）追加で民事〔訴訟〕もしたんです。これが昨年で三年になるそうです。二〇××年××月だから。民事〔訴訟〕の公訴時効が三年じゃないですか。昨年××月に急に○○○氏（加害者）が民事を起こしたんですが、他の職員たちも共犯だと言って民事を起こし、○○○○に対しても起こし、○○市長だったかに対しても起こしたそうです。○○○○はわたしたちの告訴したのと全く同じもので告訴したそうです。だから民事をダブルでやったということですね。

活動家インギョンはインタビュー当時、公共機関でセクハラ申告事件の調査を担当する業務をしていたのだが、加害者はこの事件を人権侵害事案と決定しメディアに報道した調査員たちと被害者を対象に、巨額の民事上の損害賠償請求訴訟を起こした。裁判の結果、調査員たちに対する訴訟は棄却されたが、被害者に対する請求は一部認定され、インタビュー当時、被害者は月給を差押えされていた。加害者が起こした民事上の告訴対象者は、自分が所属した公共機関の代表、この事件を報道したマスコミの社長に至るまで、とうてい数えることができないほど多かった。このようにして加害者が民事上の損害賠償請求訴訟をすることになれば、被害者と加害者側弁護士の役割はさらに強調されもする。

インギョン（活動家）　民事は原告が自分の被害を立証し、被告がそれは違うということを立証することですよね。だからいっそう弁護士が重要な闘いなんです。こんな訴訟はお金がある者たちの遊び場だと本当に強く思いました。だけど刑事裁判だからといってどれほど違うでしょうか？　検事が自ずからやってくれるでしょうか？　(…)これはお金がなければ提起することもできないです し。わたしたちの訴訟が○人だからというのもありますが。この人が最初は代理人を○○、○○○からはじめたんです。途中でかなり強い法律事務所○○に変えたんですが、そこに名前があがっている人はかなり重みのある弁護士なんですよ。そして最後の最後に遅ればせながらこの人(弁護士)がまた入ってきたんです。○○○が裁判官を辞めてすぐの官出身で(…)こんな弁護士は一時間いくらというやり方でチャージを取るんですよ。とてつもない額のお金を使ったんでしょう。だからこのように原告一人に三つのチームが加わって役割分担をしたんでしょう。こいつは主に誰が担当して、というふうに(…)この三つのチームが文書を生産しつづけていると考えてみてください。

インギョンはとりわけ民事裁判は「いっそう弁護士が重要な闘い」と語りながら、訴訟する人が増えれば増えるほど「かなり重みのある弁護士」たちが流入しはじめ、「官出身」の弁護士まで入ってきて「とてつもない額のお金を使った」と推測する。性暴力と関連した訴訟が「お金のある者たちの遊び場」になったというのだ。右の訴訟で加害者は合わせて三つの法律事務所から八人の弁護士を選任したのだが、この三つのチームが訴訟対象者たちを一人ずつ担当し、途切れることなく「文書を生産」するのであり、その速度と内容についていくのが大変だったという。その事件の加害者が公共機関のセクハラ調査結果に対して巨額の民事訴訟で問題提起をする行為は、職場内のセクハラ問題処理規定に対する無視にもとづいているように見える。それゆえ行政力と強制力がより強いと思われる法を動員し、自分の行為を正当化する手段として活用しているのだ。

このような第三者に対する逆告訴は、次のように法律事務所の企画や協力のもとに無差別的に行われもする。

ボラ（被害者）　警察の態度とかを見て、そしてわたしが考えるに（加害者たちが）法律事務所を信じていたようでもあります。その法律事務所を〔？〕（…）だからこの件と関連して言及したせいで加害者に告訴をかけられた方たちも同じ弁護士から連絡がきて、同じ弁護士が出てきて、こんなふうに、だからその法律事務所で専門担当をして、大挙して訴訟をやったみたいです。（…）名誉毀損はいまではちょっとした産業になったんじゃないかと思うほどです。その時は加害者がそんな広範囲に告訴をしたことについて、そいつ（加害者）が本当におかしくなったんだなと思いましたが、いまは（他の加害者たちも）ただ同じようにやるじゃないですか。わたしはちょっとその時そいつが先例をつくるという、そんな圧迫感もあったと思います。（…）加害者から逆告訴をかけられた被害者たちが数百人にはなるじゃないですか。ならそのなかで、まあ一か所の警察署で一〇人ずつ示談したとしても、数千万ウォン〔約数百万円〕から数億ウォン〔約数千万円〕単位は稼ぐんですよね。法律事務所と半分に分けたとして、加害者はその件で大金を稼ぐってことですよ。

スヒョン（被害者）　ある電話が来たんですが、かけてきた人が〇〇〇さんの弁護士と主張する男性でした。地下鉄での通話だったので名前はちゃんと記憶していませんが、その方が二〇〇万ウォン〔約二〇万円〕で示談しようとおっしゃったんですよ。（…）罰金刑が下されれば一〇〇万ウォン

〔約一〇万円〕を超えることはないという助言を聞いて、最悪の場合には罰金を払うことになるんだなと思っていたんですが（…）わたしが二〇〇万ウォンで示談をできるような状況ではなかったんですよね。もうちょっと様子を見てみると言ったら、自分たちは民事でもやるつもりだからそのつもりでいてくださいと、ぶつっと切られました。（…）（刑事合意調停室で）わたしがちょっといろいろ状況がうまくいっておらず示談金額の調整を望むと言ったところ、わたしを見てその方（加害者）と話しをするから席を外してくれと言われて、一〇〇万ウォンで示談をしてあげようと言われたんですよ。そうしてなにを言われたかというと、最初に二〇〇万ウォンまで要求したことを知っている、一〇〇万ウォンならかなり値下げをしたものだから示談をしろ、というふうにおっしゃったんですよ。（…）その場で口座振りこみををして、覚書を書いてサインして、相手側で保管することにしようと言われました。

ボラはデート暴力の被害を被ってSNSで被害を公にしたあと、加害者から合わせて四つの民事・刑事上の逆告訴被害を被っていたが、加害者はこれに加えて被害者の支持者と自分に対する暴露の書きこみをSNSでシェアした人を含む数百名に、名誉毀損と侮辱などで告訴した。ボラは何人かの被害者が「同じ弁護士から連絡」が来た状況について「法律事務所で専門担当をして、大挙して訴訟」をしたからだと判断する。名誉毀損が「産業になった」と思うほどだと語り、加害者はこの件で「数千万ウォンから数億ウォン単位」の大金を稼いだであろうと思われる。このような大挙して行われた訴訟の被害者の一人であるスヒョンは、ツイッターで公にされていたデート暴力事件の加害者を非難する文章をリツイートしたことに対して、加害者から侮辱罪で逆告訴をされた。加害者の弁護士が二〇〇万ウォンで示談しようと提案したが、それを拒否したところ、最終的に刑事調停室で一〇〇万ウォンで示談をし、その場でただちに口座振りこみをし、二度とこのような文章をアップしないという覚書を書いたという。既存の刑事調停制度は、性暴力および刑事事件の被害者たちが加害者と示談できる公的テーブルとして活用されてきたが、自分が被害者だと主張する加害者たちの逆告訴過程においても刑事調停が活用されているものと考えられる。

性暴力逆告訴が強化される理由の一つは、性暴力被害をこれ以上泣き寝入りせずに法の内外を問わず告訴や公にすることなどを実践する被害者たちの問題提起が多くなったからでもある。主体化された被害者たちはだんだん高まっていく感受性とフェミニズム的な言語の学習、暴力に対する責任を加害者に問うている。しかし被害者を支援するための公的諸制度は、一方では実効性が不足しており、他方では逆告訴と関連した法の構成はすでに加害者を保護することができるよう準備されていた。法市場はこのような法を積極的に企画・応用することをもって、被害者の公的な問題提起を、被害者と加害者が個人的に競争すべき領域へと移動させているのだ。

右のように、性暴力に対する被害者たちの問題提起や周りの人びととの支持と支援は、さまざまな法の名前で被害者と周りの人びとを攻撃し、加害者を保護する口実として作動し、このような逆告訴の背景には法律事務所の企画が深く連携している。したがって被害者が時には法的解決を願っていなくても、法の領域へ侵入することになれば性暴力事件の解決過程が法市場に遡及される効果を生じさせている。

第二節　性暴力をめぐる法・制度の変化と性犯罪専門法律事務所の拡散

✣加害者厳罰主義の逆説

韓国社会で性犯罪専門法律事務所が急激に拡散することのできた背景には、性暴力をめぐる法・制度の変化を加害者弁護の正当化のメカニズムとして活用してきたさまざまな法律事務所の戦略がある。二〇〇〇年代中盤からメディアを通して児童性暴力の深刻さが強調され、性暴力は恐ろしいものであるという世論が強化され[11]、これによる厳罰の基調で加害者処罰も強化された。性暴力の加害者に対する厳罰主義は、とりわけこれまで一〇年の保守政権のあいだ〔二〇〇八年から二〇一七年までの李明博・朴槿恵政権の期間〕、社会的恐怖を活用した「法秩序政治（Law and Order Politics）」が強調されたことと関連している。法秩序政治は犯罪における危機を誇張し、これを機会に国家権力を濫用し、刑事司法機関を拡大するが、事態を単純化し近視眼的な対策や重刑重視の政策を強調する特徴を持ち、政府の政治的スローガンとして活用された[12]。このなかでもとりわけ性暴力犯罪は被告人の自由権保護などに対する「司法民主化」を基調とし温情的量刑が決定される一方で、被害者保護に対する〔市民の〕法意識を反映した過度な保安処分〔「再犯を防ぐため」という名目でなされる二四時間位置情報の追跡が可能な電子足首バンドの装着命令など〕が重なる特殊な処罰制度が形成された。しかし保護価値のある被害者および厳罰対象の選別には既存の〔ジェンダー〕通念が反映され、厳罰主義的な立法は被害者の実質的な権利拡張と無関係に、処罰を正当化するために道具化されてきた[13]。

性暴力的文化に対する構造、そしてジェンダー権力に対する省察なしに行われた法の制改定に対するバックラッシュとして加害者の人権および人格権言説が浮上するなか、行き過ぎた厳罰および付加処分〔電子足首バンド装着など〕が加害者の人権を侵害しうるという温情主義もともに台頭してきた。[14] 加害者に対する厳罰主義は特定の加害者像に対する通念を強化した反面、温情主義はそのような加害者増と異なる「悔しい思いをしている加害者が存在しうる」だとか、「加害者にも人権がある」だとかという認識を拡散させ、むしろ性犯罪に対する法的判断が保守化することに寄与した側面がある。

このような性暴力をめぐる法・制度の変化のなかでインタビュイーたちは加害者側の弁護士が増えていくしかないと述べる。

ソンミ（弁護士）　処罰も強化された部分があるから。性暴力に関しては全部変わったんですよ。量刑も重くなったし。〔盗撮などの〕カメラ撮影の場合、前は罰金とか起訴猶予になりもしたけれど、いまでは厳罰。（…）〔だから加害者側の〕需要が増えたんだと思います。性暴力事件は前も多かったかもしれないし、人びとの認識が変わったこともありますし、被害者たちも前はやり過ごしていた件も、MeTooみたいに今では自分が被害を受けたと考えれば積極的に申告をするから加害者も当然処罰されるわけじゃないですか。捜査はともかく進行するし。オンラインとかで最近は子どもも加害者になるから、そんな部分も無視できないと思います。

ミンス（弁護士）　性暴力に関する法制度の変化が主に強力性暴力事件に対する社会的怒りに対応

しつつなされるので、主に量刑の増加、また〔二四時間位置情報を追跡する〕電子足首バンドや化学的去勢〔の付加処分〕、一連の諸制度がそんな事件のたびに導入されたじゃないですか。じっさいにそれは危険性があるんですが、そのような強化がなされるから加害者側の市場が開かれもしたのだし、だからその当時の法制度改善が望ましいものだけであったとは思いません。その時期にも性暴力事件のほとんどを占めるのは依然として知り合いによる事件だったじゃないですか。ですが〔社会的な怒りが強く表出された〕事件だけに関心をもって〔性暴力事件の加害者の〕量刑強化をする状況では、じっさいに裁判所の判断基準は別に変っておらず、むしろ被害者に対してより保守的な方向へと、量刑がさらに重くなるなかで慎重に判断すべきだという反応を引きおこしたと思います。

弁護士ソンミは、性暴力加害者に対する厳罰と積極的に申告する文化が拡散されており、オンライン、デジタル性暴力などで加害者の年齢が低まる状況のなかで、加害者側の需要が増えることに言及する。そしてミンスは「社会的な怒りに対応」するやり方でなされる性暴力加害者への量刑強化と付加処分によって「加害者側の市場が開かれ」るようになり、裁判所の判断基準は「むしろ被害者に対してより保守的に」適用されるようだと語る。この間、フェミニストたちはこのような付加処分と関連し、電子足首バンドは特定の〔加害者像に合致する〕加害者を分離して〔かれらのみを〕潜在的な加害者とみなすことをもって〔社会のジェンダー〕認識の問題を見過ごすという点、〔特定の加害者像には合致しないとはいえ性犯罪加害者の多数を占める〕親族および親密な関係における性暴力を考慮しないという点、身上公開は犯罪の統制と監視の負担を国民に付与するという点、潜在的被害者像を拡散し〔潜在的被害者に対する〕家族主義的保護機能を強化するという点、化学的去勢は性犯罪を生物学的な問題に矮小化するという点、けっきょく性暴力が発生する構造的文化と権力関係の文脈を見過ごしたまま特定の個人の問題へと置きかえているという点などを粘りづよく批判してきた(15)。それにもかかわらず次第に強化されてきた付加処分は加害者たちの強い反発を引きおこすことになる。

ウンジュ（弁護士）（性犯罪専門法律事務所が）かなり高額のお金を受けとっていますよ。だんだんと性犯罪に対する処罰も強まるというので当事者たちは不安を感じ、身上情報登録〔登録対象の性犯罪で有罪が確定した人の諸情報を登録する制度〕をかなり恐れています。とくに学校に通っていたり、なにかを準備中であったり、就職活動をしている学生の場合は、いくら処罰が軽かったとしても、刑務所に行くほどの問題ではなかったとしても、罰金を払う程度の問題だったとしても、身上情報登録対象者になれば生涯レッテルがついてまわるという恐怖があるので、被告人側で激烈に争います。（…）就職制限もあるので、憲法請願までやって一部の犯罪は外れもするじゃないですか。昔であれば大したことないと思うような犯罪、強制醜行〔不同意わいせつ（強制わいせつ）〕のような犯罪が一〇年間にわたって毎年警察署に行って身上について申告しなければならないということがとても大きいんですよ。だからかなり執拗に争うし、また争うしかない状況になるんですよね。それに便乗する人たちはそうしますし。そんな時には、むしろこんなに処罰が重くなることはそんな点ではちょっと悪い面もあるなあ、と。だから本当に大したことなさそうな事案すらも最高裁まで行って熾烈に争うんですね。最初は示談しようとしてたのに。非親告罪なので、現在は示談したからといって消えるわけではないので、とても不安なんですね。示談ができて捜査段階で公訴権なしになれば〔記録に〕残らないから関係ありませんがね。罰金にとどまったとしても身上情報登録対象になるからその人たちとしては熾烈に争わなければならない理由になるんですよ。

弁護士のインタビューイーたちは、さまざまな付加処分のなかでも、性暴力加害者たちが弁護士をたびたび訪問する重要な理由として身上公開制度に言及する。現在、裁判所で刑の確定とともに就職制限命令を申告された者は最大一〇年間にわたり就職が制限され、就職制限対象機関は、教育、社会福祉、医療機関、警備業、青少年対象ゲーム、遊興業者、障害者関連機関など、幅広く指定されている。[16] したがってウンジュの言うように、加害者が就職活動をしている学生の場合、「身上情報登録対象者になれば生涯レッテルがついてまわるという恐怖」によって「激烈に」争うことになるのだ。これゆえ「処罰が重くなることは」かならずしもよいことだけではないと思うようになったというのだ。このような状況で、加害者たちは自分が「本当の」加害者ではないだとか、それほど悪い加害者ではないだとかと強調しつつ、自分の加害行為をさらに必死に否定したり縮小したりするようになり、これをサポートするための加害者弁護の重要性が次第に強化されたのだ。

また、インタビューイーたちは二〇一三年から施行された性暴力被害者国選弁護士制度[17]もまた加害者たちの積極的な弁護士選任を導くことになったと診断する。

ソンミ（弁護士）　被害者国選弁護士制度ができたじゃないですか。それ以降に（性犯罪専門法律事務所が）逆に誕生したみたいです。その対応で法律事務所では、二〇一三年頃、それまで性犯罪についてはなにも言えなかった被害者たちがこれからは積極的に対応するだろうと考えて、その部分についてあなた（被疑者、被告人）も弁護士のサポートを受けるべきですよ、性犯罪者扱いされますよ、悔しくないんですか、というような主旨の広告をする法律事務所が誕生しはじめたと思います。そして被害者国選弁護士制度は、わたしが思うに、その時には制度ができてすぐだったので旺盛に支援できる状況だったし、最初の年にはそれほどでもなかったんですが、その翌年からはそんな法律事務所が広告をたくさんして（…）またそんな犯罪に対する処罰が強化されるから被疑者の立件も多くなって、けっきょくは両方が拡大したと思います。それとそういうふうにしていくつかの法律事務所が弁護士市場で地位を得ていくので、一つの市場になったんじゃないかと思います。いずれにせよその人たちも弁護士のサポートを受ける権利があるじゃないか、というふうになるんです。

性暴力被害者国選弁護士制度は、物理的証拠を確保することが難しい性暴力犯罪の特性を考慮し、とりわけ児童と障害者の陳述と調査過程をサポートし、捜査・裁判の過程における二次被害を予防するためという主旨で施行された。しかしソンミはこのような制度ができた後、加害者に「あなたも弁護士のサポートを受けるべきですよ、性犯罪者扱いされますよ、悔しくないんですか」という趣旨で広告を出す法律事務所ができはじめたと語る。既存の性暴力の加害者たちは、社会的地位が低かったり動員できる資源が少なかったりする場合には、国選弁護を通したサポートを受ける場合が多かった。しかし被害者に対する法律サポートが公式化され、これに対する危機感から加害者たちはさらに積極的に自分を防御するために私選弁護士を選任する場合が増え、またそうするべきだと広報する法律事務所が増えたのだ。これとともに親告罪廃止もまた性犯罪専門法律事務所を拡張することに寄与したと評価される。

ギョンヒ（弁護士）　かつてはとにかくわたし〔加害者〕があいつ〔被害者〕を示談させて、お金をどうにかして渡してしまえば助かると判断していたとすれば、いまではそれができなくて、とにかく捜査はつづくのでもっと圧迫するべきだという思いでそうしているのかもしれません。だけどこれがじっさい、わたしたちならよく知っていますが、（加害者たちは）この親告罪がなんであり、親告罪がいつ廃止されたのかをよく知らないんですよ〔韓国では二〇一三年に性犯罪の親告罪が廃止された〕。だからけっきょく、そういうものに対する情報を与えて、こんなふうに被害者を告訴してちょっと圧迫するべきだという情報を与えているのは、率直に言って弁護士だと思います。

ソンフン（弁護士）　だからそういうものが加害者を悪いやつにしたてあげ、社会が加害者にとってかなり有利だと、わたしたちの法システムはそのようだと主張する記事や関連資料などを読んで、むしろ市場が大きくなる面もありますね。ひとつにはそのような逆説があるように思います。（…）親告罪がなくなったのもそうですね。親告罪がなくなったこと自体の方向性を悪く言うのではありません。むしろよいことなんですが、（…）こんなことが増えるにしたがって、その弁護士たち、性犯罪を弁護する弁護士たちの領域がだんだん広がっていくでしょう。

既存の性暴力関連犯罪が、被害者本人だけが告訴できる親告罪を適用してきたのは、性暴力は恥ずべきことであり、第三者がこの事実を知ってはならないという純潔イデオロギーの延長として見ることができる。これゆえ女性運動団体では、性暴力が貞操や純潔を侵害した犯罪ではなく暴力の一部として公的な犯罪であることを強調するために親告罪廃止を主張してきた。これによって二〇一三年、親告罪廃止とともに被害後一年以内に告訴しなければならない告訴期間が廃止され、公訴時効を適用するように変更された。したがって、被害者が加害者と示談したり告訴取りさげを望めば取りさげることができた以前とは異なり、現在は加害者との示談が量刑に酌量はされるとはいえ、告訴自体は取りさげられないがゆえに、加害者側ではさらに積極的に対応しなければならないという認識が強化された。弁護士ギョンヒの言うとおり、弁護士は加害者に被害者を「もっと圧迫するべきだ」という情報を提供するようになったと言う。このように被害者の権利保障のための制度と措置が、むしろ加害者側の法律市場を拡張させる結果をもたらしているのだ。

弁護士ソンフンは、親告罪廃止とともに「加害者を悪いやつにしたてあげ」、韓国の法システムが「加害者にとってかなり有利」だと書いてある「記事や関連資料などを読んで、むしろ市場が大きくなる」という「逆説」が存在すると語る。つまり、現在の法が加害者中心的だと批判する女性団体やマスコミの主張は、加害者が捜査・裁判過程で自分に有利な方法を探すように学習させ、そのような方法を提示して見せると宣伝する加害者側の弁護士たちの領域を拡大させる契機になっているのだ。(18)これは性暴力の法的解決が含みもつ逆説的状況をよく見せてくれる。現在、現実と乖離した性暴力関連の法規定と通念に基盤を置いた法解釈の下では、性暴力被害者の権利が保障され、減刑なき加害者処罰が行われることが難しい。したがって加害者に対する適切な処罰がなされるためには、被害者の被害者化と加害者の凶悪さが一定のレベルで強調されるしかないのだ。そしてこのような司法システムのなかで被害者と加害者は両極端に位置づけられるがゆえに、一方では加害者は後に引く場所がなく、他方では法の専門家のサポートのなかで攻撃と防御の手段が開発されつづけるのだ。

これまで論じてきたような内容は、性暴力の量刑強化や性暴力関連の法・制度の改善が、ジェンダー権力とヒエラルキー的・差別的社会構造および認識の変化などを担わないままに、国家の「法秩序政治」の手段であるとともに社会的な怒りに対応するやり方として構成される時に生じうる諸問題を示している。加害者の謝罪、反省、省察のための選択と機会が与えられていない状況における量刑および被害者支援制度の強化は、加害者側の法律サポートを正当化することに活用され、むしろ性暴力関連の判決が保守化されることに影響を及ぼしたのだ。しかし法定刑の引きあげと異なり、じっさいの量刑基準に相応する処罰がなされる場合は稀であり、けっきょく加害者の処罰も被害者の権利保障もなされないまま性暴力事件の解決の法市場化[19]が加速化するのだ。

❖「存在するが存在していないに等しい」被害者の法律支援制度

これまでもあった被告人に対する国選弁護士制度が、検事の攻撃に対する被告人の防御権、つまり被告人の「武器対等の原則」を保障するためのものであったならば、二〇一三年から実施された性暴力被害者国選弁護士制度は、このような被告人の防御権から被害者を保護し、弁論するための目的で新設された。また刑事事件の手続き上、被害者に発生しうる不利益と、法知識がないままで陳述することになった自分の刑事責任、捜査・裁判過程での二次被害防止などのために施行された[20]。

しかしインタビュイーたちは、次のように被害者国選弁護士制度がきちんと活用されていないと批判する場合が多かった。

ソニョン（活動家）　捜査手続きが保障されるならば国選弁護士制度は必要ないですよね。原論的には正しい話ですが、現実はそうではないので。被害者たちが不安だからつくった制度だと言うならば、せめて連絡でも繋がればいいのにという、かなり素朴な納得をすべきなのでしょうか？　無料法律支援制度も限界がありますが、弁護士にサポートを受けられないことがしょっちゅう生じる過程自体が、被害者にとっては自分には頼るところがないんだなと感じさせるんだと思います。加害者たちはともに嘘をついてくれて被害者を攻撃してくれる友人もいるし、母や父もいるし、弁護士もいるのに、自分は国選弁護士だし、そもそも頼りなく見えるのに連絡まで繋がらない。そんなのがずっとだから、良くない経験というか、自分が一人だという経験というか、自分が頼るところがないという経験を与えつづけているみたいで引っかかるんですよ。むしろこんな制度自体が無ければとも思います。支援しようとつくったものなのに、そんなふうにしてしまうから、むしろ否定的な感情がたまりつづけることになるとでも言えばいいでしょうか。自分のことがうまくいっていないという思いをいつももたせているんですよ。

性暴力被害者を支援する活動家ソニョンは、加害者たちは支持者が多い反面、被害者は連絡すらなかなか繋がらない国選弁護士だけがいる時に「頼るところがないという経験」をし、「否定的な感情がたまりつづける」ことになると語る。国選弁護士が捜査・裁判に参加しなかったり、連絡がつかなかったり、さらには会いに行っても会ってくれなくて被害者が委縮する事例が報告されつづけてきた[21]。女性運動団体はこれを改善するための提案をしつづけてきたが、国選弁護士に対する処遇は依然として低い。

ソンミ〔弁護士〕　金額が、かつては立ち会いをすれば三〇万ウォン〔約三万円〕、夜間や休日には何%か増額されるというふうでしたが、現在は一〇万ウォン〔約一万円〕か二〇万ウォン〔約二万円〕に減りました。そしてこれが毎回もらえるのではなくて、最初は全額くれるんですが、その次には初回の五〇%、そういうふうになって、わたしが特殊強かん事件で示談書を一六枚書いたんですよ。ふつうは示談書を書くことになれば電話をたくさん使うじゃないですか。電話料金はそのままキャプチャーして提出しなければならないんですが〔作業が煩雑なので〕そうはできないですよ、時間的に。紙ももったいないし。ただこのぶんは受けとらないでおこう、と。そんなのを一つひとつきちんとされる方がいるかどうかはわかりません。(…)だから電話をとにかく取ってこれをして、相談もかつては相談カードと証拠書類を出せば時間外で一五万ウォン〔約一万五〇〇〇円〕だったかになったんですが、現在は基本手当だけで他はないんですよ。基本手当は二万ウォン〔約二〇〇〇円〕だったかが出ます。だから費用があまりにも少なくてその部分について聞きもしましたよ。

ギョンヒ（弁護士）　わたしたちがお金をたくさんくれと言っているのではありませんよ。正当な待遇をしてくれと言ってるだけなんですが、まるで無償犠牲、強要された無償ボランティアと思われているみたいですし、政府や大統領が出てきて被害者支援をすると言っておいて裏では国選弁護士の予算を削っているんですよ。実質的に二〇一八年五月一〇日を基準に事実上の報酬が五〇〜八〇％が削られたんです。だから弁護士たちが公判にもあまり行かないんです。かなりが行きません。そして被害者支援はじっさいのところ本当に時間が長くかかります。ノウハウを積んで被害者となんらかのラポート（紐帯〔心が通いあう関係〕）、弁護士仕事の領域の他にプラスアルファが必要なことなので時間がたくさん必要なんですが、本当に長い間がんばってやってこられた方たちが、最近はほとんど皆さんやられていません。これがいまどのように運営されているのかというと、本当に短期的に新米やキャリア初期の弁護士たちがちょっと寄り道するような？　ちゃんと学べばいいんですけどね。ただ食い逃げみたいな場合も多いですし、この過程で被害者たちにきちんと向きあわない場合もかなり多いですし、けっきょく損害は被害者が負うんですよ。被害者たちには不満が多いと思います。

インタビューした弁護士たちは、やる気を低下させる国選弁護の謝礼代金の具体的な額まで提示するが、政府ではかれらの業務を「無償ボランティア」と考えているがゆえに、二〇一八年五月一〇日を起点に、むしろ国選弁護士の報酬がさらに縮小されたという[22]。これによって弁護士たちは被害者国選弁護を忌避したり、経歴が浅い弁護士たちに短期間に経験を積むために活用されたりしており、ひどい場合には一部の弁護士たちが受任料を「食い逃げ」する場合もあるのだが、「けっきょく損害は被害者たちが負う」構造になったということだ。

しかしかれらの問題提起は単純に絶対的な金額にのみ限られているわけではない。かれらは、性暴力被害者弁護は性暴力被害の特性に対する理解とノウハウ、被害者とのラポート（紐帯）の形成と共感などが重要であるがゆえに、一般弁護の領域よりもさらに多くのエネルギーと専門性、そして時間が必要であるにもかかわらず、それらが矮小化されていると指摘する。

ソニ（弁護士）　国選弁護士が被害者弁護だけはできるだけ避けるということはないはずなんですが、それにもかかわらず弁護士たちが〔被害者よりも〕被告人の国選弁護士を好むのは、被告人たちが自分が過ちを犯したと考えるから弁護士によく見えるようにだとか好感を持ってもらえるようにするんですね。それに対して、被害者は自ら堂々としているじゃないですか。そして弁護士に要求する立場じゃないですか。なのでこの人を感情的にコントロールしなくちゃいけないのに、弁護士が強いてこの額でやる必要がないんですよ。だから刑事専門の法律事務所のほとんどは被害者の国選弁護士をするくらいなら最高裁の国選弁護士をするほうがましだと話す弁護士たちが周りにおられたんですよ。その理由を確認してみたら、被害者を弁護する場合は負担する労力に比べてお金にならないので、性暴力被害者弁護士をやる人があまり出てこないんですよ。だから、被害者も噛みついたりむしり取ったりしてくれるような最後まで闘う弁護士が必要だと思っていたのに、なんでそんな弁護士がいないのかと考えてみたら、そんな理由なんだろうと〔。〕（…）被害者国選弁護士が一件あたりいくらで引き受けても成功報酬がないのにはたして闘ってくれるだろうか、検事はもっとそんなわけがないじゃないですか。検事も公務員なのに。だから支援体系があまりにも力がないと言うべきでしょうか。支援があるけど実際にはないような支援？

弁護士ソニは、弁護士たちが被害者の国選弁護より被告人の国選弁護を好む理由を、被告人たちは自分の過ちで発生したことであるがゆえに弁護士に「好感」をもってもらうために努力する側面があるからだと認める。それに対し、被害者は弁護士に要求することが多く、弁護士は被害者を「感情的にコントロール」もしなければならないのだ。「負担する労力に比べてお金にならない」状況で、検事が被害者側に立つことだけを期待することは難しいので、それゆえ被害者のために「最後まで闘う弁護士」が生じにくいということだ。このようにして、被害者に対する公的な法律支援体系は「支援があるけど実際にはないような支援」として認識され、弁護士と被害者の双方から歓迎できないものになっているのだ。

他方で性暴力被害者の法律支援のための制度としては国選弁護士制度の他にも無料法律支援制度[23]があるが、これは国選弁護士制度よりもマシだと評価されてはいるとはいえ、これもまた政府の支援を受ける被害者の立場からは、弁護士に誤りがあっても問題提起することが難しい。

スミン（被害者）〔検事が事件を不起訴にした場合、その決定に不服を申したてる制度である〕裁定申請の理由書というのを提出しないといけなかったんですが、弁護士が三週遅れで提出した結果、〔裁判所が）棄却してしまったんです。もしわたしにお金がたくさんあって値段の高い法律事務所を使って書類をつくれる人だったら、そんな状況に対して「どうして棄却させてしまったんだ」とクレームを言うでしょうが、（無料法律）救助〔サポート〕を受けているので何も言えないんですよ。わたしがお金を払ったわけでもなく、事実上わたしとしては政府支援資金を受けていようが受けてなかろうがタダでお願いするような立場になっているので、抗議できないという問題があるんですよ。弁護士がわたしに申し訳ありませんと言いながら弁護士会に訴訟をかければ問題にできると言うんですよ。その話を当人が言ってたんですよ。問題になると思うなら自分を提訴して裁判をかけろと。でもその弁護士に世話になっている裁判がすでに三件あって、そのうえいままで助けてもらってきたのもあるんです。ざっと計算をしてみれば、わたしがいままでやってきた裁判を自分のお金で弁護士費用とかを出したとしたら三〇〇〇万ウォン〔約三〇〇万円〕にはなるんですね。ざっと計算してみたら、じっさいに使ったお金だけで二〇〇万ウォン〔約二〇万円〕くらいになります。じっさい弁護士がそのぶんお金を受けとっていないということですよね。あれこれ言うことが申し訳ない状況でもあるので、ともかくその虚偽告訴の件が棄却になったんですよ。

職場の上司からセクハラの被害を受けて告訴したが、加害者と会社のいやがらせで告訴を取りさげるしかなかったスミンは、数年後に無料法律支援を受け、公論化をはじめとして再びいくつかの法的手続きをおこなった。しかし弁護士が加害者の名誉毀損告訴に対して虚偽告訴裁定申請理由書を三週も遅れて提出したせいで棄却されてしまった。スミンは問題提起をしたかったが、自分が直接的に雇用しているわけではないがゆえに抗議できなかったと悔しさをあらわにした。その後、弁護士は申し訳ないと言いながら、弁護士会に自分を提訴しろという話もしたが、その弁護士にすでに三件も支援を受けている立場で、そうはできなかったと語る。

このように無料法律支援を通して複数件の訴訟の支援を受けている場合、被害者は低額で支援してくれる弁護士に意見を言いにくい。もっと言えば性暴力虚偽告訴や名誉毀損などの逆告訴事件の場合、被害者は国家の法律支援をさらに受けにくい状況に置かれもする。

ミンジョン〔活動家〕　加害者が虚偽告訴罪で裁判をかけてきたら、ああ、あいつはまた頭を痛くさせるね、という程度なんですが、検事が虚偽告訴罪で裁判をかけてきたら、その時からは火の車です。それに対応しようとしたら弁護士がやることも多いですし証拠を出さなければならないものも多いだけじゃなくて、基本的に虚偽告訴で告訴する加害者は弁護士費用がかなり高いじゃないですか。だから国選弁護士だと難しいといいます。今日もそんな件があって、でもだからといってやらないわけにもいかず。今日の件は〔被害者が〕法律事務所の弁護士のY○にお金も払ったのになにもしてくれなくて。だからわたしたちが弁護士相談をしたんですが、虚偽告訴で裁判にかけられたケースを弁護士が無料法律支援でやるには〔仕事が〕あまりにも多いんですよ。証明すべきものも多いし裁判を引き受けてやろうとすれば事件にオールインするレベルなので一二〇万〔約一二万円〕、一五〇万ウォン〔約一五万円〕で引き受けるのは難しいと。だから韓国性暴力危機センターを調べてみたんですがダメです、当然。わたしたちの思いとしては、意志をもって運動の次元でやってくれる弁護士がいればいいんですが、弁護士にそれを期待することはできませんよね。加害者が強い権力をもっている人なら無料法律支援では容易には対応できないですよね。相手側がかなり強く出てくるので弁護士も同じように対応しなければならない部分があるからです。

活動家ミンジョンは、検事が被害者を虚偽告訴罪で起訴した場合、国選弁護士支援も無料法律支援も受けることができるが、簡単ではない現実を吐露する。性暴力相談所を訪れる被害者たちは、加害者より資源〔資産や知識、社会的ネットワーク〕が少なかったり法的に有利ではなかったりする切迫した状況に置かれている場合が多い。とりわけ被害者が検事の起訴で虚偽告訴の被疑者になった時、または「加害者が強い権力をもっている人」であればあるほど被害者たちに対する法律支援はいっそう必要である。しかし他の被害事件よりもかかる時間とエネルギーが大きいので、それに応じた対応をしてくれる国選弁護士や無料法律支援を通した弁護士を探すことは困難だ。ミンジョンは「運動の次元で」助けてくれる弁護士を期待するが、弁護士個人の使命感だけで進めるには困難な現実であることを惜しがる。このように被害者に対する支援が切実な事例であればあるほど、むしろ支援を受けにくい状況において、被害者に対する国家の法律支援制度は実効性を担うことができておらず、被害者たちは不十分な法律支援制度と不足した資源のなかで不安感が大きくなり、仕方なく私選弁護士に依頼することもある。

ヘジン〔活動家〕　じっさい犯罪被害者は弁護士が必要ないじゃないですか。検事が捜査や調査をして、加害者の弁護士と対立することになる構造が刑法上の犯罪被害者なのに、性暴力の場合、加害者が経験豊富な弁護士をお金で選任して、そうであるほど〔被害者を〕攻撃しながら自己を防御することになるので、被害者たちもさらに弁護士を求めることになり、このように資源を探すことにエネルギーをたくさん使うんだと思います。そしてわたしが相談しながら感じるのは、話を聞いてみれば、ある場合は証拠が確実にあったり国選弁護士に頼んで進めても大丈夫そうなのに、ある方の場合、かなりの焦りと不安で、加害者が弁護士を選任したのなら自分も私選弁護士を選任しなければならないんじゃないかと、お金をもっと使ってなにかしなければならないのではないかと。とにかく資源を探しつづけることにエネルギーをたくさん使ってるようです。

活動家ヘジンは、加害者が「攻撃しながら自己を防御」するから被害者も「焦り」が生じて私選弁護士を探したり、個人のお金を投資して対応をしなければならないという圧迫を受けていると語る。そしてこの過程で被害者たちは性犯罪専門というタイトルをもつオンライン上の法律事務所の広告に幻惑されもするが、次の事例のように余力があれば、あるいは無理をしてでも私選弁護士を選任する場合が増えている。

ソンミ(弁護士)　いずれにせよ加害者事件をたくさん担当する法律事務所で被害者事件も担当しないのかというと、実はそこでも被害者事件を担当するんですよ。加害者事件をたくさん担当するので基本的に刑事事件、性犯罪事件のメカニズムをよく知っているので被害者に対応する方法も他よりよく知っているんですね。そんなふうに広告をするのでなんとも言いようがありませんね。だけどやり過ぎな時がある。時々見かけますがそこまでするのかと思いますよ。被害者事件なのに、被害者に対して私選弁護士を選任しなければ虚偽告訴で裁判をかけられるかもしれないと言う場合もあったそうです。だから被害者があとで別の法律事務所に変えた、と。でもその時は本当にそうするしかないと思ったそうです。

ウンジュ〔弁護士〕　失礼でなければいくらで契約をしたのか教えてもらってもいいかと聞いてみたら八〇〇万ウォン〔約八〇万円〕だそうです。じっさい弁護士の受任料としてもかなり高い額ですよ。わたしもびっくりして額がかなり高いと言ったんですが、学生なのか社会人なのかは知りませんが五〇〇万ウォン〔約五〇万円〕だったか六〇〇万ウォン〔約六〇万円〕だったかをクレジットで決済したそうです。自分にはお金がないと弁護士事務所で言ったところ、五〇〇〜六〇〇万ウォンはクレジットで決済して残りの三〇〇万ウォンは借金をして払ってもいい、と言われたそうです。借金についても斡旋してやると言ったそうです。典型的な借金ブローカーのやり方じゃないですか。その契約をしてきたと言うんですよ。(…)これはいずれにせよ最初からわかっていることじゃないですか。〔金銭的にも社会的にも〕力のない被害者を相手にするわけですから。だからそこは対応する過程でも、〔加害者は〕資源が多いのに被害者の立場では資源がない状況で助けの手を期待するしかないんですが、システム的にも法律的にも多少は補完がされたとはいえ、かなり不足していると感じるんでしょう。そしてじっさいに被害者たちは国選弁護士をつけても無料でやってくれる弁護士たちは誠意をもってやってくれないと考えていますし。(…)その時、わたしは被害者に聞いてみたんですよ。お金がないのにクレジットで決済して借金をしてまでやるべき理由があるのか、と。向こう側(加害者)は弁護士を選任してやっているのに、自分(被害者)になにもなければダメじゃないかという時に、被害者弁護士制度というものがあります。だから当事者が希望すれば国が助けてくれると話したんですが、なんのためらいなく国選弁護士は誠意をもってやってくれないと言いかえされたんですよ。

弁護士ソンミは、性犯罪専門法律事務所は加害者事件をたくさん扱うがゆえに「被害者に対応する方法」もよく知っているという広告をしながら、被害者に対しても弁護士を選任しなければ「虚偽告訴で裁判をかけられるかもしれない」と言ってきたという事例を紹介する。そして弁護士ウンジュは自分のところに訪ねてきた被害者が、以前インターネット広告を見て法律事務所に訪ねて行き、ただちに契約をするように誘導されたという話を聞いたという。その法律事務所の契約金額は八〇〇万ウォンであったのだが、「五〇〇～六〇〇万ウォンはクレジットで決済して残りの三〇〇万ウォンは借金をして払ってもいい」と、借金を斡旋してやると言ってきたとのことだ。ウンジュは、被害者は契約をしたが不安になって他の弁護士を探している時に自分と出会うことになったと語る。このように被害者たちは法的支援を受けることのできる公的諸制度があるにもかかわらず「国選弁護士たちは誠意をもってやってくれない」と認識するがゆえに、無理な借金に応じることもある。もっと言えば、右の事例に現れているように、一部の法律事務所は「典型的な借金ブローカー」たちのように、資源が少ない依頼人たちに借金をするよう連携するサービスまで提供していると考えられるが、このように一部の法律事務所および弁護士たちは、加害者たちだけでなく被害者たちにも告訴を煽っている。

ミンジョン（活動家）（弁護士が）告訴して〔裁判で解決するべきだと〕法的な過程を煽って、その過程で、ある意味ではもっとたくさん続けてやれと言うんでしょう。これ以上やっても別に得るものがない時にももっとやれと言って（…）だんだんお金で解決しようとしているみたいです〔。〕（…）かつては被害者たちも無条件的に法的告訴をするんだという意見はあまりなかったんですよ。法的告訴はかなり慎重にやって、相談を受ける時も最初から法的告訴をやるんだという人は思ったより多くありませんでした。ところが最近は、相談所に電話をしてくる人たちのほとんどが法的なものを考えて（…）わたしたちはうまくいかなければ被害者が誤解をされたり、法的に進めたとしても事件がきちんと解決できなさそうならば、むしろやらないことが被害者の治癒やその後に付いてくるいくつもの経済的な損失を検討したさいに、やらないほうが賢明ではないかという考慮もできるように話してあげることもできるんですが、金稼ぎだけに必死になる弁護士たちは、やれますよと煽りつづけるので、そのような事例がはるかに多くなったように思います。

ソニ（弁護士）　性暴力被害者専門コミュニティサイトがあるんですが、そのトップページには、この人がフェミニストだったり性暴力に関心がある人だったりするならば到底使えないような写真が貼ってあるんです。児童被害者を被害者化する写真です。被害者だけが加入できます、女性だけが加入できますと書いてあって、加害者サイトのもう一つのパターンとしてそんなふうになっています。ところで運営する弁護士を調べてみたんですが、男性の弁護士なんですよ、(…)経歴が浅い弁護士。こんな人が専門性をもつための経験を積んだとは思われないのですが(…)こんなふうに被害者サイトだと言っておいて被害者化するサイトが登場することに対して悩んでいます。(…)弁護士の立場では大金をもらわなければならないのですが、被害者たちが自分の真正性を証明するためのお金を要求することはかなり憚られるんですね。いわゆる女性人権運動の周辺にいるある程度関心のある弁護士たちが被害者たちに示談金を取りましょうと言うのは難しいですし、そのようにはしませんから被害者弁護士たちがためらっているあいだに性犯罪専門法律事務所が取っていくんですよ。両側で一度に商売をするんですよ。被害者相手に商売、加害者相手に商売、(…)さらにあるケースでは性犯罪専門法律事務所のパートが二つあるんですが、〇〇〇法律事務所でも一方では男性の弁護士を使って悔しがる加害者を助けてやると言って、他方では女性の弁護士を使って被害を救済すると言って、両側からこんなふうにお金を取って、けっきょく弁護士たちだけがお金を儲けて、加害者であれ被害者であれ法律事務所にお金を捧げることになってるみたいです。

経歴一六年の女性団体活動家ミンジョンは、女性運動団体では被害者に対して、時には法的対応をしないほうが賢明だとアドバイスするが、「金稼ぎだけに必死になる弁護士たちは、やれますよと煽りつづける」現象がきわめて多くなったと診断する。そして弁護士ソニは、最近「加害者サイトのもう一つのパターンとして」、経歴が浅い男性弁護士が運営し、女性だけを対象にする被害者コミュニティサイトが登場したが、被害者を「被害者化」する写真を使っていることから見てフェミニズム的な感受性がない弁護士であろうと推定する。性暴力被害に対する専門性や〔フェミニズムに対する〕感受性が不足しているにもかかわらず被害者を専門的に弁護するという、いわゆる「被害者専門法律事務所」も登場しているのだ。主な顧客が性暴力の加害者たちである性犯罪専門法律事務所にとって被害者弁護は付随的な領域だ。それにもかかわらず加害者だけでなく被害者もまた性犯罪専門と関連したさまざまな広報と、加害者たちの積極的な攻撃、不足している公的支援のなかで、性暴力の法的解決は私選弁護士を通して対応してこそ勝つことのできるものとして認識されているのだ。

これに加え、ソニは女性運動団体とともに被害者を支援する弁護士たちは示談を積極的に主張しなかったり、できなかったりする状況において、性犯罪専門法律事務所が被害者と加害者双方を対象に「両側で一度に商売」をしていると指摘する。ある法人では、一方では男性弁護士を広告に出して「悔しがる加害者を助けてやる」と加害者を誘引し、他方では女性弁護士を広告に出して「被害を救済する」と広報しており、けっきょく加害者と被害者双方が、性犯罪専門法律事務所に「お金を捧げる」状況になったということだ。このようにして、加害者の防御と被害者の権利は、不安を強調する性犯罪専門法律事務所の広報と顧客勧誘の手段として活用され、性犯罪の法的解決の過程は、資源の競争へと追いこまれているのだ。

❖性暴力事件解決の司法化

近年オンライン法律相談が増えているが、これは加害者の位置にいる人びとが相談を求め、加害者への相談をおこなうものが大半だ。とりわけ性暴力とともに強力犯罪として言及される殺人、強盗、放火の加害者に対する法律相談や、かれらを対象とした広報はかなり稀であるが、性暴力の場合、主に加害者のための法律相談と広報が目だって多いのは、韓国社会において性暴力犯罪の法的位置を代弁するものである。性暴力は、〔裁判をとおした〕法的解決の過程において現実と乖離した最狭義説と慣行化された減刑、捜査過程で被害者を信頼しない通念、虚偽告訴に対する疑い、裁判により結果に大きな違いが生じる特徴などが見られる。これゆえに性暴力申告率は他の犯罪に比べずっと高まっているのに反して、拘束率と起訴率は低い。これは他の犯罪と異なって、性暴力事件で加害者側弁護士が介入する余地を拡張させることができる重要な条件であり、性暴力加害者に対する弁護は弁護士業界のニッチな市場としての位置を占めている。

なによりも性犯罪専門法律事務所のような、いわゆる性暴力加害者支援産業が拡張されている背景には、ネオリベラリズム的な国家の管理政策が存在する。国家は性暴力を厳重に処罰するというメッセージを伝播し、被害者の告訴を督励する一方で、加害者中心的な弁護士業界の市場化を放任しながら、双方すべての法律市場を拡大することをもって、性暴力事件の解決の法への依存度を高める効果を創出している。いまでは刑事や民事をとわず、性暴力被害者の告訴と加害者の逆告訴、被害者の逆告訴対応と、またそれへの対応で性暴力事件の解決過程は際限なく司法化されている。

性暴力事件解決が司法化されている現象は「政治の司法化」[24]の一環として見ることができる。「政治の司法化」とは、問題解決の最終的な決定権が裁判所に与えられることをもって、裁判所が共同体の多数の立場と異なる判決を下す場合、根本的にこの問題を解決できないという限界がある。政治領域と民

表1　強力犯罪(凶悪)年度別発生現況[25]

(単位:件(%))

区分	合計	殺人	強盗	放火	性暴力
2010	28,134(100)	1,262(4.5)	4,402(15.6)	1,886(6.7)	20,584(73.2)
2015	35,139(100)	958(2.7)	1,472(4.2)	1,646(4.7)	31,063(88.4)
2020	32,182(100)	805(2.5)	692(2.1)	1,210(3.7)	30,105(91.7)

表2　強力犯罪(凶悪)犯罪の起訴率と不起訴率(2019～2020)[26]

(単位:人(%))

区分	2019		2020	
	起訴	不起訴	起訴	不起訴
殺人	656(69.4)	262(27.7)	567(68.3)	232(28.0)
強盗	922(67.3)	261(19.0)	846(68.7)	211(17.1)
放火	611(48.7)	574(45.7)	595(52.4)	472(41.6)
性暴力	14,663(45.3)	15,148(46.8)	15,081(48.6)	13,169(42.5)

表3　強力犯罪(凶悪)犯罪の拘束率と不拘束率(2019～2020)[27]

(単位:人(%))

区分	2019		2020	
	拘束	不拘束	拘束	不拘束
殺人	553(78.6)	151(21.4)	500(78.1)	140(21.9)
強盗	533(43.7)	688(56.3)	457(42.8)	610(57.2)
放火	221(19.8)	896(80.2)	201(19.9)	811(80.1)
性暴力	1,676(6.5)	24,039(93.5)	1,449(6.0)	22,627(94.0)

主的公共領域において扱われなければならない諸事案が結果に責任を負わない少数のエリート裁判官たちによって決定されるという点で、社会変化の根本的な代案になることが難しいのだ[28]。また、個人を共同体から解体し孤立させるという点、価値の問題を希釈して真実ゲームに集中することで脱政治化されうるという点、紛争と葛藤を管理可能な法的枠組みのなかに包摂するという点、それを担当する裁判官と弁護士、その背後にある国家や法律事務所を一定の経路を通して処理されるようにコントロールできるという点、国家的統治に対する効果的な正当化機能を遂行するという点などにおいて、資本権力－政治権力の連合体制が活用できるネオリベラリズム的統治術を構成することもある[29]。

ムフ(Mouffe)の言うように、民主的政治の公共領域が弱くなる文脈において司法的水位が次第に高まっていく。社会的問題を政治的やり方で理解することが次第に不可能になっていくにしたがい、司法的領域を特権化し、葛藤のあらゆる形態に対して法が解決策を提示してくれるであろうと期待する傾向が台頭しているのだ。これに対してムフは、社会は次第に政治的やり方で社会的関係を位置づけ、政治的言説を通してかれらが直面した決定に形態を提供する能力を喪失していると指摘する[30]。このような状況で、性暴力をめぐる政治的闘争の言語と空間もまた、国家と法、市場の枠内で統治可能な領域として「脱臼(disarticulation)」[31]されている。これは共同体や社会の変化を導くやり方ではないネオリベラリズム秩序を内面化した当事者諸個人の問題として「再私的化(re-privatization)」[32]することだ。ゴッテル(Gotell)によれば、再私的化とは、ネオリベラリズム国家においてジェンダー問題を削除する政策言説が強化されるなかで、脱文脈化され個人化された被害者支援サービスが精巧化されていく状況のことである。いまや女性に対する暴力に関するシステムは公共政策ではなく国家の統治体制として個人化されたネオリベラリズム市民を再建する重要な場所となっており、[33] 性暴力は政治的論争の対象から、個別化された法的課題へと移動しているのだ。

既存の性暴力は主に経済外的なものとして、つまり家父長制や男性中心的なレイプ文化などを中心に説明されてきた。しかしネオリベラリズム秩序は個人化され市場化された被害者と加害者を生産していきながら、性暴力は次第に経済的なものへと移動し、被害と加害の意味を再構築している。これはフーコー(Foucault)が述べた非経済的な空間と活動が経済化されるネオリベラリズムの統治性概念を通して理論化することができる。ネオリベラリズムの統治は市場の存在条件である規則、制度のような枠組みに介入することをもって経済過程を調整する。そして企業と企業的なものの養成所をつくり、統治行為に作用するように強要し、企業間の競争機会をさらに増殖させ、司法的仲裁の必要性もまた増殖させる。[34] フーコーの統治性理論は、国家の統治性、市場自由主義の統治性、環境の設計を通した犯罪予防と安全言説、権力メカニズム、主体形成過程などを分析する文脈で扱われてきたが、[35] これは「知識と権力、テクノロジーの結合体が形成され変容される過程を通して、特定の主体性がどのように生産されるかを分析すること」と説明できる。[36] 本書はフーコーの統治性を、性暴力の意味がネオリベラリズムの秩序にしたがい再構築される過程に、法的・国家的権力がそれらの経済化のなかで特定の技術・戦略・知識に対する位置を再設定し、その過程において生産される被害者と加害者の主体化様式を分析するための分析枠組みとして使用した。これは現在、性犯罪専門法律事務所の広報技術、減刑戦略、加害者中心的な知識がネオリベラリズムの主体として加害者の位置をどのように移動させているのか、その過程で性暴力という政治闘争の場がどのように金銭的資源の問題へと移動しているのか、法と国家はどのようにそれが可能な構造をつくりだし、承認しているのかを分析するための拠り所になる。

注

(1) 本書における性暴力の逆告訴とは、性暴力被害者が性暴力を告訴した後に加害者および検事が被害者を虚偽告訴・偽証などで告訴・起訴したり、性暴力被害の事実を告発したことに対し加害者および加害者の周りの人びとが被害者および被害者の周りの人びとなどを名誉毀損・侮辱などで告訴したり、民事上の損害賠償訴訟を起こしたりすることである。これは報復性の逆告訴とも表現されるであろうし、とりわけ被害者に対する何件もの逆告訴と、周りの人びと、連帯者、第三者に対する告訴が進められた場合には、報復性の企画告訴とも表現できるだろう。キム・ボファ「うながされる性暴力逆告訴と加害者連帯」『女性学論集』三五巻二号、二〇一八、一一四頁。

(2) イ・ジェヒョプ「法のグローバル化と法律事務所の成長」『外法論集』二七巻、二〇〇七、五七三－六一四頁。

(3) ホン・ソンス「法律事務所の成長と弁護士倫理の変化——個人倫理から組織倫理へ、公益活動から社会的責任へ」『法と社会』四一巻、二〇一一、一五七頁。

(4) ヨム・デソン「市場開発に対する韓国の法律事務所の経営戦略に関する研究」『韓国高等職業教育学会論文集』一巻四号、二〇〇〇、六八五－六九五頁。

(5) キム・スンソク「法務サービス市場開放の主要争点」『法曹』五三巻一二号、二〇〇四、五－五二頁。

(6) 二〇〇七年三月一日付で、大韓弁護士会は広告基準と関連した諸規則を全面改訂して弁護士業務広告規定

第三条には以前になかった「広告の基本原則」規定を置き、「弁護士は弁護士(構成員を含む)およびその業務に対する情報と資料を提供することで弁護士選択を補助し、公正な競争によって顧客を勧誘するために広告をすることができる」と言明することで競争を明文化し、それ以前までの弁護士業務広告に関する施行細則を廃止し、インターネットなどを利用した弁護士業務広告基準を新設し、規定上物議をかもしていたインターネットなどを通した広報の基準とやり方を拡張・緩和した。さらに二〇二一年五月三日付で、大韓弁護士会は弁護士業務広告規定会規の全面改訂して多様なオンラインメディアを通した広告を承認し、「専門」と「専担」の用語を自由に使えるようにするなどの規定を改訂した。大韓弁護士会ホームページ、二〇〇六年、二〇〇七年、二〇二一年法規集参考。

(7) イ・グクン「韓国法曹人養成制度の歴史――ロースクール制度以前」『ジャスティス』一四六-二巻、二〇一五、一六七-一八九頁。キム・チャンノク「韓国ロースクールの意義と課題――ロースクールシステムをロースクールらしくしなければ」『ジャスティス』一四六-二巻、二〇一五、一九〇-二二八頁。キム・ジョンファン「ロースクール制度に対する評価-診断/改革」『民主法学』七〇巻、二〇一九、八九-一一六頁。イ・グクン「法律家の労働とロースクール改革」『経済と社会』一二三巻、二〇一九、七六-一〇九頁などを参照。

(8)「弁護士活動人口二万六〇〇〇人を超えた……九年で二倍」『ヘラルド経済』二〇二二年一月二〇日(オンライン参照)。「弁護士三万人時代……弁護士試験合格数減縮集会が開かれる」『中部日報』二〇二二年四月七日(オンライン)などを参照。

(9) 本書での直接引用文はできるだけ研究参与者(インタビュイー)の表現を生かしたが、一部の引用文の場合、必要時にはカッコの中に説明を追加したり、前後の文脈を理解しやすくするために若干の修正をほどこしており、中略の場合は「(…)」で表記していることを記しておく。

(10)「「ネットワーク法律事務所」高速成長――弁護士業界「ざわめき」」『法律新聞』二〇二〇年九月一〇日(オ

ンライン参照)。

(11) キム・ジソン『犯罪被害に対する恐怖と女性の生——社会的構成と結果』韓国学術情報、二〇〇六。クォン・インスク、イ・ファヨン「性暴力の恐怖と社会統制——マスコミの児童性暴力事件対応を中心に」『アジア女性研究』五〇巻二号、二〇一一、八五-一一八頁。キム・ウニョン「犯罪被害に対する恐怖の原因と女性——性暴力犯罪の恐怖と女性の犯罪に対する恐怖は関連があるのか」『韓国治安行政論集』八巻四号、二〇一二、一六九-一九三頁などを参照。

(12) キム・ハンギュン「法秩序政治(Law and Order Politics)と刑事司法の歪曲」『民主法学』三七巻、二〇一〇、三一一-三四四頁。

(13) チュ・ジヒョン「司法民主化と厳罰主義」ソウル大学社会学科博士論文、二〇一七。

(14) カン・テス「性犯罪者の身上公開制度に関する憲法的考察」『公法学研究』七巻二号、二〇〇六、一三一-一六二頁。パク・ギョンチョル「近年の性犯罪対応方案の憲法的考察」『江原法学』三三号、二〇一一、一一-四七頁。チョン・チョロ「強力犯罪被害者の身上公開に対する法的考察」『韓国コンテンツ学会論文誌』一二巻七号、二〇一一、一五六-一六八頁などを参照。

(15) チョン・ユソク「性暴力加害者登録、公開システム——反性暴力運動と出会う風景」『ナヌムト』六二号、韓国性暴力相談所、二〇〇八。キム・ボファ「性暴力加害者の「加害行為」構成過程に関する研究」梨花女子大学女性学科修士論文、二〇一一。

(16) 政府24(オンラインの行政プラットフォーム)の「性犯罪者就職制限制度」(オンライン参照)。

(17) 二〇一二年三月、児童・青少年性保護に関する法律改定によって、一九歳未満の児童・青少年性暴力被害者に対する法律助力者制度が整えられた。また被害者国選弁護士制度は二〇一三年六月、性暴力犯罪の処罰などに関する特例法改定によってあらゆる性暴力被害者を対象に拡大された。これは性暴力防止および被害者保護などに関する法律第七条の二(被害者に対する法律相談など)に根拠規定を置いている。

(18) 最も代表的なものが強かん罪の最狭義説だ。現在、刑法第二九七条強かん罪は、暴行または強迫で人を強かんした者に対して有罪を認めるという最狭義説を採択しているが、全国性暴力相談所協議会によると、二〇一九年一月から三月までに受けつけられた強かん事例一〇三〇件のうち、直接的な暴行・強迫があった事例は二八・六％（二九五件）に過ぎず、直接的な暴行・強迫がなかった事例は七一・四％（七三五件）だった。ほとんどの性暴力は権力関係から発生するがゆえに、加害者が暴行や脅迫を用いる必要がない場合がほとんどであるが、捜査司法機関は暴行・強迫の証明を優先的判断基準にすることで性暴力の不起訴率、無罪率を高めている。「わたしが被った強かんは強かんではないそうだ」全国性暴力相談所協議会、二〇一九年九月一六日(YOUTUBE参照)。

(19) 本書における性暴力事件の解決の「法市場化」とは、「ネオリベラリズムの統治戦略として、国家の管理下で法と市場が特定の知識と権力の装置を通して相互作用し、政治的な諸領域を経済的な領域に移動させることをもって、性暴力をジェンダー権力とヒエラルキー的・差別的社会構造の問題としてではなく個人問題として脱政治化する技術・戦略・知の総体」として概念化した。

(20) キム・ソンドン「被害者弁護士制度の導入方案」『被害者学研究』一〇巻二号、二〇〇二、一二三－一四二頁。キム・ジェヒ「犯罪被害者弁護士の役割と国選被害者弁護士制度」『被害者学研究』二〇巻一号、二〇一二、二八九－三一五頁。キム・ジェジュン、キム・ジャファン「被害者国選弁護士制度の効率的運営方案」『法学研究』四一号、二〇一四、一六七－一九四頁。チョン・ジヘ「公判過程における国選被害者参加弁護士制度導入のための比較研究――日本弁護士連合会と法テラスの運営現況分析を通した示唆」『比較刑事法研究』一七巻二号、二〇一五、二一－四四頁などを参照。

(21) キム・ボファ、ホ・ミンスク、キム・ミスン、チャン・ジュリ『性暴力被害相談分析および被害者支援方案研究』女性家族部、二〇一八。

(22) このような状況に対し(社)韓国女性弁護士会は声明を発表し問題提起をしたことがある。「法務部の一方的な被害者国選弁護士報酬削減通知に対して遺憾を表明する」（社）韓国女性弁護士会、二〇一八年六月二五日（オンライン参照）。

(23) ドメスティックバイオレンスや性暴力の被害者に対する無料法律支援は二〇〇三年から実施されたものであり、性暴力防止および被害者保護などに関する法律第七条の二（被害者に対する法律相談など）に根拠しており、性暴力の場合、女性家族部長官および性暴力相談所、被害者保護施設、ひまわりセンター〔性暴力被害者が二四時間いつでも相談・支援を要請できるワンストップセンター〕の代理人などが大韓法律救助公団、大韓弁護士協議会救助財団、韓国性暴力危機センターと連携し、被害者の法律相談および民事・家事訴訟代理、刑事訴訟支援などをする制度だ。二〇二二年基準で弁護士に支給される費用は、各審級ごとに本案事件は一二〇万ウォン〔約一二万円〕、裁定および抗告申請、その他の本案訴訟に付随する申請事件に対しては四〇万ウォン〔約四万円〕の費用を支給している。一人当たり救助費用は五〇〇万ウォン〔約五〇万円〕であり、超過時には審査委員会で追加支給可否を結成する。女性家族部『女性・児童権益増進事業運営指針』女性家族部、二〇二二、一九九頁。

(24) 政治的なさまざまなイシューに対する司法への依存度が高まり、司法の役割が拡張される現象を「法の支配（rule of law）」の一環としての「政治の司法化（judicialization of politics）」と呼ぶ。司法的なものが政治的なものを代替する現象は、第二次世界大戦以降、世界的な流れとして現れているが、人びとは政治指導者や立法部が決定できない問題を裁判所と裁判官に訴える。そして裁判官たちが法的根拠を通して政策をつくるあいだ、一般人と政治公務員たちは、問題の争点を司法的な用語で討論し、法的な根拠の下で決定する。アダム・プシェヴォルスキー、ホセ・マリア・マラベル著、アン・ギュナム、ソン・ホチャン他訳「民主主義支配と法の支配」『民主主義と法の支配』フマニタス、二〇〇八〔Adam Przeworski, Jose Maria Maraval, *Democracy and the Rule of Law*, Cambridge University Press, 2003〕。

(25) 法務研修院『二〇二〇犯罪白書』法務部、二〇二一、七七頁、法務研修院『二〇二一犯罪白書』法務部、二〇二二、七七頁を参考し再構成。
(26) 法務研修院『二〇二一犯罪白書』法務部、二〇二二、二四七－二五〇頁を参考し再構成。
(27) 法務研修院『二〇二〇犯罪白書』法務部、二〇二一、二五一頁、法務研修院『二〇二一犯罪白書』法務部、二〇二二、二五四頁を参考し再構成。
(28) オ・スンヨン「韓国民主主義の危機と法の支配―政治の司法化を中心に」『民主主義と人権』一〇巻三号、二〇一〇、一六三－一九六頁。オ・スンヨン「政治の司法化と法曹支配体制の現実」『市民と世界』二三巻、二〇一三、三八－五五頁。
(29) ハン・サンヒ「統治術としての政治の司法化1――統合進歩党事件と関連して」『民主法学』五六号、二〇一四、一一－五六頁。
(30) シャンタル・ムフ、イ・ヘン訳『民主主義の逆説』インガンサラン、二〇〇六〔葛西弘隆訳『民主主義の逆説』以文社、二〇〇六〕。
(31) dislocationは脱臼と主に翻訳され、辞書的な意味では、あるシステムや過程が進行されることを妨害する状況のことである(出典：Collinsdictionary、オンライン参照)そしてdisarticulationは辞書的には関節で二つの骨を分離または切断することと説明される(出典：ウィキペディア、オンライン参照)。パレニャース(Parreñas)はフィリピン人の女性移住家事労働者たちが移住し定着しながら直面する経験を脱臼位置(dislocation)というレンズを通して分析したことがある。フィリピン人の女性移住家事労働者の脱臼位置には、不安定な市民権、家族別居の苦痛、矛盾的な階級移動という経験、移住民共同体のなかで体験する社会的排除あるいは所属感のなさが含まれる。パレニャースはフィリピン人の女性移住家事労働者たちが日常生活でこのような位置性に抵抗したり交渉したりするために活用する手段と構成過程を分析しつつ脱臼位置という概念を使用する。ラセル・パレニャース、ムン・ヒョナ訳『グローバル化の召使たち――女性、移住、家事労働』女性文化理論研究所、二〇〇九〔Rhacel Salazar Parreñas, *Servants of Globalization : Migration and*

Domestic Work, Stanford University Press, 2001]。他方でマクロビー(McRobbie)はフェミニズムの制度的成果が崩れていく過程を説明するためにdisarticulation概念を使用しており、社会的・文化的空間でフェミニズムが男性に対する怒りと敵対感から惹起されたものであるという価値を作りだして普及する過程においてdisarticulationが発生すると分析する。これは女性の政治的参与と連帯の可能性を弱め、この過程で性政治に対する否認と新しいやり方のジェンダー権力様相が現れるなかで、フェミニズム的実践はdisarticulationされるのだ。Angela McRobbie, *The aftermath of feminism: gender, culture, and social change*, SAGE, 2009.このような議論を参考にし、本研究ではdisarticulationを脱臼と翻訳し、性暴力事件解決をめぐるフェミニズムの政治が司法化、市場化とかみ合う過程において分離され、脱政治化される過程を説明する文脈で使用した。

(32) 本書での再私的化という概念は、国家と法が性暴力被害者を支援すると言いながら、特定の領域の性暴力被害に限定し、被害者支援を個人化された法的・医療的領域に限定しながら女性運動団体の政治的活動をコントロールする現状を説明する文脈で使用した。

(33) Lise Gotell, "The discursive disappearance of sexualized violence: feminist law reform, judicial resistance and neo-liberal sexual citizenship", Boyd, Susan B, Lassard, Hester eds., *Reaction and resistance: Feminism, Law and Social Change*, University of British Columbia Press, 2007.

(34) フーコーは、自由主義の統治性を再定立しながら、ネオリベラリズムの合理性の規範と原則が国家と社会を経済的主体として規定して連結させる新しい文脈として、非経済的な空間と活動が経済化される秩序の統治術を「統治性(governmentality)」と命名し、その作動過程を分析する。フーコーにとって統治性は「人口を主要目標として設定し、政治経済学を主たる知識の形態にし、安全装置を主たる技術的道具として利用する、複雑であるがかなり特殊な形態の権力を構成できるようにする制度・手続き・分析・考察・計測・戦術の総体」、つまり品行の指導方式だ。フーコーによれば、このようなネオリベラリズムの統治術において最も重い条件になるのは、競争メカニズムが市場を調節する原理を構成しなければならず、競争の力学に従属された社会を構成することだ。ネオリベラリズムの競争の形式的構造が作動されうる整備を進めることによって、いまや市場経済は市場のせいで統治しなければならないものではなく、市場のために統治しなければならなくなった。ミシェル・フーコー、オトゥルマン訳『安全、領土、人口――コレージュ・ド・フランス講義一九七七〜七八年』ナンジャン、二〇一一（高桑和巳訳『ミシェル・フーコー講義集成　7　安全・領土・人口――コレージュ・ド・フランス講義1977-1978年度』筑摩書房、二〇〇七）。ミシェル・フーコー、オトゥルマン他訳『生命管理政治の誕生――コレージュ・ド・フランス講義一九七八〜七九年』ナンジャン、二〇一二（慎改康之訳『ミシェル・フーコー講義集成　8　生政治の誕生――コレージュ・ド・フランス講義1978-1979年度』筑摩書房、二〇〇八）。

(35) ホン・テヨン「フーコーの自由主義統治性政治」『韓国政治学会報』四六巻二号、二〇一二、五一-七〇頁。パク・テミン「市場自由主義統治性の系譜学――一九八〇年代以降、好ましい人間の統治としての金融統治性の台頭」『コミュニケーション理論』一〇巻四号、二〇一四、二二四-二六二頁。パク・スンイル「ネオリベラリズム統治性と「環境設計を通した犯罪予防（CPYED）」」『経済と社会』一〇七号、二〇一五、三三五二-三九四頁。イム・ミウォン「フーコーの統治性分析に対する基礎的考察」『法哲学研究』一九巻一号、二〇一六、九九-一三六頁。イ・ムンス「ネオリベラリズム的統治性、主体、そして公共性の問題――フーコーの一九七八、一九七九年講義を中心に」『政府学研究』二五巻二号、五九-九〇頁などを参照。

(36) ソ・ドンジン「革新、自律、民主化、そして経営――ネオリベラリズム批判企画としてのフーコー統治性分析」『経済と社会』八九巻、二〇一一、七二頁。

第二章

お疲れでしょう？ 減刑コンサルティングをしてさしあげます。

現在、性犯罪専門法律事務所の主たる顧客は性暴力加害者であるがゆえに、法律事務所は捜査・裁判過程で加害者に有利な結果を導きだすために、さまざまな技術と戦略を活用する。またオンラインコミュニティ、ホームページ、ブログ、書籍などを通して、加害者中心的なナラティブを強化し、加害者連帯にもとづいたコミュニティを運営しながら顧客を勧誘している。スーザン・ファルーディは、米国社会における第二派フェミニズム運動以降に登場したさまざまな反フェミニズム的な理論的・文化的枠組みを「バックラッシュ(Back-lash)」[1]と命名した。しかしファルーディが分析したバックラッシュが米国フェミニズム運動の成果にもかかわらず以前へと戻ろうとしたり後退しようとしたりする過程を明らかにしたものであるとすれば、最近の韓国における性犯罪専門法律事務所を中心に構成される加害者支援産業は、回帰というよりもさまざまな技術[2]と感情、専門性、資本などが結合した新しい「加害者男性性」を開発するものに見える。

第一節 性犯罪専門法律事務所が発明した減刑と無罪の技術

✤示談確率を高めるための「ジェントルな」提案

二〇二二年一〇月一日から施行された性犯罪量刑基準を検討すると、一三歳以上を対象にした強かん罪の減刑要素のうち、特別量刑因子における行為者に対する減刑要素は「聴覚および言語障害者、心身微弱（本人の責任なし）、自首、〔被害者が〕処罰を願わない」であり、一般量刑因子における行為者に対する減刑要素事項は「相当な被害回復（供託〔示談できなくても被害者に受け取ってもらえるようにする賠償金のこと〕を含む）、真摯な反省、刑事処罰前歴なし」である。

他方で、性犯罪の執行猶予基準における主要酌量事由のうち肯定的要素は「強制醜行〔不同意わいせつ（強制わいせつ）〕における有形力の行使が顕著に弱い場合、共犯の犯罪遂行の阻止・混乱の試み、醜行の程度が弱い場合、傷害結果が発生したが基本犯罪が未遂に終わった場合、処罰を願わない」であり、一般酌量事由のうち肯定的要素は「同種前科がなく、禁固刑の執行猶予以上の前科なし、社会的紐帯関係が明らか、偶発的犯行、自首、真摯な反省、共犯として消極的加担、相当な被害回復（供託を含む）、被告人の健康状態がきわめて良くない、被告人の拘禁が扶養家族に過度な困窮をともなう」場合が該当する。それまであった執行猶予基準のうち、「暴行・強迫ではない位階〔ヒエラルキー〕・威力を使用した場合（一三歳以上対象）」、「被告人が高齢」などが削除・一部変更された内容は歓迎すべきであるとはいえ、依然として右の条項は、その内容自体が抽象的であり、必要によっていくらでもつくりだすことができる部分が多い。たとえば加害者側は「被告人の拘禁が扶養家族に過度な困窮をともなう」場合をつくりだすために裁判中に結婚をすることもある。(3)

とりわけ現在では初犯の場合、加害者ができる特別量刑因子減刑要素と執行猶予主要斟酌事由のうちの一つは「処罰を願わない」である。これゆえ性犯罪専門法律事務所は無罪を立証するのが困難だと判断する時には、示談を通して被害者から処罰を願わない〔という意志表明を〕を受け、それが真摯な反省

	加重要素	
	強かん	醜行
	・加虐的、変態的侵害行為または極度の性的不快感増大。 ・多数の被害者対象の継続的・反復的犯行。 ・犯行に脆弱な被害者。 ・性暴力処罰法第３条第２項に規定する特殊強盗犯人である場合（３類型）。 ・親族関係である人の住居侵入など強かん、または特殊強かんの犯人である場合。 ・輪かん（２、３類型）。 ・妊娠。 ・被指揮者に対する教唆。	・加虐的、変態的侵害行為または極度の性的不快感増大 ・多数の被害者対象の継続的・反復的犯行。 ・犯行に脆弱な被害者。 ・親族関係である人の住居侵入など強制醜行または特殊強制醜行犯行である場合。 ・被指揮者に対する教唆。
	・特定犯罪加重（累犯）、特定強力犯罪（累犯）に該当しない同種累犯。 ・申告義務者または保護施設などの従事者の犯行であったり児童虐待処罰法第７条に規定された児童虐待申告義務者の児童虐待犯罪に該当する場合。 ・常習犯である場合。	・特定強力犯罪（累犯）に該当しない同種累犯。 ・申告義務者または保護施設などの従事者の犯行であったり児童虐待処罰法第７条に規定された児童虐待申告義務者の児童虐待犯罪に該当する場合。 ・常習犯である場合
	・計画的犯行。 ・同一機会に数回かん淫。 ・非難動機。 ・心身障害状態をひき起こし強かんした場合。 ・親族関係である人の犯行である場合。 ・青少年に対する犯行である場合。	・計画的犯行。 ・非難動機。 ・心身障害状態をひき起こし強制醜行をした場合。 ・親族関係である人の犯行である場合。 ・青少年に対する犯行である場合。
	・人的信頼関係の利用。 ・特定犯罪加重（累犯）、特定強力犯罪（累犯）に該当しない異種累犯、累犯に該当しない同種および暴力実刑前科（執行終了後10年未満）。 ・２次被害のひきおこし（強要罪などによる犯罪が成立する場合は除外）。	・人的信頼関係の利用。 ・特定強力犯罪（累犯）に該当しない異種累犯、累犯に該当しない同種および暴力実刑前科（執行終了後10年未満）。 ・２次被害のひきおこし（強要罪などによる犯罪が成立する場合は除外）

表4 性犯罪の刑種および量刑の基準：13歳以上対象強かん・強制醜行(4)

区分		減刑要素	
		強かん	醜行
特別量刑因子	行為		・有形力の行使が顕著に弱い場合。 ・醜行の程度が弱い場合
	行為者／その他	・聴覚および言語障害者。 ・心身微弱（本人の責任なし） ・自首 ・処罰を願わない	・聴覚および言語障害者。 ・心身微弱（本人の責任なし） ・自首 ・処罰を願わない
一般量刑因子	行為	・消極加担。 ・他人の強圧や威嚇などによる犯行加担。	・消極加担。 ・他人の強圧や威嚇などによる犯行加担。
	行為者／その他	・相当な被害回復（供託を含む）。 ・真摯な反省。 ・刑事処罰前歴なし。	・相当な被害回復（供託を含む）。 ・真摯な反省。 ・刑事処罰前歴なし

表5　性犯罪執行猶予基準[5]

区分		否定的	肯定的
主要斟酌事由	再犯の危険性など	・計画的犯行。 ・加虐的、変態的侵害行為または極度の性的不快感増大。 ・特別保護場所における犯行（13歳未満対象性犯罪である場合）。 ・同種前科（10年以内禁固刑の執行猶予以上）。 ・反復的犯行。 ・犯行に脆弱な被害者。 ・危険な物品の使用。 ・輪かん。	・強制醜行において有形力の行使が顕著に弱い場合（13歳以上対象。ただし障害者に対する性犯罪は除外）。 ・共犯の犯罪遂行阻止、混乱の試み。 ・醜行犯罪において醜行の程度が弱い場合。
	その他	・性暴力処罰法第５条が規定する形態の犯行である場合。 ・申告義務者または保護施設などの従事者の犯行であったり児童虐待処罰法第７条に規定された児童虐待申告義務者に該当する場合。 ・妊娠。 ・重い傷害。	・傷害結果が発生したが基本犯罪が未遂に終わった場合。 ・処罰を願わない。
一般斟酌事由	再犯の危険性など	・２回以上禁固刑の執行猶予以上の前科。 ・社会的紐帯関係の欠如。 ・心身障害状態をひきおこし犯行した場合。 ・薬物中毒、アルコール中毒。 ・真摯な反省がない。	・同種前科がなく、禁固刑の執行猶予以上の前科がない。 ・社会的紐帯関係が明らか。 ・偶発的犯行。 ・自首。 ・真摯な反省。
	その他	・共犯として主導的役割。 ・犯行後の証拠隠蔽または隠蔽の試み。 ・２次被害のひきおこし（強要罪などほかの犯罪が成立する場合は除外）。	・共犯として消極加担。 ・相当な被害回復（供託含む） ・被告人の健康状態が極めて悪い。 ・被告人の拘禁が扶養家族に過度な困難状況をもたらす。

の一環であると強調する。しかし近年、加害者側の無理な示談の試みによる二次被害が問題とされ、これによって現在、量刑の加重要素には「二次被害のひきおこし（強要罪などほかの犯罪が成立する場合は除外）」が含まれている。したがってかれらの示談要求は用心深いものになるしかないのであるが、弁護士のインタビュイーたちが代表的な性犯罪専門法律事務所だと言及したY○の場合、示談時に金額を交渉するよりは、丁重な姿勢を取る。

ユジン（弁護士）　わたしが会ったことのあるY○の弁護士たちは割とおとなしかったですよ。争うのではなく、認めている事件だからそうなのかもしれませんが（…）かなり礼儀正しくて、弁護士が直接。示談という単語も使いませんでした。よい方向で解決したいという思いでいっぱいだ、とても申し訳ない、という完全な低姿勢で。（…）そんなふうに低姿勢で来るので、断る人もむしろ申し訳なくなって。申し訳ないですが、わたしどもはそんな意思がありませんと言ったのに、とにかく認める側ではそんなやり方ではっきりと頭を下げてやってきて、できるだけ示談に導いて起訴猶予にさせるんです。

ソンミ（弁護士）　率直に言うとY○は、わたしが被害者を国選で担当する時の相手側としてよく会いますよ。会った時、示談の話と関連してある部分ではマシな時もありますが、Y○は示談金を値下げ交渉しようとはしませんでした。その人たちはとてもよく知っているんですよ。むしろ相手側の弁護士たちなのに。わたしが会ったY○の弁護士が二人いらっしゃったんですよ。とてもジェントルで礼儀正しい言葉使いでした。性犯罪事件を一度も担当したことのない弁護士たちは性犯罪の特殊性を知らない場合があるじゃないですか。だからなぜ示談をしないのかと、美人局《つつもたせ》じゃないのかと言うような方もいたそうです。だけどこの方たちは示談にかならず導かなければならないから、自分の依頼人が本当に申し訳なく思っていると言って、丁重なんですよ。示談金も基本的にはわたしたちが考える裁判所の損害賠償額よりも少し多めですし。〔Y○の弁護士たちが〕それとこの部分も一度考えてみてください、被害者の方もそう思われるんじゃないですか、と。自分たちのほうでももう一度話をしてみます、最善を尽くします、と。示談の慣行においても(…)Y○はむしろその特殊性を知っているので選任料金もたくさん取るぶん示談金もきちんと準備させるんだそうです。そもそも無条件的に示談に導かなければならず、示談金もたくさん必要ですよ、と〔。〕(…)加害者の立場から言えば、どのような形にせよ示談になれば自分の事件がうまく処理されたと考えるので、示談になれば自分にとっても減刑されるから、加害者も満足度が高くなるしかないですしね。

弁護士ユジンは「とても申し訳ない、という完全な低姿勢」で出向いてくるY○の弁護士たちは「割とおとなしかった」と表現する。また弁護士ソンミはY○の弁護士たちは既存の加害者側の弁護士たちが「美人局」云々と言いながら示談金を値切ろうとした慣行から脱し、「とてもジェントルで礼儀正しい言葉使い」であり、「裁判所の損害賠償額よりも少し多め」の金額を提示しながら示談を試みており、示談成功を前提に加害者から選任料金もたくさん取り、示談金も別個に準備させると語る。加害者は高い金額を払ったとしても示談に成功すれば減刑になるがゆえに満足度が高くなるということだ。このように性犯罪専門法律事務所は被害者や被害者側弁護士たちに高い示談金額を提示し、丁重な姿勢を取ることで、示談の確率を高めるのであり、かつての美人局論や被害者らしさなどの要求は、いささか時代遅れなものとして感じられているのだ。

❖減刑のための「真摯な反省」

最近、性暴力加害者たちは社会奉仕団体や女性団体などに後援金を寄付したのち、寄付金領収書を裁判所に提出することで、減刑のための反省の証拠として使用することもある。一つの例として、二〇一四年にカメラなどを利用した撮影で起訴された裁判で、第一審は加害者に三〇〇万ウォン〔約三〇万円〕の罰金刑を宣告したが、第二審では宣告猶予を判決し、次のように記した。

> 被告人がこの事件の犯行を自白し、過ちを深く反省しているという点、犯罪前歴が全くない初犯である点、性暴力予防プログラムを自発的に受講し、**韓国性暴力相談所に定期後援金を納付しながら二度とこのような過ちを繰りかえさないと誓っている点**[6]、被害者たちと合意するために真摯な努力をした点、その他に被告人の年齢、性行、環境、職業、犯行の動機、手段と結果、犯行後の状況などをはじめとし、刑法第五一条に定められた事項を斟酌し、改善の状況が顕著であると認定できるがゆえに、三〇〇万ウォンの罰金刑の宣告を猶予することにする。（ソウル東部地方裁判所、二〇一五年六月一八日宣告、２０１５ノ95判決の一部〔地方裁判所が一定の範囲で二審判決を下している〕）

右のように女性団体の寄付を減刑要素と見なす判決が増えていくと、二〇一七年九月、全国性暴力相談所協議会所属の諸団体は「性暴力加害者の一方的な後援／寄付は減刑要因から除外されるべきだ。それは「反省」ではない」という記者会見を開いた。当時、それぞれの女性団体は刑事裁判の過程で、加害者の寄付行為に対する量刑減軽が性暴力被害者が望まない加害者の一方的行為に対する対価だという点、相談所および団体の活動を加害者が悪用しているという点に問題意識をもち、現況調査を行った。調査の結果、合わせて七カ所の機関で加害者が寄付金を払おうとしたり（八七件）、納付したりしたことが確認された（一四件）。納付が確認された寄付金のうちには、法律事務所から加害者名義で寄付したものを逆追跡して返還した事例があり、弁護士や法律事務所の事務長から後援すれば減刑されるという情報をもらって寄付したり、弁護士が寄付や寄付金領収書発給の可否を問い合わせたりした事例も四件あった。(7)

このように、具体的に「韓国性暴力相談所に定期後援金を納付(8)」したことが減刑の事由になったという判決に直面するなかで、女性団体はより積極的に団体に後援と寄付をする人が誰なのか、なぜ寄付したのかなどを確認する作業を行っている。以前にも寄付と後援を減刑の事由とする判例があったが、最近のかれらの寄付方法はますます緻密になっている。

ユミ（活動家）　加害者の母が息子の名前で後援金を納付した事例なんですが、この方はどこかからアドバイスを聞いてきて大急ぎで納付をしたみたいです。わたしが不在にしていたあいだに寄付金の領収書を発行してくれと連絡が来て、当然疑わしいですから、ほかの活動家が電話をして、寄付金の領収書の件ですがひょっとして捜査中とか裁判中とかですか、と聞いたんですが、そうだと仰ったんですよ。その活動家は、今日は担当者が休みなのであとで連絡すると伝えたそうです。その活動家も電話でこの人は一〇〇%加害者家族だと確信をして、わたしに通話内容を伝えてくれ、通話して情報を調べてみると、後援者であるその加害者が未成年者で現在捜査中だと仰るんですよ。加害者の母が率直に全部話してくれました。声を高めたりされることがなかったので、わたしたちは被害者を支援する機関なので、払われる後援金は感謝しますが、この後援金は加害者の減刑目的で使用されるものなので、わたしたちは後援金を受けとらないと伝えたところ、まだ捜査中なのにダメなのかと言われたので、捜査中であったとしてもダメなんだと伝えたことがあったんですよ。そしてほかの女性団体に寄付されるとしても断られるだろうとお話ししたんですが、なぜだかn番部屋事件〔未成年者などを脅迫し性搾取映像を撮影させ、メッセンジャーアプリを通して販売・流布した事件〕に関連して、最近ずっと後援金が増えているんですよ。n番部屋の加害者だと思われるんですが、おそらくその方も同じような事例ではなかっただろうか〔°〕(…)以前は高額の後援金を一度だけ納付していたならば、最近は定期的に納付するんですよ。定期的に、途切れることなく後援をして、反省をした、と。この点をアピールしたいんでしょうね。だからいまは毎月一万ウォン〔約一〇〇〇円〕の定期後援者も放置できない状況になりました。

女性運動団体で会員管理を担当している活動家ユミは、加害者の母から「寄付金の領収書を発行してくれ」という連絡をもらったが、情勢上「n番部屋に関連して、最近ずっと後援金が増えて」いることから見て、それと関連した加害者ではないかと推測する。このようなやり方の寄付が、以前は一度きりの高額寄付が多かったならば、最近では「定期的に納付」し、途切れることなく反省しているということを証明する用途として活用されているのだ。これに対しユミは、毎月一万ウォンを後援する定期後援者たちも、後援の意図を詳しく調べなければならない「放置できない状況」になったと語る。

ウンジュ(弁護士) 事件をたくさん担当してきた人が自分たちだけのノウハウであるかのように話すんですよ。じっさいにそうやって効果があった事例が何件かあるんでしょう。この人の有罪が認められれば量刑だけが残るわけじゃないですか。量刑を決めるさいにできることはあんまりないんですよ。裁判官の立場で、この人に対する刑を勘案しなければならないという時は、量刑に対する事項を記載しもするし、その事由を書かなければならないんですよ。それで、じっさいのところはたいていこうなんです。過ちを反省していて、初犯で、被害者と示談できていれば好ましいし、供託をしたならばとても好ましい、というふうに。だけど、これが全部だめだったという時に、反省をしているというアクションがこれ(団体に対する後援)なんですよ。だから供託の場合には被害者の情報がわからないので、供託が塞がっているじゃないですか。一部弁護士たちの場合なんですが、わたしもそれは確かにな、と共感していることがなにかと言うと、被害者の個人情報を知ることができなくても供託できる道があれば、強いて被害者の情報を知ろうとしないんですよね。でもそこに加害者を弁護する弁護士の能力がかかっているんですよ。弁護士がそれまで確保して供託をしてくれるのかどうか。だけど弁護士たちも弁護士たちですよ、〔公務員たちは被害者の〕身元情報が露出すれば処罰までされる立場だから絶対に教えてくれるはずはないのに。危険なやり方なんですよ。そうはできないので、自分たちは供託して示談しようと努力をしましたが、被害者が最後まで受けつけなくてできなかった。自分たちができるあらゆる努力をしたということを見せなくてはならないのに、そのうちの一つがそれなんですよ。後援みたいなもののことです。だからいつからだったか流行したみたいになって。

弁護士ウンジュは、性犯罪専門法律事務所は、供託が難しくなり被害者が示談してくれない時に団体に後援するという方法を一つの「ノウハウのように」話しはじめ、だんだんこのような慣行が「流行」するようになったと語る。しかしさまざまな女性運動団体がこのような寄付を調査して返還する事例が増えるにしたがい、加害者側の弁護士の名前や法律事務所の名前で代わりに後援金を納付することまで発生するのだ。このように女性運動団体の活動に加害者の寄付を調査する業務が追加され、運動に投入するべきキャパシティが使いつくされ、女性運動団体は加害者や加害者側の法律事務所によって減刑戦略の対象として道具化されているのだ。

しかし被害者が望んでいないにもかかわらず、このようなやり方が続く最も大きな理由は、裁判官がこのような寄付を「真摯な反省」の一環であると同時に減刑および執行猶予の事由として認めているからだ[9]。

被告人の家族と知人が被告人の善処を嘆願しており、**被告人が本裁判に至りボランティア団体に二〇〇万ウォン〔約二〇万円〕を寄付した。**その他に被告人の年齢、職業、性行、環境、この事件の犯行動機、手段、結果、犯行後の状況など、この事件の記録および弁論で明らかになったいくつかの事情と量刑基準による勧告刑の範囲を総合してみるところ、原判決が被告人に宣告した刑はあまりにも重く不当である。（二〇一九年一〇月一〇日宣告、大邱《テグ》高等裁判所２０１９ノ３５９：性暴力犯罪の処罰などに関する特例法違反〈一三歳未満未成年者位階等かん淫〉）

ただ、被告人がこの事件の犯行を認めて深く反省している点、**被告人が本裁判で被害者と示談したり供託をしたりするために努力し、被害者から拒絶され、社団法人Eに二〇〇万ウォン〔約二〇万円〕を寄付した点**は認められる。（二〇一九年八月一四日宣告、ソウル中央地方裁判所２０１８ノ３８６６：性暴力犯罪の処罰などに関する特例法違反〈公衆密集場所醜行〉）

ただ、被告人が過ちを反省している点、被告人が被害者の二次被害を憂慮し、被害者側を相手に示談などを試みず、その代わりに犯行に対する反省と再犯防止を誓って社団法人韓国被害者支援協会に二〇〇万ウォン〔約二〇万円〕を寄付した点、刑事処罰の前歴がない初犯である点などを被告人に有利な量刑事由として酌量し〔。以下略〕（二〇一八年一一月二日宣告、清州《チョンジュ》地方裁判所２０１０コハプ７５：性暴力犯罪の処罰などに関する特例法違反〈一三歳未満未成年者強制醜行〉）

右の三つの判決文において被告人の寄付は「過ちに対する反省」として理解され、有利な情状として把握されているが、〈2018ノ3866判決〉では、被害者に示談を拒絶されて団体に寄付した点が認められた反面、〈2010コハプ75判決〉では、被告人が被害者の二次被害を憂慮して示談を試みずに団体に寄付した点が酌量された。これは被害者が示談を拒絶したにもかかわらず、一方的な加害者の寄付行為が減刑および執行猶予事由として認められており、示談を提案しない理由が二次被害に対する憂慮という被告人側の主張もまた、寛大に受けいれられていることを示している。

韓国性暴力相談所が二〇二〇年二月一九日に発表した「性犯罪量刑基準に対する意見書」によれば、二〇一九年に宣告された下級審一三七件の性犯罪判決のうち三分の一（四八件）に達する判決が、被告人の反省および後悔を量刑の要素として考慮した[10]。このような慣行によって、現在オンラインでは反省文代筆サイトが活性化しているが、このように法的空間における加害者の反省は、形式的かつ機械的に構築されている[11]。

❖社会的紐帯関係が明らかな加害者を構築する

加害者の生に共感する「スペック化」された減刑諸事由

性犯罪専門法律事務所は、加害者の人生をすべて調べあげて、もともと悪い人ではないという点を証明するために努力している。これは性暴力の執行猶予事由になる「社会的紐帯関係が明らか」という内容を活用するものであると考えられる。

ヒョナ（活動家） 最近のある事例は、加害者が〔最初から加害したことを認める〕是認戦略をとったんですよ。わたしがこれまで見た謝罪文のなかで最も立派な謝罪文を書いてきていました。母親が、うちの息子の犯した過ちを申告してくれてありがたい、わたしに息子を反省させる機会をくれた、というものでした。本当に地面に這いつくばるようにして、そんなふうに言うんですよ〔。〕（…）だけど、その加害者の職業が「士」がつく士業関連で、禁固刑以上なら資格停止になるんですが、その人が追加で提出したのがボランティア活動をやったという書類です。最近は大学入試の時にもボランティア活動が有効じゃないですか〔。〕（…）その次に〔兵役の時〕軍隊で銃の扱いがうまければ優秀賞をもらえるじゃないですか。こんなふうに全部〔。〕（…）おまえがちょっと失敗をしたんだなあ。というふうに見えるしかなくて、検察でもそんなふうに見るしかない、というような〔。〕（…）弁護士を選任し、この立場をしっかりと守ったんですよ。「禁固刑以上が出たら大ごとになるところだった」と、弁護士がこんなふうに話したでしょうが、むしろこの戦略でやったので起訴猶予に行くのが、この人にとってぴったりだというふうに、弁護士がそんなふうにやったみたいなんです。

ソンミ（弁護士） もっと言えば献血証明みたいなものも出すんですよ。性暴力であれなんであれ、この人はふだんはこういう人なのに、この場合は再犯であればちょっと難しいですが、初犯であれば裁判中に被告と関連するあらゆる量刑要素を見ることは見るんですよ。家族関係、犯罪前の状況などが刑法に記されています。量刑に酌量すべき事由みたいなものが。そんなのから全部見つけだすんですよ。表彰状をもらったことがあるとかを。

活動家ヒョナは、裁判過程で「士業」の職をもっていた加害者が弁護士を選任したあとに「是認戦略」を使いながら「最も立派な謝罪文」を書いてきて、「ボランティア活動」の記録、軍隊で「銃の扱いがうまければ」もらえる「優秀賞」まで出してきたと語る。また弁護士ソンミは加害者たちが「もっと言えば献血証明」、「表彰状をもらったこと」までも出してきて、「ふだんはこういう人」だということを証明するために活用されると語る。このように、性暴力加害者の加害以前の人生の軌跡は、裁判過程で一種の「スペック」になり、減軽および執行猶予事由として提出されており、インタビューイーたちはそのように提出された資料が結果に影響を与えたと語る。とりわけヒョナが支援したある事例は、準強かんであるにもかかわらず、加害者側がさまざまなそのような資料を提出し、起訴猶予という軽い処罰にとどまりもした。

このように加害者側が裁判所に提出する資料は、ボランティア活動、献血、該当事件による職場での解雇、家族扶養、被害者との住居分離、精神科治療、アルコール依存症治療、高度肥満に対する外見コンプレックスなどに至るまで広範囲である。

被告人が自分の過ちを認めて深く反省している。偶発的な犯行に見え、現在まで異種犯罪で一回の罰金刑の処罰しか前歴がない。**被告人はふだんもずっとボランティア活動をしてきて、一〇〇回以上の献血にも参加した。**その他に被告人の年齢、性行、犯行経緯および犯行後の状況などに照らし、原判決の量刑は重く不当だと認められる〔。〕（…）原判決を破棄する。被告人を罰金二〇〇万ウォン〔約二〇万円〕に処する。（二〇二〇年七月二〇日宣告、ソウル西部地方裁判所２０２０ノ３４６：性暴力犯罪の処罰などに関する特例法違反〈公衆密集場所醜行〉）

一方で、被告人は下級審で一部犯行を否認していたが、本裁判に至り犯行をすべて是認し、反省する態度を見せており、前科がない。**被告人はふだん社会福祉機関に定期後援金、寄付金を出し、ボランティア活動をするなど、誠実に生きてきた。被告人は一二年間公務員として勤務してきたが、この事件の犯行によって〇〇〇〇年〇〇月〇〇日に解任処分をされた。また被告人は妻とともに幼い二人の娘を扶養しなければならない。**その他に被告人の年齢、経歴、犯行の手段と結果、犯行後の状況など、この事件の弁論に現れたすべての量刑条件を総合すれば、原判決の刑が重くて減軽する必要があると判断される〔。〕（…）原判決を破棄する。被告人を罰金七〇〇万ウォン〔約七〇万円〕に処する。（二〇一九年一二月二日宣告、ソウル西部地方裁判所２０１９ノ９７４：性暴力犯罪の処罰などに関する特例法違反〈カメラなどを利用した撮影〉）

被告人は捜査段階からこの事件の犯行を認定し、反省する態度を見せており、**この事件の判決確定前にすでに老人福祉施設で自ら約一八七時間のボランティア活動をした。被告人をはじめとした被害者の家族たちは、被告人の住居を分離し、被害者に生じうる追加的な被害を防止するために努力している。被告人は自発的に精神健康医学科の治療を受けている。**（二〇二〇年一月七日、ソウル高

等裁判所２０１９ノ２２６３：性暴力犯罪の処罰などに関する特例法違反〈親族関係準強制醜行〉）

　この事件の犯行の内容、被告人が被害者に被害を補償して示談した点、性犯罪前歴がない点、**反省しておりアルコール依存症治療を受けることを誓っている点**、その他にこの事件の弁論に現れた量刑条件になるいくつかの事情を総合し、主文の通り刑を定める。（…）被告人を懲役六カ月に処する。ただし、この判決確定日から二年間、この刑の執行を猶予する。（二〇二〇年五月二九日宣告、水原《スウォン》地方裁判所安養《アニャン》支所２０２０コダン２４１：強制醜行など）

　有利な情状：被告人は過ちを認め深く反省している。**高度肥満など外見コンプレックスによって主にインターネット上で他人と交流をしていたなか、軽率な判断でこの事件に至ったものと見える。**被告人が直接被害者を醜行したのでもなく、被告人が被害者から転送された写真と映像をじっさいに流出したと疑うべき状況も見えない。この間、刑事処罰を受けた前歴が全くない。（二〇一九年一一月二二日宣告、大田《テジョン》地方裁判所２０１９コハプ２７３：児童・青少年の性保護に関する法律違反〈児童・青少年性搾取物の制作・配布など〉、強制醜行など）

　いくつか提示した右の判決文は、被告人が「ふだんは」どのような人だったのかを強調しているが、このように減軽および執行猶予の事由が発明されつづけているなかで、はなはだしきは右の〈２０１９コハプ２７３判決〉のように「高度肥満など外見コンプレックス」が減刑の有利な情状になりもする。

つまりそもそも社会的問題を起こす人ではないが、コンプレックスによって「軽率な判断」をしたと認定されるのだ。このように性暴力加害者の生の軌跡は裁判過程で一つのスペックになり、裁判官はこれに共感することで減刑の諸技術が拡張されている。

家族と知人たちの善処要求

量刑因子のなかにある「社会的紐帯関係が明らか」は、周辺の人びととの円滑な紐帯関係や反社会的な行動をしない人だということが強調されるがゆえに、周辺の人びととの善処要求などが酌量される。

> 有利な情状：被告人はこの事件の犯行を全般的に認めながら自分の過ちを反省する姿を見せている。**被害者と示談したり赦されたりすることはできなかったが、外国人である被害者がこの事件の直後に出国し、示談や謝罪のための機会を持ちえなかったためとも考えられる。**傷害によって懲役八カ月、執行猶予二年を宣告され、〇〇〇〇年〇〇月〇〇日に確定された罪と同時に判決を受けた場合との平衡を考慮しなければならない。**被告人の家族と知人たちが、今後被告人に対する紐帯と監視を通じて再犯を防止すると誓い、被告人に対する善処を嘆願している。本審は、弁論終結後に、被害者の姉が弟である被告人の犯行に対し、ともに謝罪し善処を求める意味で、性暴力被害者支援団体（T）に三〇〇万ウォン〔約三〇万円〕を寄付した。**（二〇一九年六月一九日宣告、釜山高等裁判所2019ノ83：強かん傷害）

しかし、①被告人が問題のこの事件の動画を流布させたとは見えない点、②被告人が警察からこの法廷に至るまで、この事件の犯行を認める一方で、何度も反省文を提出するなど、自分の過ちを悔い、被害者に謝罪する姿を見せようとした点、③**被告人の母と恋人および知人たちが善処を嘆願している点、④被告人が不拘束状態で捜査と下級審裁判を受けるなかでボランティア活動をし、精神科治療を受けるなど、自分なりに自粛しようとした点、**⑤被告人にこれまで刑事処罰の前歴はない点などは、被告人に有利に酌量されるに値する。（二〇一九年一一月一二日宣告、ソウル南部地方裁判所２０１９ノ５２９：性暴力犯罪の処罰などに関する特例法違反〈カメラなどを利用した撮影〉）

被告人が捜査機関から法廷に至るまで、自分の過ちを認め、**今後社会に献身する生き方をすると誓い、ボランティア活動への参加と臓器寄贈誓約などを通してこれを実践している点**、被告人が被害者に五〇〇〇万ウォン〔約五〇〇万円〕を支給するなど、その被害を相当部分回復させ、相応たる示談をし、被害者が被告人の処罰を望んでいない点、被告人に処罰を受けた犯罪前歴が全くない点、**被告人の職場の先輩などが被告人の再犯防止のために積極的な関心をもって世話をすると誓っているなど、社会的紐帯関係もまた明らかに見える点**など、いくつかの量刑条件を酌量し、上記の刑が宣告されたのであるが、原判決宣告以降、新しく量刑に酌量すべき特別な情状や事情の変更が全くない〔。〕（…）検事の控訴を棄却する。（二〇二〇年七月一四日宣告、大邱《テグ》地方裁判所２０１９ノ２５１９：強制醜行など）

被告人は被害者に対し極端な暴力や脅迫を行使することはなかった。被告人はこの事件以前に刑事処罰を受けた前歴が全くない。被告人はこの事件を契機に正常な社会構成員として生まれかわり誠実に生きていくと誓っている。〇〇〇〇年〇月**からボランティア活動をしたり、短い時間であるが自ら性暴力予防特別教育を履修したりもした。被告人の父母と知人などが被告人を啓導するにあたり最善を尽くすと述べ、善処を嘆願している**〔。〕（…）被告人を懲役二年六カ月に処する。ただし、この判決確定日から三年間、上記の刑の執行を猶予する。（二〇一九年一一月二一日宣告、ソウル西部地方裁判所２０１９コハプ２２３：性暴力犯罪の処罰などに関する特例法違反〈住居侵入準強かん〉）

右のいくつかの判決文には、反省文、寄付、ボランティア活動、臓器寄贈誓約、性暴力予防教育履修のみならず、被告人の知人、職場の同僚、家族、恋人の善処要求および嘆願、再発防止のための努力などが有利な情状として言及されている。とりわけ〈２０１９ノ83判決〉の場合、被告人は被害者と示談したり赦してもらったりすることはできなかったが、家族と知人たちの再発防止の誓い、被告人の姉による団体への寄付が減軽事由として認められた。性暴力の法的解決過程で被害者が示談に応じない最も大きな理由は、加害者の減刑を望まないからだ。しかし右の諸判決は、示談に対する被害者の意思と関係なく、さらに言えば被害者が示談を拒絶した場合にも、加害者の「社会的紐帯関係」およびその他の事由で刑を軽くした。これは性暴力裁判の過程で加害者処罰に対する被害者の意思が考慮されておらず、無理やりつくりだすことのできるさまざまな事由によって加害者が十分に減刑されうることを示している。

このように、性犯罪専門法律事務所は、無罪の主張が困難だと判断する時には、とりうるあらゆる方法を動員して示談を慫慂したり、真摯な反省や社会的紐帯関係が明らかな人であるように見せたりするために、証明の内容をつくりあげ、これに対する裁判所の承認は、性犯罪専門法律事務所の介入の余地を拡張している。

✣選択的無罪戦略

性犯罪専門法律事務所は、担当した性暴力事件に無罪を主張できる論争の余地があると判断する時、次のインタビュイーたちが語るように、捜査官が認知するほど「激しく」弁護したり、時には被告人の代理満足のための被害者非難もためらわない。

ユジン〔弁護士〕　否認する場合は激しく争うと聞きました。わたしが被害者を代理した件のうちで不起訴の件があったんですが、警察署で捜査官がわたしにこう言うんですよ。相手側に〔代表的な性犯罪専門法律事務所である〕Y○が付いたので、一生懸命準備されるべきですよ、と。実際に内容があいまいではあったんですよ。〔加害者は被害者と〕付きあっていた人で、その部分ではわたしも相談しながら心配になっていたんですが、警察がそう言うほどですから。ああそうなんですか？と答えて戻ってきたのですが。そのぶん一生懸命やるんですが、争うことについて〔Y○は〕かなり激しくやると聞きました〔。〕（…）かれらもこんなふうに判断しているんじゃないでしょうか。どうにもならないから認める方向で行こうとなれば本当に頭を下げながらやってきますし、いや争えるとなれば被害者の日常とかをつぶさに掘りかえすんですよ。この人はもとからこんな人だった、あるいは二人は恋をしていてやったことだ。和かんであるという主張が一番多いんですよ。これがもし性暴力であったならこの子〔被害者〕はどうして日常生活をまともに送れているんですか、と。こんなふうに主張するんですよ。被害者たちが最も辛く思うことをです。そして逆告訴して、精神的に疲弊させて、〔被害者が〕全部投げだしたくなるようにもっていくんですよ。

ソニ〔弁護士〕　誰だったか忘れましたが、ある性犯罪専門法律事務所のある弁護士はとてもおとなしくて、ロースクール出身で、専門的に担当する職員がいるそうです。たくさん受任する人気の秘訣は被害者をぐいぐい追いつめながら証人審問をするからなんです。被害者に参考人質問をするじゃないですか。そうすれば自分の依頼人がとても満足するんですよ。結果的には事件に負けるかもしれません。だけど弁護士たちが被害者に対していやがらせをしてあげるじゃないですか？　そうすれば被告人の立場では満足度が高くなるんですよ。だから事件に負けても不満がないんです。その方は絶対にそんな人じゃないのに、とてもいい弁護士で、その下で働いている弁護士たちにも優しいそうです。だけどそれがノウハウだそうです。たしかに想像できますよね？　だから依頼人を満足させるから、依頼人の立場から見るとそんな技術で人にいやがらせをして、証人審問の場所で代理人たちが被告人を代理満足させてあげれば。そして裁判官たちが見ていると弁護士が動けることはあまり多くないんですよ。無罪を主張する時は確実に無罪を主張しますが、有罪が確実であればただ示談するじゃないですか。自分が負けても一生懸命やったと考えれば、人びとの不満が弁護士に行かないので、被告人が多少無理やりだとしても積極的に〔被告人の言い分を〕メモして被害者をめちゃくちゃ非難することが方法になりうるんですよ。だからだんだんそんなふうにやるのが活発になっていくんですよ。

被害者を支援していた弁護士ユジンは、警察に「相手側にＹ○が付いたので、一生懸命準備されるべきですよ」と言われたが、これは一部の法律事務所が加害者を弁護する時、被害者にとって困難が生じることを暗示するものだ。その法律事務所は、加害事実を認める事件の場合は「本当に頭を下げながらやって」くるが、「争える」余地があると判断した場合「和かん」を主張する伝統的なやり方を固守し、「逆告訴して、精神的に疲弊させ」るやり方を使うのだ。このように性犯罪専門法律事務所として知られている一部の法律事務所は、捜査機関と大衆が認知するほどブランド化されたように見える。そして弁護士ソニは、性犯罪専門法律事務所で働くかぎり、おとなしい弁護士の「人気の秘訣」は、証人尋問の時に「被害者をぐいぐい追いつめ」、「被害者に対していやがらせをしてあげる」という戦略を使うことであり、結果的に事件に負けたとしても被告人の満足度が高く、それが「ノウハウ」だと言うのだ。この時、被告人にとって裁判は、結果よりも被害者を公開的に非難することで満足を得る過程としても意味化されるのだ。

このような状況で性暴力被害の経験は、加害者の弁護士が誰なのかによって、法的に論争の余地がある被害とない被害、攻撃を受ける余地が大きい被害と小さい被害、もっと言えば虚偽告訴として疑われる余地がある被害とその可能性が少ない被害に選別され、それぞれ異なる戦略と金額によって配置される。そして加害者がブランド化された性犯罪専門法律事務所を選任する場合、被害者たちは裁判の過程でより多くの支援とエネルギーを費やすほかなく、私選弁護士を選任しなければならないという圧迫が大きくなる。それだけでなく、時には性犯罪専門法律事務所の弁護士は、裁判の目標を被害者非難に設定して依頼人の満足を得ようと努力するので、けっきょく被害者の心理的委縮と支援団体の消耗に影響を及ぼす。それにもかかわらず、かれらの減刑・無罪の諸技術は、加害者の社会的位置や年齢、職業、被害者との関係、加害の類型とふだんの行いなどを活用し、新しく発明されている。そしてこのような諸戦略は、裁判所の承認に力を得て「成功事例」と呼ばれ、広報の一環として活用され、具体的な商品となって売られているのだ。

第二節　性犯罪専門法律事務所によるオンライン加害者コミュニティの運営

✣情報と連帯に満ちたオンライン加害者コミュニティ

インターネット上の共同体は、それ以外の商品に劣らない市場性があるがゆえに、[12]インターネットコミュニティと企業が連携する現象が増えており、これらは消費を促すためにコミュニティ内に特定のイメージと言説をつくりだすやり方で領域を拡張している。[13]性犯罪専門法律事務所もオンラインコミュニティの市場性を積極的に活用しており、かれらが追求する事業戦略のなかの一つは、加害者コミュニティを通して性暴力加害者が告訴されたあとの法的対応に対するスキルとソリューションを共有することだ。これらのコミュニティは、一般人が加害者のための法的情報を提供して弁護士と繋いでやることもあるし、そもそも特定の法律事務所が運営していることを明示することもある。これは弁護士法において、弁護士は非弁護士と同業することはできないが[14]弁護士および法律事務所がオンラインコミュニティを直接運営することは規制対象ではないためであると思われる。

ギョンヒ〔弁護士〕　離婚だけを扱うという離婚相談のオンラインコミュニティみたいなものをそっくりそのまま買うんですよ。あるいは全く関係ないファッションのオンラインコミュニティとかでも、とにかく加入者が多いところを買うんです。その方面でも口コミが広がるので、まあいろいろな経路で口コミが広がって依頼に繋がるじゃないですか。だから本当に〔オンライン加害者コミュニティを〕見つけるのが難しいんですよ、じっさい表に出てこないものなので。弁護士たちも問題ですが、もっと問題なのは事務所長と呼ばれる方たちが情報を流すんですよ。その方がコミュニティに入ってきて、けっきょく弁護士たちを連れてくる人たちはそんな人が半分くらいで、あとは自分から探してくる人が半分くらいでしょうか。一種の法曹ブローカーですよね。このブローカーたちがだんだん若くなって知能的になっていくのを見ると〔。〕(…)けっきょく経歴が浅くても、実力なんかと関係なくできることだからと、ある意味では平等な世の中なのはオンラインなんですね。そこで一生懸命広告すること。そうすれば不思議なことに〔依頼が〕来るそうです。ブログを見てやって来るんですよ〔。〕(…)オンラインコミュニティがあるじゃないですか。こんな加害者たちのオンラインコミュニティが、弁護士たちと結託して、それがさらに安定したやり方で気楽につくられる要因であるようです。コミュニティでは自分たち同士で情報を詳しく共有しながら弁護士についてだけでなくて、自分を担当した弁護士がこれこれの方法で自分はこれこれをしてもらった、あるいは難しい状況だったけどもこれこれをやってどうなっただとか、こんなふうな情報共有が活発になって、まるでオンラインコミュニティが弁護士を訪ねていくスプリングボードみたいなプラットフォームの役割をするようになるんですよ。

ソンフン（弁護士）　ある程度の大規模法律事務所の場合、広報費で月に一億ウォン〔約一〇〇〇万円〕使う場合がかなり多いです。月に一億と言えば少なくないですよね。受任料が普通は四〇〇～五〇〇万ウォン〔約四〇～五〇万円〕なんですよ。名目は五〇〇万ウォンですが、それで二〇件やると維持できませんよ。五〇〇万ウォンを取るとして税金とかを差しひけば、四〇件の受任をしないと運営費の枠外の広告費を出せませんよ〔。〕（…）（法人が）じっさいに関係ないオンラインコミュニティに後援をして入っていく場合が多いんです。そのコミュニティの会員も同じような人たちです。権力者とか、金持ち、社会的地位のある人がそのようなオンラインコミュニティの活動をするわけがありませんよね？　性売買の不法サイトがあるじゃないですか。そんなところで広報をしてくれるいわば掲示板みたいなものがあるんですよ。〔広報は〕ほとんどその水準なんですよ。ある意味では主にそのような力がない方たちが性犯罪専門法律事務所に訪ねていくんですよ。

弁護士ギョンヒはオンラインコミュニティを売買する「一種の法曹ブローカーたち」に注目しており、「実力」と無関係に「平等な世の中なのはオンライン」であるがゆえに、性犯罪を専門にしていると広報するブログや、ホームページマーケティング業者も活性化していると指摘する。とりわけ最近のオンラインコミュニティは「弁護士たちと結託」して「情報を詳しく共有しながら」加害者たちを集め、性犯罪専門法律事務所へと繋がる一種の「プラットフォーム」の役割をしていると語る。そしてソンフンは性犯罪専門法律事務所の広報費用を推算し、法律事務所は「関係ないオンラインコミュニティに後援をして」コミュニティを運営しており、社会的・金銭的資源のない加害者たちはコミュニティで提供するさまざまな情報を通して法的対応を学習し、けっきょくコミュニティと繋がっている性犯罪専門法律事務所へと行くことになると語る。

性暴力加害者たちを対象に運営されている代表的なオンラインコミュニティは二つあるが、現在会員数三万九一五五人(二〇二〇年一一月一日基準)[15]の「Aコミュニティ」は、法的対応時に必要な書式の一部サンプルを無料で共有している。加害者たちはこのような情報を通して自分の状況に合った知識を集め、事件の戦略と対応方法を見つけようとする。Aコミュニティの資料室には性犯罪関連法律、実務資料、示談事例、検察処分書、裁判判決文などが公開されており、ここにはさまざまな告訴状、刑事調停申請書、告訴状および訴え取下状、控訴状、意見書など、じっさいの事例が事件関連者たちの名前が削除されただけで掲載されている。そして法的過程においてどのような書類が必要であり、どのように作成しなければならないかを、詳細に案内している。具体的に見れば、「本人作成オープン反省文」項目は、加害者たちが直接作成した反省文を共有するカテゴリーであり、加害者が過ちを悔いたり、国家資格試験を準備中であったり、貧しい家庭状況などを詳らかにして善処を求める内容の反省文が、それぞれの状況と背景にしたがって参考できるように詳しく掲載されている。また加害者の後輩、妻、職場の同僚、いとこ、家族など、知人たちが加害者のために嘆願書を作成するさいに罪の軽重と被害者との関係などにしたがって参考できる事例も掲載されている。

そしてカメラなどを利用した撮影罪の場合、デジタルフォレンジック〔電子機器の記録解析〕の過程と結果報告書も掲載されており、加害者たちが多少なじみのないデジタルフォレンジックを活用した調査の手順と内容、予想しうる結果などもあらかじめ把握できるようにしており、最近では「n番部屋、児童青少年〔わいせつ〕物所持罪」カテゴリーも追加された。それとともに「ホットイシューを深堀りする」というカテゴリーには、「性認知感受性〔性役割に対する固定概念や偏見、性差別を認識する感受性。本章の注26も参照〕」のような新しい法的判断の諸基準に対する情報も共有することで、加害者たちがあらかじめ参考にすべき教養に該当する内容も紹介している。このような情報の共有は、さまざまな立場にいる加害者たちが犯罪に対する処罰を避けたり、軽くしたり、逆に勝訴したりする言語を学習させる役割をするのだ。

またAコミュニティは捜査・裁判過程で加害者たちに役に立ちうるスキルを販売するサイトと繋がっている。掲示板の目録の「Aコミュニティサービス」には「反省文・嘆願書ダウンロード」項目があり、ここをクリックすれば「法律書式ドットコム＝大韓民国法律書式№１」のサイトに移動する。このサイトの全体カテゴリーは告訴・捜査および第一審公判段階、上訴、特別訴訟手続き、その他書式で構成されており、それぞれの段階ごとにじっさいの事件内容が書かれている資料を購入できる。たとえば「詐

図1　法律書式ドットコムの「四篇その他書式」目録の一部

（上記サイトの一部分の翻訳）

番号	件名	価格	照会数
186	★反省文セット_刑事事件の加害者、被疑者、被告人が作成し提出した反省文セット（380頁）［4篇その他書式＞3章（本人作成）反省文］	50,000ウォン	3,778
185	拘束令状が発布され拘置所に収監されたまま裁判を受けている被告人が作成した反省文セット（57頁）［4篇その他書式＞3章（本人作成）反省文］	10,000ウォン	1,018
184	謝罪文セット_刑事事件の加害者が被害者に伝達するために作成した謝罪の手紙［4篇その他書式＞8章その他刑事事件］	3,000ウォン	754
183	反省文セット_捜査段階つまり警察検察段階で提出した加害者作成反省文（300頁）［4篇その他書式＞3章（本人作成）反省文］	50,000ウォン	3,248
182	反省文セット_裁判所段階で提出した加害者作成反省文（132頁）［4篇その他書式＞3章（本人作成）反省文］	30,000ウォン	1,904
181	嘆願書セット_捜査機関および裁判所に提出した周りの人が作成した善処を訴える嘆願書（208頁）［4篇その他書式＞4章（処罰不願）嘆願書］	50,000ウォン	2,320

出処：法律書式ドットコム、2020年8月31日検索

欺罪、詐欺未遂罪など七種に関する告訴状」は二万ウォン〔約二〇〇〇円〕で販売しており、「刑事事件の加害者、被疑者、被告人が作成し提出する反省文セット」は五万ウォン〔約五〇〇〇円〕で、「(本人作成)反省文セット――刑事事件で嫌疑事実を認める加害者が善処を訴え提出作成する反省文その二」は三万ウォン〔約三〇〇〇円〕で、「(本人作成)反省文――警察署で事情聴取を受けた後で罪を後悔して作成する反省文(警察に提出)」は比較的安値の二〇〇〇ウォン〔約二〇〇円〕で販売されている。その他にも示談、告訴取下、再審、裁定申請、憲法訴願、嘆願書、陳情書など、それぞれの捜査・裁判の段階別に必要な書類のサンプル、被疑者・被告人が直接作成した資料が分量によって次のように異なる価格で販売されている。

Aコミュニティは、会員たちが「特別会員」になるようにさまざまな方法を動員する。特別会員になればコミュニティのあらゆる高級資料と「事件解決のための秘法/戦略/ノウハウを掲示した特別掲示板」を自由に利用でき、法律書式ドットコムで販売中の法律書式も無料でダウンロードできる。弁護士ギョンヒによれば、当時のAコミュニティの有料会員の会費は一一〇万ウォン〔約一一万円〕だ。このように性犯罪専門法律事務所が運営するオンラインコミュニティは、加害者の法的対応に役立つようさまざまな情報を共有することで知識を蓄積し、実践で具体的に活用できるノウハウを、法律書式サイトとの連携を通して具体的な価格がつけられた商品として販売しているのだ。

性犯罪専門法律事務所で運営する加害者専用オンラインコミュニティは、このような法的ノウハウだけでなく会員資格の管理、スキルの共有、共感と連帯のための活動などを通して会員たちを勧誘し、加害者たちがこの空間で安定感を感じられるようにさまざまな運営方法を活用している。

代表的な運営方法は、まず厳格に会員資格を管理することで、かれらの信頼を獲得することだ。Aコミュニティは会員加入条件と等級管理が厳しく、会員資格を維持することも難しく、「わたしの事件について書く」のテーマで文章を一本書き、他の文章の書き込みにコメント一〇個を書けば「中級会員」に自動で等級づけられるが、三日以上アクセスしてはじめて資格が維持される。また「検証会員」は文章を五本、コメントを三〇個、毎日一回アクセスしなければならず、専門的高級資料の閲覧が可能な「高級会員」は、文章五〇本、コメント三〇〇個、毎日一〇回アクセスしなければならない。そして最高の等級である「特別会員」になる方法は、「コミュニティ弁護士」に依頼したり、有料会員になったり、「文章九九九本、コメント九九九個、アクセス九九回、加入九九週後をすべて満たす時に自動的に等級」されたりする場合である。このような特別会員の基準を満たすことはきわめて困難なため、コミュニティの特別会員は主に「コミュニティ弁護士」、つまりコミュニティを運営する特定の性犯罪専門法律事務所を選任する場合に該当すると考えられる。

このように、厳格な等級管理は「このコミュニティは性犯罪加害者たちが反省し、善処の方法を考えたり、または虚偽告訴で悔しくも事件に巻きこまれている方たちの交流部屋です。そのような関係で被害者会員さまは活動が不可」と掲示されているように、被害者たちから本当の加害者たちを保護するための過程だ。また「他のコミュニティ運営陣、営業に来た事件ブローカー、記者」たちを除外するための方法でもあり、このような「幽霊会員」、「不良会員」を随時除外し監視する規約を通して、加害者たちから信頼されようと努力している。

また会員数九八七三人（二〇二一年五月五日基準[16]）の「Bコミュニティ」は、「本人事例」のコーナーで様式に合わせて文章を作成したあとに、「一般会員」は文章一本、コメント二個、アクセス二回を満たした時に自動的に等級され、「誠実会員」と「感謝会員」になるためにはさらに高い基準を満たさなければならない。コミュニティの加入条件は「男性のみ加入可能／二〇〇一年以前の出生者のみ加入可能」となっている。女性はそもそもシステム的に加入すらできないようになっているのは、生物学的／法的男性だけで構成されてこそ真正性のある加害者コミュニティが維持できるという認識を垣間見せるものだと考えられる。

これらのオンラインコミュニティは、会員たちを勧誘するために同質感と連帯感を強化することができるネットワークを構成する。まず、これらのコミュニティが厳格な会員資格を要求しているにもかかわらず少なくない会員数と活発な活動を維持できる理由は、単純な法的対応を超えてかれらが互いに共感し、慰労し合える仕組みがあるからだ。Ａコミュニティの場合、勝訴と敗訴の経験、泣き言、哀訴、解決ノウハウ、慰労と祝いを交わしたり、拘置所や刑務所生活に関して各拘置所の写真、面会方法、収監された人に差入れを送ることに至るまで、加害者たちが感じる不安を緩和させる諸要素で構成されている。またほとんど毎月、積極的に活動する会員を対象に「特別イベント」を実施しており、おかゆやコーヒーのクーポン、百貨店商品券、さらにはコミュニティのロゴが入ったモバイルバッテリーを提供し、時には弁護士の無料選任の機会が開かれもする。このような仕組みはコミュニティ活動を通して慰労され、会員活動をうながす動機付与戦略の一部でもある。

それだけでなく、そのコミュニティの正会員になるためには自分の事件を〔記入〕様式にそって誠実に作成しなければならず、後からの修正は不可能であり、等級が付けられたあとにようやく右に提示してきたコミュニティ活動をすることができるがゆえに、加害者たちはその過程を通して自己ナラティブの行為者として事件を異なる地点から見なおし、他の加害者たちに共感しながらエンパワーメントされもするのだ。そして性暴力加害行為とその後の捜査・裁判過程における諸経験は、時には自分と同じ戦略を絶対に使うべきではないという注意や助言を共有できる一種の公式的経験になりもする。この時、かれらのナラティブは、反省／復讐／悔しさ／泣き言／無力／自責／合理性などが交差する地点で、性暴力犯罪の行為と対応の意味を再構成しているものと考えられる。

このような状況で、次のインタビュイーはAコミュニティの運営方法とn番部屋の性搾取事件のつながりを提起する。

ソニ（弁護士）　Aコミュニティを最初に見た時は（…）あ、これは自分たちが自発的に男性連帯をつくってるんだなと思ったんですが、そうじゃなくて弁護士が介入してこんなのをつくったということにめちゃくちゃ驚いたし、さらにそのシステム自体が自分たちのなかで一生懸命やってる人を等級づけるじゃないですか。情報量もまた、自分たちの誠実度と介入度、あるいは金銭を使うことにかかってるじゃないですか。n番部屋事件がそんな構造で運営されてたじゃないですか。n番部屋事件とか、同好会ギルドというのがゲーム同好会から出てきたものなのかはわかりませんが、n番部屋で自分たちが等級を分けて管理して、こんなふうにコメントを書きこんで、なにをするにも活動を分解して情報量を分けて公開したように、同じようなやり方でその人たちが性暴力を犯して、性暴力を解決したり、助けたりするやり方も同じだということに鳥肌が立ちましたよ。

	B法律事務所（へ○）	C法律事務所（オ○）
	知り合いであった被害者をモーテルで強かんしたという理由で捜査された。	教師が学生たちを強制醜行した嫌疑で事情聴取。依頼人は訓育次元での接触だと主張。
	依頼人は被害者と合意の下に性関係を持ち、それ以降も問題にされなかったが、依頼人が被害者の連絡を取り合わなくなってから問題にされたと悔しさを訴える。	該当事件は児童・青少年の性保護に関する法律（児童青少年法）犯罪として、高い確率で実刑が宣告されうる状況。依頼人が有罪判決を悔しくも下されれば、30年以上働いてきた職場を失う立場にあった。
	モーテルの監視カメラと被害者の連絡内容を復元し、親しい関係であることを立証、合意の下の性関係であることを明らかにする。	被害者たちの言行と言動などを分析し、第１審を国民参与審判として進行。
	嫌疑なし、不起訴処分。	検察の求刑より軽微な罰金刑が宣告。
	刑法第297条、強かん。	性暴力処罰法第７条、13歳未満未成年者強かん、醜行。児童青少年法第７条、児童、青少年に対する強かん、醜行。
	https://lian112.com/archive/example/131	http://www.ohyunlaw.com/sub3/board/board_content.asp?idx=20766&b_type=BOARD2&page=1

弁護士ソニはそのコミュニティの運営方法が「誠実度」、「金銭」などによって等級差があった「n番部屋事件」の構造と似ている点を指摘する。n番部屋は活動量と金銭的寄与度によって等級が分けられ、加害者がもつことのできる情報量に差をつけ、そのコミュニティで「性暴力を解決したり、助けたりするやり方」もまたn番部屋と似た形で進められているということだ。このような状況は、オンライン上の性暴力構造と告訴に対応するために入るコミュニティの運営方法が、犯罪に対する自責感をしまいこませ、むしろ加害者たちの連帯感を強化することで組織的で集団的なやり方で維持・強化されていることを見せている。

表6　成功事例の代表的構成と内容

内容／分類	A法律事務所（YO）
事件概要／犯罪事実	取引先の人びとと会食後、相手女性とモーテルに行ったが、類似強かんをされたと告訴された。
特徴／希望事項	準類似強かん罪は2年以上の有期懲役と付加措置などが下されうる犯罪。依頼人はそのような行為をしていないと悔しさを吐露。
主要な弁論	弁護人は依頼人の悔しい状況について最後までサポートし、相手女性の陳述と相反する証拠を提示し、陳述の矛盾点を探し信憑性を弾劾することに最善を尽くす。
処分結果	無罪。
参考／適用法律	刑法第297条の2、類似強かん。
出処（検索日：2020年8月31日）	http://yklaw0.cafe24.com/sexu/bbs/board.php?bo_table=total_ex&wr_id=268861&&sfl=wr_subject%7C%7Cwr_content&stx=%EB%AC%B4%EC%A3%84&sop=and&page=4&me_name=성공사례

✣強調される悔しさと操作される自筆口コミ

性犯罪専門法人の広報はオンラインコミュニティだけでなく法人のホームページやブログを通しても活発に行われており、とりわけ目につくのは次のような成功事例リストだ。

〈表6〉のように、成功事例の基本構成は、判決文の冒頭にある加害者の個人情報を削除したあとにアップしたり、事件概要や事件の特徴、主要な弁論と処分の結果、該当事件の処罰規定などを掲示したりするものだ。事件概要には主に依頼人の悔しさを強調し、特徴としては、その事件が重い量刑を持つ犯罪だという点や重い処罰が下されるかもしれなかったという点、その事件が難しい裁判であった理由などが記されている。主要な弁論には、弁護士のいかなる努力によって無罪、減刑、嫌疑なし、罰金刑、宣告猶予などを勝ちとったのかが記されている。ここでかれらが命名する成功事例の範囲は広く、これは現在、性暴力関連法の法定刑は比較的重いほうであるが、先ほど述べたようにこの減軽および執行猶予事由が多く、量刑より軽く宣告される慣例を活用しているように見える。

模範事例を通したベンチマーキング〔比較分析〕はネオリベラリズム的な知識の一形態であり、かれらは検証されていない諸事例を模範事例と見なして競争をあおり、現在まで市場化されていなかった領域と行為などに対する経済化を促進している。[17] 現在、性犯罪専門法律事務所もまた、互いを絶えずベンチマーキングしながら、成功事例を通してあたかもその法律事務所を訪ねていけば成功するような錯覚を喚起させて加害者弁護市場を促進している。そしてこの時、かれらのベンチマーキングは「悔しさ」という特定のナラティブ〔物語〕を中心に構成されている。〈表6〉に挙げた事件の特徴や依頼人の要求事項には一貫して悔しさが強調されており、法律事務所は悔しい思いのまま有罪判決を受けてはならないというメッセージを刻みつけるのだ。また依頼された事件よりもさらに重い処罰を受ける性暴力を事例にあげながら、加害者たちの不安感を増幅させるのだ。

このようなやり方は、加害者たちのための性犯罪対応戦略書籍でも強調される。『罠にかかった男性たち――危険に嵌った無実な男性たちのための危機管理ソリューション』（以下『対応戦略書A』）[18]は、性犯罪専門弁護士と名のる女性弁護士が執筆した本であり、その筆者は、男性芸能人の場合には女性の告訴が虚偽だったとしてもメディアの影響でレッテルが貼られ、「捜査機関と司法機関の過度な女性偏重主義は、その反対に悔しく思う男性被害者を量産」しており「捜査機関で被疑者の人権や裁判過程で被告人の防御権が弱まる」状況を憂慮して本書を執筆することになったと語る。そして『性犯罪事件、警察事情聴取から示談、裁判まで事件別時間別対応戦略』(以下『対応戦略書B』)[19]は、「あなたが暮らす街で「わたしは性犯罪者」だという郵便物がばらまかれたと想像してみよ。これを防ぐにはどうするべきか」と記し、性暴力加害者に対して、さまざまな事例と情報を学習しなければいつでも「悔しい被害者」になりうるという不安を注入している。このような対応戦略書は、現在加害者たちが最も恐れている諸地点を強調しており、二冊とも性暴力犯罪に対する保安処分や付加処置について問題を提起する。『対応戦略書A』は「有罪判決を受ければ電子足首バンドや身上情報公開命令」を受けもするが、これは「二重処罰」であると指摘し、「悔しくも性犯罪者に追いつめられた事例を収集」したと説明しており、『対応戦略書B』は「軽微な性犯罪によって罰金刑のみの宣告をされたとしても一律的に一〇年のあいだ身上情報登録をしなければならない現行の保安処分はその本質からずれている」ということを序文に記している。

このように、悔しさと不安の強調は、性犯罪専門法律事務所および弁護士を通して裁判での勝訴や減刑を勝ちとったという事例および自筆口コミなどによって安定感を獲得することで、広告効果はさらに極大化する。Y○の場合、二〇二一年五月現在、約三〇〇個あまりの口コミがアップされており、とりわけ二〇一八年九月からは、依頼人たちが自筆で書いた口コミと事件担当弁護士の写真が掲げられている。主な内容は、加害者がどのような弁護士のサポートによって悔しく辛い状況を克服できたのかを語りながら、その法人を推薦する理由を列挙し、感謝の意を表現するやり方で構成されている。感情的な文体の自筆口コミは、依頼人の文章を借りてその法律事務所の専門性と能力を強調する広報システムとして活用されているのだ。

ソンフン〔弁護士〕　考えてみればそれ自体が、口コミが不可能ななかで、あたかも口コミみたいに見える広告をするためのシステムとして考案されたんでしょうね。オンラインコミュニティや自筆口コミみたいなものは（…）若干やらせを煽るじゃないですか。ちゃんとした星の数〔レビュー点数〕が示される〔わけではないですよね〕（…）たとえばネイバー〔韓国最大手のポータルサイト〕のレビューでレストランが星五つの評価をくれた方にクーポンを差しあげますとかやったらどうなりますか？　それはやらせじゃないですか。まちがった行動ですよね。もしレストランとか映画とかでそんなふうにやったらアルバイトを使ったとかで非難されますよね。アルバイトじゃないですか、お金を払ったなら。高評価をしてくれればそうしますということ自体がアルバイトになりますよね。でも広告の許容程度が厳しい弁護士業界では、アルバイトを使っていいってこと自体に問題があります。

ソニ〔弁護士〕　〇〇オンラインコミュニティは人びとが自発的に集まってつくられた空間だと思ってたんですが、そうじゃなくて事務長法律事務所〔事務長が弁護士を雇用して運営する形式の法律事務所〕の事務長がコミュニティを運営して、自分の顧客だった人に等級をつけて情報を与えるだとか、性犯罪者たちのように就業制限がある人びとを利用して広報をするだとか、そんなふうにやってるんです。弁護士たちが広報の手段としてブログ、ホームページ、ユーチューブみたいなものをたくさんやってるじゃないですか。そんなのを広告代理店に任せたり、担当する職員を雇用したりもします。アルバイトやパートの職員として雇用した性犯罪者を利用して広報をすることは、いろいろな問題になると思います。普通、コミュニティにアップする文章は弁護士ではなく一部の職員や広報職員が書くんですが、そんなのを（就労制限がある加害者たちが）書くんですよ。あるいはとてもよかったという内容の自筆口コミを書きます。噂をばらまく用途で使うんですよ。こんな話が（オンラインの弁護士コミュニティの）匿名掲示板にあったんですよ。

弁護士ソンフンは性犯罪の特性上、口コミでは法律事務所が広報しにくいがゆえに「口コミみたいに見える広告をするためのシステムとして考案」されたものがまさしく「オンラインコミュニティや自筆口コミ」のような方法であるが、とりわけ「自筆口コミ」は「やらせを煽」る一種の「アルバイト」という点を問題提起する。それに加えてソニによれば、このような「アルバイト」たちの一部は自分たちがかつて弁護したことのある、現在就労制限状態にある加害者たちであり、法律事務所を広報する人手として活用されるという。

このように、性犯罪専門法律事務所の成功事例は、悔しさのナラティブを通して不安感を強調することで構成され、自筆口コミのようなやり方でやらせをしながら、性暴力の法的解決過程において加害者中心的な言語を拡散させているのだ。

❖専門化する加害者支援産業とカルテルの構築

ここまで論じたいくつかの性犯罪専門法律事務所で運営するオンラインコミュニティ、ブログ、ホームページなどには、加害者たちを支援するいくつかの専門家グループが強調されており、これらが提示するさまざまな専門性の言語とネットワークは加害者の支持基盤を拡張させる。

Aコミュニティの項目にある「心理カウンセリング申請」をクリックすればカウンセリング申請のホームページに繋がる。コミュニティ運営者はとりわけ「〇〇〇〇シェルターのカウンセリングルームを積極的に推薦」すると述べ、次のように理由を記している。

(…)教育や受講命令はまさに保護観察所で行われる「性暴力再犯防止」に焦点が合わせられています。それゆえ心理カウンセリングを通してあらかじめ教育を受ける意志があると主張し、またじっさいに検察／裁判所にそのようなカウンセリング治療内容を量刑資料として提出しています。これはじっさいの訴訟において実務上広く活用されています。この間、数回にわたり強調し説明させていただいたように、それぞれの個人個人に善処を訴える目的の無数の量刑資料があるはずですが、そのなかでも外部の心理専門家の所見は本当に重要なものとして扱われています。個人／総合病院よりは時間と費用を大幅に抑えることができ、心理カウンセリングの専門家の方からより効率的なカウンセリングを期待することができ、検察／裁判所に提出できる最高の量刑資料と考えますので、積極的に推薦させていただきます。（Aコミュニティの公示事項「〇〇〇〇シェルターのカウンセリ

ングルームを推薦します」検索日：二〇二一年三月九日)

性犯罪専門法律事務所が運営するAコミュニティは、特定のカウンセリンググループと連携し、心理検査結果を加害者の減刑のための資料として利用している。Aコミュニティの運営者が作成した「わがAコミュニティ会員さまのために積極的にサポートすると快くおっしゃってくださり、とてもありがたく思います」という文句からもわかるように、そのカウンセリンググループはコミュニティを運営する法律事務所と一種の取引や協業の形態で運営されていることがわかる。そしてこのようなカウンセリングと治療は、じっさいの裁判で加害者の減刑および執行猶予の有利な情状として認められている。

量刑の理由：被告人がこの事件の犯行を自白し、自身の過ちを悔いている点、同種の犯行前歴がない点、**自分の問題点を改善するためにカウンセリング治療を受け**、寄付と社会ボランティア活動をしてきた点などは有利な情状だ。(…)原判決を破棄する。被告人を罰金二〇〇〇万ウォン〔約二〇〇万円〕に処する。(二〇一八年一二月七日宣告、ソウル中央地方裁判所2018ノ932：性暴力犯罪の処罰などに関する特例法違反〈カメラなどを利用した撮影〉)

被告人が**この事件発生後、自ら心理カウンセリングを受けたりボランティア活動をしたりするなど、再犯を防止し誠実な社会人になるために自発的に努力する姿を見せており**、退職したり健康状態がよくなかったりする両親を扶養しなければならない点、被告人の家族と知人が被告人に対する善処を嘆願している点などをはじめとし、その他に被告人の年齢、性行、環境、犯行の経緯、手段と結果、犯行後の状況など、この事件の記録に現れたいくつかの量刑事由をすべて酌量し、主文のとおり刑を定める。(…)原判決を破棄する。被告人を罰金八〇〇万ウォン〔約八〇万円〕に処する。
(二〇二〇年六月一〇日宣告、大田《テジョン》地方裁判所2019ノ1782:性暴力犯罪の処罰などに関する特例法違反〈カメラなどを利用した撮影〉)

右の二つの判決文は、Aコミュニティが強調した部分がそのまま減刑事由として記されている。カメラなどを利用した撮影罪で裁判を受けることになった加害者に対し裁判所は、「問題点を改善するためにカウンセリング治療を受け」、「心理カウンセリングを」受けながら「再犯を防止し誠実な社会人になるために自発的に努力する姿を見せて」いることを、減刑の有利な情状と判断する。他の性暴力の判決でも、治療やカウンセリングを減刑事由と見なしてはいるが、右の二つの判決文のように、とりわけカメラなどを利用した撮影罪で告訴された事件に対して治療やカウンセリングが多く言及されていると考えられ、裁判所はデジタル性暴力を治療とカウンセリングを通して再犯を防止できる犯罪だと認識していることを示している。

このように裁判の過程で加害者たちの心理カウンセリング記録は、自発的な悔いを強調する用途で使用されている。それとともに最近では心理学的専門性をはじめとして加害者をサポートしているもう一つの方法は陳述分析(Statement Validity Assessment)である。

ユジン〔弁護士〕　わたしは知らなかったんですが、陳述分析といって、被害者や証人として出てきた方たちの証言を分析してくれるシステムがあるんです。じっさいにやると一〇〇〇万ウォン〔約一〇〇万円〕かかるらしいです。証人審問調書を見て陳述分析をするのがあるんです。証人審問調書でやるんですが、この人の証人審問の陳述内容がちょっと確実じゃなかったりはっきりしなかったりすれば、それを根拠に再審を要請するんですよ。そもそも第一審で呼んだ証人を再び召喚することはほとんどなく、とりわけ性犯罪ではやらないんですが、この方のような場合は、そうしてでもこの人を〔被害者を〕再び裁判所に召喚したんですよ。召喚させることができるので、加害者がやったのであれ、やってないのであれ、再びの召喚は〔被害者にとって〕負担になるので、まず示談の話が出てくるんですよ。

ヒョナ〔活動家〕　ちょっと技術も使って他の法や制度を自分たちも利用することもそうですし、この前に話した陳述分析報告書も同じで、加害者たちもそれなりの専門家を使ってやっているとわかりますよ〔。〕（…）陳述分析も同じでお金がなければ難しいだろうなあと思いますよ。

検察庁の科学捜査の方法として行われる陳述分析は、じっさいに経験した事件に対する陳述と、虚偽や想像による陳述のあいだには、その内容と質に違いがあるということを基本的な前提とし、陳述者の陳述が真実なのかどうかを科学的に分析する技法だ。主に目撃者がなく、被害者の陳述が唯一である性暴力や児童虐待などの事件で、被害者陳述の信憑性を判断し、実体的な真実を明らかにするさいに活用される。依頼できる対象は虐待や性暴力事件の児童・青少年、知的障害者である被害者、性暴力事件のPTSDなどで事情聴取が困難な成人被害者と記されており、加害者が事件を否認する時に有罪を明らかにする方法として使用されてきた[20]。

しかし弁護士ユジンが語るように、最近、性暴力専門法律事務所は被害者陳述書を入手し、私設の陳述分析センターに「一〇〇〇万ウォン」ほどの高額で依頼したのち、その結果を裁判所に提出することもあり、これは被害者陳述の信憑性を蹴落とすことをもって、加害者にとって有利な判決を勝ちとるための用途として活用されている。そしてじっさいに多くの判例で、このような私設の陳述分析の結果報告書が、加害者の減刑や無罪の証拠として受けいれられている。

犯罪心理学、臨床心理学、社会心理学の専攻者たちで構成された陳述分析センターであるトゥルー〇〇の場合、ホームページに自分たちが被告人を無罪に導いた事例を紹介しながら「被告人から醜行をされたという被害者の陳述を分析した。その結果、①寝ていた被害者がどのように醜行事実を認知したのかはっきりしておらず、②醜行当時に経験したであろう被害者の身体感覚などに対する陳述が発見されておらず真実ではないという意見」を提示し、「陳述分析結果報告書の提出および専門家証言(〇〇〇博士)を通して被告人に対する無罪が宣告」されたと、これを成功事例として広報している[21]。かれらが被告人を無罪に導いた事例はとりわけ性暴力に集中しているが、それほど性暴力事件において私設陳述分析センターの報告書が被告人の減刑・無罪に有用なものとして活用されていることを意味する。このような状況において、いくつかの法律事務所はブログを通して「性犯罪事件で有用なものとして使われる証拠分析能力を強化」していき、「業務協力をしている陳述分析、デジタルフォレンジック専門会社と業務協約を締結し、より緊密なサポートシステムを構築していく」と、公然と広報までしている。[22]

そして法務法人ロ〇は、警察大学出身、裁判官出身、刑事専門弁護士と自分たちを紹介している。Y〇の場合は、前最高裁裁判官が顧問であり、前空軍大学総長と政策学博士などが諮問委員をしており、〔キャリアを積んだ〕部長〔級〕裁判官出身、検察地検長出身、検事出身、刑事法専門弁護士が代表弁護士として登録されている。このような具体的な構成員たちの紹介と配置は、さまざまな状況にあったり、さまざまな状況になりうる加害者たちに特化された弁護士が準備されていることを強調するためであると考えられる。またAコミュニティの場合、特別会員になれば弁護士たちと事件解決のためのカカオトーク〔無料のコミュニケーションアプリ〕のグループチャットが開設され、警察出身の刑事チーム長と顧問会計士など、分野別の専門家たちがグループチャットでともにサポートすると説明されている。

このように加害者たちをサポートすることで金銭的な利潤を得る法律事務所、そのような法律事務所をサポートする〔前職〕の警察・検察・裁判官および学者たち、[23]さらにはカウンセリングルーム、犯罪心理学の専門家たちが運営する陳述分析センターとの連携、かれらの戦略を承認する裁判所は、専門家ネットワークを構築し、性暴力加害者支援産業を拡張している。この時、法は正義や合理性の空間であるというよりは特定の法律事務所を中心に構成される加害者カルテルを包摂し、またそれに包摂されながら、性暴力の法的言説を再構築しているのだ。

ここまで検討してきた性犯罪専門法律事務所の司法的な諸技術についての分析が与える含意を、四点に整理すると次のようになる。

第一に、性犯罪専門法律事務所が運営するオンラインコミュニティと法的情報の商品化、および産業化される専門家サポートを通して、性暴力加害者たちは法市場における合理的消費者へ移動することをもって、性暴力は経済的なものとして再構成されている。性暴力の法的解決過程は、性暴力が発生する基盤であるジェンダー権力と性暴力を容認し些細なことにする男性中心的社会に対する闘争の過程である。しかし捜査・裁判過程で加害者に有利な結果をもたらすための法的情報の販売と専門性の商品化は、性暴力という政治闘争の場それ自体を資本によって勝敗が決定する問題へと転換させる。これは「既存の政治的なものを経済的なものに代替し、制度と人間を再構成するネオリベラリズムの統治戦略[24]」として見ることができる。したがってネオリベラリズムの法的主体としての加害者にとって各種の商品購入は、加害者としての位置から離脱させ、安く合理的な商品を購入する消費者として位置づくことを可能にする。ネオリベラリズムの統治は市場原理を通して簡単に操作可能で統治可能な主体、つまり市場原理を内面化した主体をつくりだしながら[25]、公共性、倫理、責任の価値を削除している。このように、消費者としての加害者と市場化された性犯罪専門法律事務所、そして産業化される専門家グループなどが加害者のカルテルを構成しながら、性暴力は次第に政治的なものから経済的なものへと移動しているのだ。

第二に、性犯罪専門法律事務所が運営するオンライン加害者コミュニティは、加害者たちの共感と連帯を基盤に「脱犯罪化された加害者男性性」をつくりだしている。加害者たちはオンラインコミュニティ活動を通して他の加害者たちの文章を読み、考える過程を体験する。この過程で共感、慰労、助言などが共存する加害者連帯がつくられ、これを基盤にかれらのさまざまなナラティブと行為が再構成され、組織的で集団的な脱犯罪化された加害者男性性が形成される。つまり犯罪者としての性暴力加害者ではなく、男性たちの経験と悔しさを中心として、反省、復讐、哀訴、無力、自責、合理性などが交差する地点で、加害行為の意味を再構成する男性性が登場しているのだ。個人として存在していた加害者が集団化され、かれらの状況と文脈にそったナラティブが共感の言語を獲得し、省察と罪責感が応援と支持で呼応される時、性暴力被害者の経験は歪曲されたり排除されたりする可能性が高くなるしかない。

第三に、性犯罪専門法律事務所の減刑と無罪の諸技術を承認する裁判所は、法の市場化を促進している。性認知感受性[26]は、二〇一八年以降に多くのセクハラ・性暴力事件の判断基準として引用されているが、現在、その誰よりも裁判所の性認知感受性の向上が至急であると考えられる[27]。現在、性犯罪の減軽事由は操作したりつくりだしたりできる余地が大きく、法律事務所の能力のように言われており、加害者処罰に対する被害者の意思も考慮できずにいる。性暴力に対して厳罰を下すという国家と法のメッセージは、じっさいのところ裁判の結果に反映できておらず、むしろ専門法律事務所のさまざまな技術が発明される余地を拡散させることで、性暴力の法的解決に対する法の市場化を促進しているように見える。

第四に、性犯罪専門法律事務所が登場し、かれらの技術が発明されるなかで加害者支援産業を形成できたのは、性暴力被害者に対する疑い、加害者を中心にした悔しさのナラティブ、MeToo運動に対する拒否感などが拡散されたことにも起因する。したがって性暴力に対する加害者の羞恥心が脱却され、専門法律事務所が加害者弁護に対する倫理的葛藤をしないでいられるのは、すでに社会的にかれらの行動を正当化してやる加害者中心的な言説がはびこっていることとも結びついている。したがって性暴力事件の解決は被害者、加害者個人のあいだの法的な争いというよりは、その社会の認識と流れに影響を受けながら構成されていることがわかるのだ。

注

(1) スーザン・ファルーディ、ファン・ソンウォン訳『バックラッシュ——誰がフェミニズムを恐れるのか?』アルテ、二〇一七〔伊藤由紀子、加藤真樹子訳『バックラッシュ——逆襲される女たち』新潮社、一九九四〕。

(2) 「「三〇〇〇万ウォンで量刑を下げてやる」——有名弁護士の露骨な「取引」」〈JTBCニュース〉二〇二一年二月二二日(オンライン参照)。この記事の記者は量刑を下げてやるという弁護士たちの広報を「取引の技術」、「減刑の技術」と表現した。

(3) 二〇二〇年七月、第一審裁判で懲役二年、執行猶予三年の判決が下されたソン・ジョンウ〔性搾取サイトの運営者〕事件の場合、判決文のなかで被告人の有利な情状の内容には「被告人の年齢が幼く、被告人に特別な犯罪前歴がない。被告人が一定期間拘禁されており、この事件の犯行を認めて反省している。会員たちが直接アップロードした淫乱物が相当数含まれている」という事由が記されており、第二審判決で懲役一年六カ月の有利な情状には「被告人が犯罪事実を全て自白し、幼い頃に情緒的・経済的に困難な時期を過ごした。成長過程でも十分な保護と養育を受けられなかった。他の刑事処罰を受けた前歴がない。この事件の犯行に利用した淫乱物のうち会員たちがアップロードしたものも相当数含まれている。犯罪収益のほとんどが没収保全および追徴保全処分を通して環収されるものと見られる。二〇一九年四月一七日、婚姻届を提出し、扶養する家族が生じた」と記されている。とりわけA法律事務所の性犯罪専門チームがかれを弁護したと知られている。「裁判途中に結婚するソン・ジョンウ、二日に一回反省文を書くチョ・ジュビン〔性搾取映像を制作・販売したn番部屋を組織した中心人物」」〈オーマイニュース〉二〇二〇年七月九日（オンライン参照）。「「ソン・ジョンウ法律事務所」はどんなところ？　性犯罪市場が形成された弁護士業界」〈オーマイニュース〉二〇二〇年七月一〇日（オンライン参照）。

（4）量刑委員会ホームページ〈性犯罪量刑基準〉、刑種および量刑の基準（オンライン参照）。

（5）量刑委員会ホームページ〈性犯罪量刑基準〉、執行猶予基準（オンライン参照）。

（6）本書で判例引用文の太字は本書の筆者が強調した部分である。

（7）イ・ミギョン「一方的な後援／寄付が減刑事由になった判例と被告人弁護戦略の問題点」全国性暴力相談所協議会記者会見発表文、二〇一七年九月一四日。

（8）イ・ミギョンは、該当事件における被告人の寄付は、後援金納付時期が検察の起訴した頃であるだけでなく、一〇万ウォン〔約一万円〕ずつ五回にわけて納付し、第一審判決宣告の直後に電話で後援金取消申請を行っており、これは心からの反省ではなく減刑を目的とした寄付であることがわかると語ったことがある。

（9）「性暴力相談所に寄付すれば減刑？」『女性新聞』二〇一六年三月二四日（オンライン参照）。

「女性団体に寄付する性犯罪者たち「裁判で減刑してもらえると……」」『京郷新聞』二〇一九年四月一七日（オンライン参照）。

（10）この意見書は、ＬＡＷｎＢ〔韓国の法律ポータルサイト〕と裁判所の総合法律情報に登録されている計一三七の判決のうち、二〇一九年一月から二〇一九年一一月までに宣告された第一審と第二審判決を分析対象にしたものだ。検索した罪名は、強かん、かん淫、強制醜行、公衆密室場所、位階、威力、業務上威力、一三歳未満、心身微弱者醜行、淫行媒介、淫画頒布、淫画製造、公然淫乱、性的目的、通信媒体、通信媒体利用淫乱、カメラなどを利用した撮影、淫乱物、児童青少年利用淫乱物、児童青少年性売買、性買収、性売買強要である。韓国性暴力相談所「性暴力量刑基準に対する意見書」二〇二〇年二月一九日。

（11）韓国性暴力相談所によれば、ポータルサイトで「反省文代筆」と検索したところ反省文代筆専門サイトが三三個に達するという。韓国性暴力相談所の意見書は、真摯な反省、社会的紐帯関係、被告人の評判、酒酔、初犯、親族関係における扶養事実などの減刑要素が加害者中心的に適用されているとし、事件の具体的な犯罪性、被害者の状況と処罰意思など、被害者の声が量刑判断時にかならず反映されなければならないと主張した。韓国性暴力相談所「性犯罪量刑基準に対する意見書」二〇二〇年二月一九日。

(12) Steve Jones, "Studying the Net: Intricacies and Issues", Steve Jones ed., *Doing internet research: Critical Issues and Methods for Examining the Net*, Sage, 1999.

(13) チャン・チェリン「病院の施術に関する口コミテクストの談話分析――インターネットコミュニティ掲示物を中心に」『談話と認知』二六巻三号、二〇一九、一八一－二一〇頁。

(14) 弁護士法第三四条（弁護士ではない者との同業禁止など）

① 何人も法律事件や法律事務の受任に関し、次の各項目の行為をしてはならない。

一、事前に金品・饗応またはそれ以外の利益を受けたり、受けることを約束し、当事者またはそれ以外の関係者を特定の弁護士やその事務職員に紹介・斡旋または誘引する行為。

二、当事者またはそれ以外の関係者を特定の弁護士やその事務職員に紹介・斡旋または誘引した後、その対価として金品・饗応またはそれ以外の利益を受けたり要求したりする行為。

②弁護士やその事務職員は法律事件や法律事務の受任に関し、紹介・斡旋または誘引の対価として金品・饗応またはそれ以外の利益を提供したり、提供することを約束してはならない。

③弁護士やその事務職員は第一〇九条第一項、第一一一条、第一一二条第一項に規定された者から法律事件や法律事務の受任を斡旋されたり、このような者に自分の名義を利用させてはならない。

④弁護士ではない者は弁護士を雇用し法律事務所を開設・運営してはならない。

⑤弁護士ではない者は弁護士でなければできない業務を通して報酬やそれ以外の利益を分配されてはならない。（全文改定二〇〇八年三月二八日）

(15) 二〇二二年一〇月一二日基準の「Aコミュニティ」会員数は一〇万二五〇五人であるが、本文で言及したコミュニティの構造と内容は二〇二〇年一一月一日基準で作成したものであり、それゆえ当時の基準で会員数を表記した。

(16) 二〇二二年一〇月一二日基準の「Bコミュニティ」の会員数は一万三二九四人であるが、本文で言及したコミュニティの構造と内容は二〇二一年五月五日を基準に作成したものであり、それゆえ当時の基準で会員数を表記した。

(17) ウェンディ・ブラウン、ペ・チュンヒョ、パン・ジニ訳『民主主義を殺害する——当然な言葉の後にひそむ保守主義者の陰密な攻撃』私の人生の本、二〇一七、一八一–四頁〔中井亜佐子訳『いかにして民主主義は失われていくのか——新自由主義の見えざる攻撃』みすず書房、二〇一七、一五三–六頁〕。

(18) ペ・スンヒ『罠にかかった男性たち——危険に嵌った無実な男性たちのための危機管理ソリューション』ブックラボ、二〇一七。

(19) パク・ウォンギョン『性犯罪事件、警察事情聴取から示談、裁判まで事件別時間別対応戦略』知識空間、二〇一八。

(20) 検察庁ホームページ(オンライン参照)。

(21) 陳述分析センター・トゥルー〇〇ホームページ(オンライン参照、二〇二〇年九月一一日検索)。

(22) 「富川永登浦《プチョンヨンドウンポ》〔地名〕の弁護士、性犯罪弁護士〇〇〇弁護士インタビュー」『法務法人コ〇ブログ』二〇一八年一月一九日(オンライン参照)。

(23) 最近では一部のロースクールの教授たちが大型法律事務所の依頼を受け、民事法廷で片方に有利な二〇~三〇頁ほどの法律意見書を書いてやって数千万ウォン台〔数百万円台〕の報酬を受けとっている状況がメディアで記事になっており、とりわけ現職の最高裁裁判官である某氏は、ソウル大学ロースクールの教授の頃、キム&チャン法律事務所などの法律事務所に意見書七件を書いてやり、一億五〇〇〇万ウォン〔約一五〇〇万円」を受けとったと報道された。「ロースクール教授たちの法律意見書、数千万ウォン受けとって片方に有利な意見……「学問的信念の真正性に疑問」」『京郷新聞』二〇二一年二月二日（オンライン参照）。
(24) ウェンディ・ブラウン、ペ・チュンヒョ、パン・ジニ訳、前掲書、二〇一七、四二頁（中井亜佐子訳、前掲書、二〇一七、三二-三頁）。
(25) 佐藤嘉幸、キム・サンウン訳『新自由主義と権力——自己-経営的主体の誕生とマイノリティに-なること』フマニタス、二〇一四、五五頁（佐藤嘉幸『新自由主義と権力——フーコーから現在性の哲学へ』人文書院、二〇〇九、五〇-一頁）。
(26) 性認知感受性は、二〇一七年に大学で指導学生である女性学生をセクハラしたという理由で解任された教授が、これに不服を申したてた訴訟において、「裁判所がセクハラ関連訴訟の審理をする時には性差別問題を理解し、両性平等を実現できるよう「性認知感受性」を失ってはならないのであり、被害者がセクハラの事実を明らかにし問題にする過程で、いわゆる「二次被害」を受けうるという点を心がけ、被害者が処されている特別な事情を十分に考慮して判断しなければならず、また裁判所がどのような行為がセクハラに該当するかどうかを判断する時には、わたしたちの社会全体の一般的で平均的な人ではなく、被害者と同じ状況にある平均的な人の立場から性的屈辱感や嫌悪感を感じうる程度だったのかを基準にして審理・判断しなければならない」という理由で、セクハラを認めない原判決を破棄し差し戻した最高裁の宣告（二〇一八年四月一二日、2017トゥ74702判決）から始まり、多くのセクハラ・性暴力判決に引用されている。
(27) 最近ある部長裁判官は、最高裁が性暴力事件の有罪判決を乱発しており、「上級審から下級審の裁判官に性認知感受性が欠如したと判断する基準はいったい何なのかわからない」と批判した。「現職部長裁判官「最高裁、性暴力事件「有罪判決」乱発」」『聯合ニュース』二〇二一年五月一八日（オンライン参照）。

第三章

性暴力被害者、法廷に立つ

韓国の反性暴力運動は、性暴力の法的規制および解釈における性暴力に対する判断基準を拡張し、物理的な暴行や抵抗の有無あるいは抵抗の程度よりも、性暴力が発生しうる構造に注目していくことを要求してきた。しかし性暴力加害者の減刑および無罪を正当化する性犯罪専門法律事務所の介入戦略と、これに対する裁判所の承認は、性暴力の諸判例を汚染させ、性暴力の法的判断のための諸基準を変化させている。このような状況において性暴力が発生し維持される構造的原因であると同時に背景となるジェンダー権力の問題は次第に扱われなくなり、被害者と加害者は法的空間で個別化された行為者として認識されるなかで、新しい被害者言説がつくられている。

第一節　権利から責任へと再構成される「新被害者論」

❖性的自己決定権の誤読——女性の能力に対する逆説

韓国の女性運動は、性暴力を貞操や純潔の問題ではなく、性的自己決定権の侵害の問題ととらえて性的自己決定権を概念化してきた。性的自己決定権という用語は、一九九二年、性暴力特別法制定のための法案を準備する過程で使用されはじめ[1]、判例に登場したのは一九九四年四月一八日に宣告されたソウル大学シン教授セクハラ事件の第一審判決文であると思われる[2]。そして次第に性暴力の保護法益〔刑法によって保護される利益のこと〕として、判例にも積極的に書かれるようになったが、性的自己決定権は運動の言語と法の言語を行き来しながら、その意味の構成と内容が変化していった。

一九九五年、刑法第三二条の題名が「貞操に関する罪」から「強かんと醜行の罪」へと変更されることで、刑法上で貞操という保護法益が削除されたが、その題名のみが変わっただけで、依然として女性の貞操を前提として構成されてきた。このような前提は二〇一三年に強かんの客体を婦女から個人へと変更するなどの法改定に至ることで、ようやく個人の性的自己決定権という保護法益が反映されたものとして評価される。(3) しかし用例の活用において、最高裁は二〇〇〇年から性暴力の保護法益として性的自己決定権という単語を使いはじめ、これにしたがい性暴力に関連するさまざまな法は、被告人が被害者の性的自己決定権を侵害したのか、あるいは被害者が性的自己決定権を行使できる状況であったのか、できない状況だったのかなどを中心に判断している。保護法益は構成要件要素を解釈する指針となり、罪質を判断するさいに主要な根拠になるがゆえに量刑に影響を与え、犯罪群が構成要素体系を理解する道具になるがゆえにきわめて重要である。しかしこのような性的自己決定権は、次の二〇一九年の最高裁判決に至って、はじめてその意味が定義された。その判決が被害者の側に立ったという点で励みになるものではあるが、性的自由や性的自己決定権を「消極的に願わない性行為をしない自由」と明示しているという点で、けっきょくは拒否の意思表示や抵抗などへ繫がるという限界がある。(4)

(…)刑法は第二篇第三二章において「強かんと醜行の罪」を規定しており、この章に規定された罪はすべて個人の性的自由または性的自己決定権を侵害するものを内容とする。ここにおける「性的自由」は、積極的に性行為をすることのできる自由ではなく、消極的に願わない性行為をしない自由の意味であり、「性的自己決定権」は性行為をするかどうか、性行為をする時に誰を相手にするかどうか、性行為の方法などを自ら決定できる権利を意味する。刑法第三二章の罪の基本的な構成要件は強かん罪（第二九七条）や強制醜行罪（第二九八条）であるが、この罪は、未成年者や心身微弱者のように判断能力や対処能力が一般人に比べて低い人は低い程度の有・無形力の行使によっても抵抗をまともにできず被害を受ける可能性があるがゆえに、その犯罪の成立要件をより緩和した形態で規定したものだ。（…）原判決のうち無罪の部分を破棄し、この部分の事件を水原《スウォン》地方裁判所に差し戻しにする。（二〇一九年六月一三日宣告、最高裁2019ド3341：心身微弱者醜行）

右の判決文で定義している消極的意味の性的自己決定権は、未成年者や心身微弱者などを主たる対象として設定しているがゆえに、性別[5]、社会的地位、威力、親密な関係などの複雑な文脈で発生する被害者の脆弱性、抵抗の放棄、同意も抵抗もしない非同意状態の性暴力などを包括することが困難である。このような状況で、最近の一部の性暴力無罪判決における性的自己決定権は、すでに存在するなんらかのものであると考えられつつも、それを侵害しなかったと加害者が考えていることであったり、被害者がそれを行使しなかったがゆえに〔加害者は〕無罪だという傾向を見せている。

酒場での被告人と被害者の状況および被告人の身体接触に対する被害者の反応などを見れば、被告人の立場からは被害者も被告人にある程度の異性的好感をもっていたと考え、**被害者に口づけをしたとしても被害者がこれを拒否しないだろうと考えたと見ることが相当であり、当時被告人が被**

害者の意思に反して性的自己決定権を侵害して醜行をすると意識したと見ることは困難である。（…）被告人は無罪。（二〇一九年八月九日宣告、ソウル中央地方裁判所2018コダン7140：強制醜行）

被告人が被害者と口づけをした行為が、一般人から見て性的羞恥心や嫌悪感を起こさせたり、善良な性的道徳観念に反する行為で被害者の性的自由を侵害したりする程度に至ったものと見ることは困難であり、**さらに当時被告人に被害者の意思に反して性的自己決定権を侵害し醜行をするという認識、つまり強制醜行の故意があったと断定することも困難である。**（…）被告人は無罪。（二〇二〇年七月二日宣告、ソウル中央地方裁判所2019コダン7612：強制醜行）

酒場とモーテルの位置が徒歩でそれほど遠くない点、当時年末の深夜時間帯に移動したが酒場の周囲でタクシーを捕まえることが容易ではないと思われる点、被告人が食堂および酒場ですべてカード決済をしたがゆえにタクシーを利用したとすればカード決済を試みた蓋然性が高く、これに対するカード決済内容がない点などに照らしてみると、当時被告人と被害者は徒歩でモーテルに行ったものと見え、**被告人としては被害者が酒に酔っていたとはいえ、人事不省状態ではなく自分で歩くことができる程度であり、自分の性的自己決定権を行使できる程度の意識があったと認識した可能性がある。**（…）原判決を破棄する。被告人は無罪。（二〇一九年一二月一九日宣告、光州《クァンジュ》高等裁判所2019ノ226：準強かん未遂）

右の三つの判決文は、被告人が性的自己決定権を侵害し醜行をするという認識があったのかどうかを推測している。判断の過程には被告人が「被害者がこれを拒否しないだろうと考え」たということ、「故意が」なかったという点、被害者が「自分で歩くことができる程度であり、自分の性的自己決定権を行使できる程度の意識があったと認識した」であろうという点などが主な根拠として提示される。ここで被告人が被害者にどのように意思を聞いたのか、被害者がなにを同意したのかは問うていないが、性的自己決定権を侵害すると考えなかっただとか、故意がなかっただとかいう被告人の判断が、無罪の重要な根拠になっている。しかし性暴力加害者が相手の権利を侵害するための目的と意図をもって加害を行う場合はまれである。性暴力は権力関係のなかで相手の意思を把握する必要がなかったり、それゆえ相手が意思を表示できなかったり、相手ときちんとしたコミュニケーションをしないまま誤解や錯覚で行われるものがほとんどである。したがって自分の行為が相手の権利を侵害しうると認識できなかったということは、それ自体として問題とされるべきであるが、その認識がむしろ容認される状況において、加害者の過った判断は、被害者が守って行使するべきである性的自己決定権を行使しないことに帰結するのだ。

被害者は捜査機関および本法廷で「G号とD号からBともった性関係は合意の下でしたことだ」という部分については一貫して陳述しており、被害者とBのあいだの性関係の直後に被害者と被告人のあいだの性関係があったという点に照らしてみれば、**少なくとも被害者は被告人との性関係の直前には性的自己決定権を行使し、Bと合意の下で性関係をもった程度の意識はあったものと思わ**

れる。（Bも検察捜査過程で（…）「被害者は十分に被告人との性関係を認知したであろうと考える」と陳述した［。］）（…）他方で被告人が被害者と合意したり被害者から**同意を得たりして性関係をもったのではなく、被告人と被害者のあいだの性関係は当時被害者が望んでおらず**（…）この事件のように成人である被害者が心神喪失または抗拒不能状態に陥っておらず、被告人が被害者に暴行・強迫を行使していない状態でかん淫した場合は、右のどの規定にも該当しておらず、罪刑法定主義原則にのっとり、現行法上ではこれを処罰できない。（…）被告人たちはそれぞれ無罪。（二〇一九年一一月一日宣告、ソウル北部地方裁判所2018コハプ542：準強かん）

右の判決文で被害者は酒に酔っており、一番目の男性（B）との性関係は同意したが、別の男性（被告人）との性関係は同意していないにもかかわらず強かんの被害を受けて告訴した。しかし裁判所は、被害者が「被告人との性関係の直前には性的自己決定権を行使し、Bと合意の下で性関係をもった程度の意識はあったものと思われる」と、被告人たちに無罪判決を下した。つまり先の性関係では性的自己決定権を行使したがゆえに、あとの性関係でもそれを行使することができたはずなのに、しなかったということだ。この時、性的自己決定権は、権利ではなく当然被害者が行使しなければならない能力であり、行使できるにもかかわらず行使しないことは被害者の過ちであるという意味が前提にされている。ここで、被害者が酒に酔っていたという点、前の男性は二番目の男性が被害者を強かんできるようにほう助した点、意思を聞いたり判断したりする状況が与えられなかった点は看過される。なによりも裁判所は、被告人が被害者の「同意を得たりして性関係をもったのではなく、被告人と被害者のあいだの性関係は当時被害者が望んでおらず」と述べながらも、被害者が性的自己決定権を行使しなかったと述べている。被害者が同意しなかったということは、それ自体として性的自己決定権のいくつかの意味の一つが込められているのであるが、裁判所にとって性的自己決定権は、最狭義説を正当化し、被害者の抵抗の有無を判断していた慣例になり代わっているだけなのだ。

さらに次の判決で裁判所は、被害者が選択的に性的自己決定権を行使したという疑いすら抱いている。

証人審問当時、被害者は「貞操」という表現に対し異議を申したて「わたしはじっさい労働権や人権まですでにすべて侵害された状態において性的自己決定権も侵害されたのであって、貞操みたいな概念を侵害されたのではない」という趣旨で明確に証言した事情を重ねてみれば、**被害者は性的主体性をもち、性的自己決定権を認知しながら自己責任の下にこれを行使できる十分かつ成熟した能力がある人であると見るのが妥当である。**もちろん被害者の性的主体性がこの事件以降に学習によってさらに強化された可能性はあるが、少なくとも○○に対して一応の謝罪を受け、追加的な身体接触などがなかったにもかかわらず、約三カ月後に再びこれに対する問題を提起したことを見るにも、**被害者の性的自尊心と主体性が決して低いと見ることは困難である。**それのみならず、被害者が○○に対しては性的主体性と自尊心が強い姿を見せ、被告人に対しては弱い姿を見せているとしても、これは被害者の性的自尊心が低いからではなく、**対象との関係的特性によって性的自己決定権を選択し行使することとして見る余地すらある。**（…）被告人の威力によって性暴力被害を受けたという趣旨で、**性暴力被害者性の表示あるいは被害者個人の脆弱性を浮き彫りにさせる検事の**

主張を受けいれるのは困難である。（…）被告人は無罪。（二〇一八年八月一四日宣告、ソウル西部地裁2018コハプ75：強制醜行、威力によるかん淫など）

右の事件の被害者は、証人審問時に自分は「労働権や人権まですでにすべて侵害された状態において性的自己決定権も侵害されたのであって、貞操みたいな概念を侵害されたのではない」と述べたことがあるが、裁判所はこれについて、被害者は「性的主体性をもち、性的自己決定権を認知しながら自己責任の下にこれを行使できる十分かつ成熟した能力がある人」であると判断する。さらに「性的主体性がこの事件以降に学習によってさらに強化された可能性はある」が、ほかの加害者に対しては謝罪を要求し問題を提起したことから見て、「性的自尊心と主体性が決して低いと見ることは困難」であり、被害者が該当事件の加害者に強い抵抗をできなかったのは「被害者の性的自尊心が低いからではなく、対象との関係的特性によって性的自己決定権を選択し行使することとして見る余地」があると見なしている。これゆえ〔裁判所は〕「被害者個人の脆弱性を浮き彫りにさせる検事の主張を」受けいれず、結果的に加害者の威力による性暴力を認めなかった。判決を下した裁判官らは、被害者が性的自己決定権と貞操の意味を区分することができ、自尊心が強い人であったがゆえに脆弱な人ではないと見ている。しかし被害者にとって性的自己決定権は「選択し行使」できるものではなく、被害者と加害者をめぐる特定の権力構造によって無力になるものだ。この時、被害者の脆弱さは固定されたものではなく、状況と条件によって構成される。つまり被害者が勤務中に発生した別の被害に対して何度も問題提起できた理由は、二人のあいだの権力関係が明確ではなかったからであった。しかし該当事件の場合、加害者との顕著なな権力差によって、申告することはおろか拒絶を表現することすら困難であった。それにもかかわらず被害者がけっきょくは法的告訴を通してこれを解決しようとしたのは、個人的に解決できないほど加害者の権力が大きいという点を表すと同時に、この事案を世の中に知らせることによってのみ権力の動作を止めることができると判断したからであると考えられる。

しかし裁判所は、性的自己決定権を加害者との社会的地位の違いに起因するすべての文脈や未来の不利益、生存の問題、社会的非難などを考慮しなくてもよい水準の絶対能力として美化している。そのように見なせば「性的主体性をもち、性的自己決定権を認知」している人は法的に性暴力被害を受けたことを証明できなくなるが、そのような人は「主体的」であり「自己責任の下にこれを行使できる十分かつ成熟した能力がある人」であるがゆえに、最初の段階で避けたり、問題提起したり、抵抗したりするはずであり、したがって性暴力被害を受けるはずがないという逆説が登場することになるのだ。

このような裁判所の判断は、社会的マイノリティとしての女性の位置や権力関係を隠蔽し、性暴力の発生を自由な個人が選択できる問題へと矮小化してしまう。つまり法廷において性的存在は事実上の個人ではなく、男性中心的なセクシュアリティ関係が規定する男性と女性(6)だという点が削除されており、最狭義で暴行・強迫を判断する基準が内包した問題を隠蔽し、性的自己決定権というフェミニズムの言語を裏返してフレームを操作しているのだ。(7)重要なのは女性が性的自己決定権を許したり勝ちとったりしたかどうかではなく、その状況が権利を行使できる条件であったのかどうかである。(8)

じっさいの性暴力被害の現場において被害者と加害者はすでに社会的、物理的、心理的に威力的関係にある場合が多く、そのような位置性をもとにして加害が行われるがゆえに、このような不平等な条件と位置において被害者は性的自己決定権の行使を決定したり選択したりすることが難しい。したがって性的自己決定権を発揮したのかどうかを問うためには、反対と拒否がじっさいに可能な状況であったのかどうか、[9] 個人が同意できる個人的・法的能力をもっていたのかどうか、[10] さまざまな機能の組み合わせを達成できる実質的自由としての「ケイパビリティ（capability：力量[11]〔潜在能力〕）」が発揮できる条件が存在したのかどうかを判断することが重要だ。ここで言うケイパビリティは、価値があると感じることを行うじっさいの能力に集中することであり、所有する形態でもっている資源のことではない。[12] つまり性的自己決定権はなんらかのもののように日常的にもち歩いたり、重要な瞬間に取りだして使えたり、本能のように自然とみんなに与えられていたりするものではないがゆえに、性的自己決定権をなぜ行使しなかったのかと問うのではなく、性的自己決定権をなぜ行使できなかったのか、その状況が性的自己決定権を行使できる条件であったのかどうか、さらに言えばその時の性的自己決定権がなにを意味するのかを検討しなければならない。性的自己決定権はさまざまな関係と性別、文化的・象徴的権力関係のなかで力動する産物として、人間たちが結んでいるあらゆる関係の数と同じだけ複数的であり、多辺的であり、関係的である概念として理解しなければならない。しかし先に挙げたいくつかの判決文は、このような条件と文脈を無化したまま、性的自己決定権を「成人女性の人格の成熟と主体性、自己責任と能力に立脚した概念として強調[13]」しているのだ。

✣新しい被害者言説

最近、性暴力被害者に対する責任論理は次のような事例でも現れている。

ミンジョン（活動家）　自分が不当な対応、暴力にさらされて、それについてきちんとした対応ができなかった時、自分自身に自責感を感じるのを防止しようとする感じが何人かの被害者にあったんです。（…）以前は、自責がそのまま自己卑下、自分がばかだったんだと委縮してそのままなにもしゃべらないような程度だったならば、最近は自分には生きる意味がない、と〔。〕（…）これが性暴力被害をさらに明らかにすることと同時に進むみたいです。自分が被害を堂々と話すことと同じくらい、被害に対処できなかったことも自責や自分への攻撃になってかなり苦しむようです。（…）裁判官とかの人たちが、とても賢明で自己主張をしっかりできるのにもかかわらず〔被害に〕対応できない被害者たちを理解できなくて、判決文にはあきれるような話がたくさん出てくるじゃないですか。なぜ（いやだと）堂々と言えないのか、と。〇〇〇さんの件も酔っぱらってしつこく絡んできたのならばほったらかしにして帰ればいいものを、なぜそんなふうにしたのか、と。コンビニでなぜ助けを求めなかったのか、と。そして、なぜまず上司をかならず家に送ってやらなければならないと考えたのか、と。じっさいは被害を受ける前には全部当然やりうることじゃないですか。その瞬間に後で起こることを知っているわけでもないのに。個人に（責任を）押しつけてしまうんです。

活動家ミンジョンは、最近被害者たちが告訴や問題提起を悩むさいのニュアンスが変化していっていると指摘する。以前は自ら被害を受けたことに対する「自己卑下」が存在したならば、最近は「被害に対処できなかったことも自責や自分への攻撃になって」続くということだ。ミンジョンによれば、このような認識は判決文でも現れており、ある裁判官は「なぜ堂々と言え」なかったのか、上司が「酔っぱらってしつこく絡んできたのならばほったらかしにして帰ればいいものを」なぜ送ってやろうとしたのかと言ったという。研究過程で出会ったある被害者は、セクハラ被害を会社に申告したが、セクハラ予防の教育を受けたにもかかわらずきちんと対処できなかったという暴言を言われたという。また、これは安熙正《アン・ヒジョン》前忠清南道の知事による性暴力被害者に対し、安熙正の弁護士が「なぜ耐えたんですか。大学院まで出たエリート女性がただちに問題にしないことが怪しい」と言った論理とも類似している。[14]

これらのような現象は、既存の被害者誘発論を超えて、被害者が自分のもっている能力を発揮しないがゆえに、被害を避けられなかった責任と被害後に積極的に対応できなかった責任を〔被害者に〕問うという新しい被害者言説が現れているものと見ることができる。つまり被害者と加害者の性別や権力関係は考慮されず、性暴力をふだんの教育水準や予防教育などを通して自ら避けることのできるものとして感じることで、被害者の責任を問うやり方へと転換されるのだ。しかし、ほとんどの性暴力は親密な関係や威力的関係において発生するがゆえに被害者が努力を通して予防できる問題ではなく、唯一の予防は加害者が加害をしないことにあるのみである。それにもかかわらず、被害者たちは権力構造のなかの個人というよりは、性的自律性をもっているがゆえに性暴力というリスクを自ら予防・対応しなければならないという認識が強調されているのだ。

ベック(Beck)は、リスクを「ある社会を作動させる動力学の慣習的認知方法と思考方法」[15]と定義するが、国家はこのようなリスク予防の義務を負う。しかしじっさいリスクは計算が不可能な領域であるにもかかわらず、国家はそれを知ることができ、制御でき、安全を保障できるという主張を深化し拡張しなければならない状況が発生する。このような背景で、最近の性暴力犯罪のリスクを減らすための犯罪政策であり都市政策であるCPTED(Crime Prevention Through Environmental Design 状況的犯罪予防〔防犯環境設計〕)は、環境や空間を変化させることで犯罪を予防できると見なしており、この時リスクは個人が処理するべき要素として犯罪予防に対する個人の責任を重視し、リスク集団は範疇化され予防できると考えられるようになる。[16]国家がリスクを予防するために危険指標を調査すればするほど新しいリスクが構成され、恐れと安全がともに強調されるのであるが、[17]国家は犯罪厳罰主義を構成してきたネオリベラリズムの刑罰政策を通して危険だと把握される集団を隔離させることをもって犯罪に対する責任の位置から抜けだすのだ。[18]

このように性暴力がリスク管理の領域として認識され政策的に実現されるなかで、いまや性暴力の発生原因は、危険を予防せず、性的自己決定権を行使しない被害者の問題になっている。つまり被害者は性暴力の危険を避けることができず、自己管理に失敗した人として、新しい形態の被害者非難が構成され、ジェンダー権力関係は次第に曖昧になり、個人的責任が強調されていく。[19]ネオリベラリズム的に再創造された被害者という範疇は、社会的脆弱性を個人の責任へと変化させ、増加する不平等を隠すために苦痛の社会的土台を消しさり、被害を構造的なものとして見ようとする政治的努力を転覆させる。[20]このように被害者を選別し、被害者の真正さへの疑いが強化され、専門家の知識と個人の責任および効率性を強調するネオリベラリズム的政策パラダイムは、性暴力を状況と機会統制の問題へとつくりかえており、さらに言えば女性を被害者にならない責任の主体として呼びかけているのである。[21]

かつて性暴力は女性／被害者がモーテルについていったからだとか、夜遅くに出歩くだとか、貞淑でないとか、肌が出た服で酔っぱらって出歩くだとかで、危険な状況で抵抗しなかったから発生するという類の、いわゆる被害者誘発論、被害者責任論が存在してきた。このような被害者誘発論は被害者がまず誘惑したがゆえに「欲情を抑えきれなかった」加害者が性暴力をするしかなかったという論理を構成してきたが、これは女性の行動を統制し、加害者の加害および歪曲された性文化を正当化するシステムとして活用された。しかしこのような被害者誘発論はすべての人が性的自己決定権をもっており、さまざまな教育を通して性暴力を予防できる能力をもつようになってきたにもかかわらず、なぜ被害者はそのような能力を行使しなかったのかを問うたり疑ったりするやり方へと移動している。つまり「みだらな」行いによって加害者の欲情を呼びおこした責任から、自分の権利と能力を行使しないことによって加害を防げなかった責任へと移動しているのだ。しかしそのような権利を行使しなければならない主体はジェンダー化されており、ジェンダー中立的に適用されることが困難であるが、性暴力被害者たちはジェンダー権力構造のなかの女性／被害者ではなく、脱ジェンダー化された自己－危機管理者と位置づけられていく「新被害者論」が構成されているのだ。

第二節　被害者と認められるための「再被害者化」

✣被害を立証するための証拠としての苦痛

既存の性暴力二次被害は、法的処理の過程で性暴力に対する社会的かつ文化的な通念から発生し、不適切な言葉とシステムによって被害者が追加の被害を受けることを意味した。[22] しかし本書における被害者たちは、捜査・裁判の過程で体験する居心地の悪さを二次被害として認識するよりは、被害者として認められるために苦痛をつくりだしたり感情を管理していきながら、意図していたわけではないが自らを再び被害者の位置へ移動させていた。これはすでに捜査・裁判の過程で特定の像として被害者化された被害者が法的承認を受けるために、いま一度「再被害者化」する現象であり、被害者の位置を守るための「行為遂行(performance)」的な性格を帯びるという点で、二次被害と異なる。これは最近の性暴力の法的処理過程において、暴言・強迫が動員された性暴力が減り、被害を立証する物理的証拠が不足するようになるなかで、精神的被害の証明を通して被害事実を判断する諸事例に現れている。

ウンジュ(弁護士)　被害者がじっさいはかなり苦しんでいて。苦しいのは全くそうなのですけれど。ではその苦痛をどのように表すのか、苦痛をどのように顕在化して視覚化して表すのかというと時に、その苦しがる姿というのを前面に出すしかなくて。それは活発な姿みたいなものではないので、病気で治療を受けるなどで具体化し現実化し顕在化して表すみたいで。被害者本人たちも知っているんですよ。自分は精神科のカウンセリングみたいなのを受けないといけないですか？　それは自分にとって有利になりますか？　こんなふうに聞いてくる被害者がかなりいるんですよ。無理して受ける必要はありませんよ、ご自身で必要だと思うなら受けてください。いまはこんなふうに答えます。被害者たちもそんなふうに考えているんじゃないかな。自分はいまとても苦しくてその苦しみを見せないといけないのに、その方法はなんだろうか？　心理治療や精神科治療を受けていることを見せなければならないという圧迫感を感じているようです。

ギョンヒ（弁護士）　被害者たちが精神科に行く場合は多くありません。行かなくても十分にしんどいですし、行かなくてもいいんですが、むしろ裁判のために行く場合が多いんです。わたしたちもいたしかたなく行けばよいと言うんですよ。診断書をもらってきて裁判に出せば、ともかく裁判官が判決するさいに資料を重要視するので、「精神科にも通っているんですね」と言うでしょうから。もちろんそれも単純な診断だけでなくてどのくらいの診断を受け、もっと重要なのはどのくらいこつこつと長期間通ったかを見るみたいです。そして心理治療を受けたのも被害者の被害を証明するさいに重要な資料みたいです。たとえば強かん致傷だとか傷害だとかではかなり重要です。出さないわけにはいかない資料です。いまではトラウマみたいなものも傷害として認定をしてくれるので。そこでは当然診断書が必要ですが、ともかく量刑過程で被害者がこんなにまで被害を受けたと証明するのは心理治療やカウンセリングを受けた証拠になる精神科の診断書なんですが、このほかに被害者が直接書く嘆願書もありますよね。でもこれは決定的な資料にはならないと思います。

(…)しきりに被害を証明してみろ、と〔。〕(…)診断書がじっさいに重要な資料なのは本当です。それがない場合には心理治療の資料でも〔出さないといけません〕。でも心理治療の資料を受けつけてもらえない場合があります。そうなれば被害者側ではなにも出すものがないことなるので、量刑でなにもないことになって、そのままゼロベースだから、そんな資料がたくさんあれば量刑に多少は斟酌されます。

右の弁護士のインタビュイーたちは、被害者の精神科診断記録が被害者の苦痛と被害者であることを証明するための用途として認識され活用されている状況と背景を説明している。ウンジュは、被害者たちは自分の苦痛をどのように見せるべきかを悩んでおり、「顕在化」したり「視覚化」したりして、苦痛を見せなければならないという圧迫を感じる傾向があると語る。とりわけ精神科のカウンセリングなどが「自分にとって有利になりますか?」と聞いてくる被害者の問いは、本当に心理治療が必要だからではなく、それが裁判に有利なものになるなら戦略的に活用できるという被害者の認識を見せるものだ。またギョンヒの言うように、被害者は「裁判のために」精神科に行くこともあるが、これは裁判官が被害者の精神科診断、診療期間などを「被害者の被害を証明するさいに重要な資料」として見なすからだ。物理的証拠がない被害者は、捜査・裁判過程で「しきりに被害を証明してみろ」という圧力を受けることになるが、精神的・心理的治療の資料を出さなければ「そのままゼロベース」であり、たくさん出せばだすほど加害者の量刑に酌量されるということだ。もっと言えば裁判所はただ診断名だけでなく「どのくらいこつこつと長期間通ったか」を見るがゆえに、被害者たちの苦痛は深刻で長期的であるほど有利になるのだ。

ユジン（弁護士）　苦痛を強調しないわけにはいきません。なぜならともかく判断をしてもらうためには、裁判官たちが焦点を合わせるのは苦痛であり、苦痛を強調すればこの人が処罰をきちんと受け、民事に移った時も苦痛を強調すれば慰謝料が上がるからです。苦痛を強調するしかないのが現在の雰囲気なんです。だからいまではわたしは苦痛を甘受しますが、当事者にはしばらくのあいだ注意するべきと伝えるのはＳＮＳをあまりやるな、あまり楽しげにやるな、ということです。なぜなら裁判過程自体が長いので、その期間のあいだだけちょっと我慢しろ、と。時々若い人たちは「なんでわたしが我慢しなきゃいけないんですか？　わたしは被害者でわたしも生きなければならないじゃないですか？」と聞きかえすんです。全部理解する、けれど、いまの状況ではあなたがちょっと我慢してくれ、と。

弁護士ユジンもまた、苦痛を強調してこそ加害者が「処罰をきちんと受け」、「慰謝料が上がる」がゆえに、苦痛を強調することが「現在の雰囲気」だと語る。だからユジンは被害者たちに「ＳＮＳをあまりやるな、あまり楽しげにやるな」と助言しており、若い被害者が「なんでわたしが我慢しなきゃいけないんですか？」と抗議したとしても、いまは我慢してくれと言うそうだ。被害者たちは法的主体として被害を受けたがゆえに告訴をはじめたが、法廷では被害者の苦痛を強調すればするほど有利になる状況なので、被害者は願うのであれ願わないのであれ苦しまなければならない存在としての役割を要求されるのだ。したがって苦しむ被害者の姿は裁判が終わる時まで維持されなければならない望ましい被害者の姿として認識される。

　次のいくつかの判決は、被害者の精神科診断が裁判結果にどのように反映されるかをよく見せてくれる。

　被告人はアプリケーションを通して出会った被害者を強かんした。**被害者は判決前の調査で被告人の犯行以降に恐怖、不安、憂鬱などを感じ、精神科診療を受けているとし、被告人に対する怒りの感情などを表したことからわかるように、被害者は被告人の犯行によって相当たる苦痛を経験しているものと見える。これは被告人に不利な情状である。**（…）被告人を懲役二年に処する。ただし本判決確定日から三年間はこの刑の執行を猶予する。（二〇一九年一一月一四日宣告、水原《スウォン》地方裁判所２０１９コハプ４６０：強かん）

　被告人が同じ学校の学生として初対面の被害者と相席して飲酒後、泥酔した被害者をモーテルに連れていき類似強かんをしたことという罪質がよくない点、**被害者がこの事件の犯行によって相当たる身体的・精神的苦痛を受け、学業を中断し、外傷後ストレス障害によって精神科治療も受けた点、被害者の両親も相当たる精神的苦痛を受けた点、**それにもかかわらず被告人は捜査および原審の公判過程で被害者が自分の性的接触に積極的に応じたという趣旨の弁明をし、被害者に二次的な被害を与えもした点などは**被告人に不利な事情である。**（…）原審判決を破棄する。被告人に対する

刑を懲役一年六カ月、執行猶予二年。（二〇二〇年一月二三日宣告、水原高等裁判所2019ノ263：準類似強かん）

これによって**被害者に治療日数未詳の外傷後ストレス障害などの障害を負わせた。**（…）**被害者がこの事件当日からD病院で精神的ストレスに対する治療を受けはじめて以降、約四カ月が過ぎた時点においても、依然としてこの事件によるストレス障害を訴えて数カ月間の精神科治療を受けてきた経緯およびその治療内容、被害者が持続的に訴えている症状などを総合すれば、被害者が体験している精神的ストレスは生理的機能に障害をもたらすほどになっていると見ることが妥当であり、**これと異なって被害者が体験した精神的苦痛が一般的に犯罪被害者が一時的に受けるストレスに過ぎないだとか、性暴力犯罪を受けたあらゆる被害者が必然的に体験する症状水準にとどまるだとか、きわめて軽微なものであり、かならずしも治療する必要がなく自然に治癒され日常生活をするさいになんら支障がないだとかと見ることはできない。**それゆえ被害者が受けた精神的ストレスは強かん致傷罪において述べる「傷害」に該当する。**さらには、たとえ精神科的症状が患者の素質や性格など個人的な特性と密接に関連して発生する疾患だという点を考慮し、すでに認定したように被害者が**この事件以前にアルコール依存症症状または夫との不和を原因にしたうつ病を病んできたと言えども、被害者がこれによって日常生活に苦しみをもたらしたり精神科診療を受けた事実まではなく、**この事件以降に被害者が診断された「外傷後ストレス障害」とは診断名自体が（…）。被告人を懲役二年六カ月に処する。ただし、本判決確定日から三年間はこの刑の執行を猶予する。（二〇一九

年五月二日宣告、済州《チェジュ》地方裁判所2018コハプ178：強かん致傷〉

ここに提示した〈2019コハプ460判決〉と〈2019ノ263判決〉は、被害者が被害以降に精神的苦痛と外傷後ストレス障害などで精神科治療も受けている点などを被告人に不利な情状と見なし、量刑に反映している。〈2018コハプ178判決〉の場合、被告人はカラオケで被害者とともに飲酒をしている時に、いきなり暴言を吐いて強かんをしたのだが、裁判官はこの事件で物理的な暴行がともないはしなかったが「被害者が受けた精神的ストレスは強かん致傷罪において述べる「傷害」に該当する」と述べ、強かん致傷罪での有罪を宣告している。このように、裁判過程で被害以降の被害者の精神科診療が被害の真正性を証明し、被告人に不利な証拠になり、時には加害者がさらに重い処罰を受ける資料としても使われるということは、被害者たちと被害者の弁護士たちがより積極的に診断書を提出しようとする動機になる。

性暴力の法的解決過程で精神科的苦痛が被害者であることを認められる道具として活用される状況における問題は、被害者が病理的治療の必要な存在として再現され、被害者の主体性や被害以降のさまざまな対処過程とそのなかで提起されなければならない権利侵害の問題が隠蔽されることにある。そして外傷後ストレス障害のような診断名は、性暴力が発生する背景と文脈、その経験がそれぞれ異なって意味化される理由、事件の解決と回復をめぐって提起されなければならないさまざまな社会構造的な問題やさまざまな政治的な言語を縮小する。もちろん性暴力被害者たちが特定の時期と背景において精神科や心理学の専門医の助けを必要とすることはあるし、性暴力被害は苦痛をともなうものだ。しかし被害経験の意味は苦痛の言語のみで単一化できるようなものではないにもかかわらず、諸判例はこれを特定の像として規定し、それをもとに被害の真正性を判断したり量刑に反映したりするやり方で活用しているのだ。

したがって被害者たちは精神的な被害を法的に証明してもらうために、より大きな苦痛とより大きな脆弱さを顕在化された形態にしなければならないという圧迫を受けることになり、時には苦痛は学習されたり、遂行されたりしながら構成され、被害を認めてもらうために、再び自らを被害者化することになるのだ。

✣正解が決められた被害者感情

インタビュイーたちは、捜査・裁判過程で被害者に付与された特定の像に合わせるために自分の感情を管理または調節したり、時には隠したりしなければならなかった。

ジョンヒ(被害者)　じっさいそうじゃないですか。いくら苦しい人だとしてもずっと苦しそうに見えるわけじゃなくて、平気に見えたり苦しそうに見えたりする時があるのと同じように、被害を受けた人も同じですよね。被害を受けたことが急に襲いかかってくる時もあるし忘れる時もありますが、いつも考えていたら死にますよ。でも検察の事情聴取の時にはいつも(苦しみを)引きださないと向こう側で信じてもらえないから泣かないといけないんです。検察、警察の事情聴取の時に泣かなければ、なんでかなって目で見られるんですよ。そんななかで質問がだんだん強くなるんです。それがわたしがわかったことのうちの一つです。ああ、事情聴取の時に被害者は泣かないといけないんだな、ということです。わたしはわたしが出会った被害者たちが警察の事情聴取をまだ受けていない場合、泣けって言うんですよ。泣きたくなくても泣けって。でも率直に言えば、それになんの意味があるでしょうか。その人はずっと苦しいのに、警察署で泣いたからちゃんとした事情聴取にもならずに、わたしが思うにある種のショーみたいです。司法部でこんなショーをしないといけないっていうのが〔?〕(…)最終的には泣きましたよ。怒りがずっと湧きでてきます。警察に怒りが湧きでてくるんですが、表に出せないから泣いてしまえって、こんなことを考える時があります。そうすれば涙が出るんですが、そうしなければ泣かないままに終わるじゃないですか？　そうなれば家に帰ってきて泣きつづけることになります。アイロニーなのは泣きたくなくて泣かなかったのに家に帰って涙が出ることです。

スミン(被害者)　(会社が)MeTooを自分たちも支持するというふうに話をするために支持する立場の記事を出しはじめました。わたしも会社でこんなことがあったと○○たちが話をするんですよ。加害者を明らかにせずに。被害者たちだけ出てきてそんなふうにするので一種の見せしめふうにですよ。そんなことをしていたんですが、問題は記事を出した人の一人がレポートをしながらこんな事案があれば自分たちにも投書してほしいと言ったことです。その人が○○なんですが、問題はその人はわたしの事案を知っている人です。解決できないことはわかります。だからいま、これはなにをしているザマなのかと思って、わたしがその時の事件を最初から最後まで全部実名で書いたんですよ。(…)(暴露した理由は)〇〇〇がけしからなかったからなんですが、怒りに近かったんです。裁判ではこの話をするのはダメなんですよ。裁判ではほかの被害者が出たらダメで、正義具現のために抗ったとだけ言わなければならないと、(弁護士が)怒りにまかせてやったと言うなと、会社の態度が気に入らなくてやったという方向に理解されてはならないと言うんですよ。〔二度と〕ほかの被害者が生じるのはダメだという清い心。そんなのをいつも話さなければなりません。

被害者ジョンヒは加害者に対する告訴が嫌疑なし処分を受け、検事から虚偽告訴で起訴されたのだが、虚偽告訴の事情聴取過程で被害者がいつも苦しんでいるわけではなく被害の苦しさを「忘れる時」もあるが、検察の事情聴取の時は「いつも(苦しみを)引きださないと向こう側で信じてもらえないから泣かないといけないんです。検察、警察の事情聴取の時に泣かなければ」ならなかったと語る。じっさいに事情聴取を受ける時に泣けば事情聴取がうまく進まないので、泣かなければならない状況はジョンヒにとって司法部に対する「ショー」をすることとして認識される。だからジョンヒはこのようなショーをするようにさせる警察に怒りが湧いてきて泣いてしまうこともあり、その時に泣かなければこのような感情の圧迫で最終的にけっきょく泣くことになるという「アイロニーな」状況を経験した。このように、捜査過程でのジョンヒの感情は、いつも憂鬱で悲しく、本当に虚偽告訴をしたわけではないがゆえに悔しいというような感情状態へ調節され、維持されなければならなかった。

そしてスミンは職場内のセクハラを告訴したが取りさげ、数年後にMeToo運動が起こったさい、自分の事件を知っている会社の人たちのMeTooを支持するというわべを繕う行動を見て、「実名で」自分の被害事実をSNSで公にした。スミンは「けしからない」思い、「怒り」に近い感情で被害を暴露したが、弁護士から裁判では「正義具現のために抗ったとだけ言わなければ」ならず、「怒りにまかせてやった」と言ってはならないと注意されたという。法的な過程で被害者の感情は決められた答えがあり、それに反する感情をもってはならないのだ。もちろん名誉毀損罪の違法性が阻却されるためには、公共の利益の可否を判断しなければならないがゆえに、[23] 怒りにまかせて暴露したということは不利になりうる。それゆえ弁護士は現実的な忠告をしたとも言えるが、この過程で被害者が感じる正当な怒りの感情は表にだしてはならない危険なものになってしまうのだ。

このように捜査・裁判の過程で、被害者であるインタビュイーの感情は、特定の期待に合わせなければならず、その期待からずれると自分に不利になるということを学習するがゆえに、次の諸事例のように際限なく矛盾的な状況に置かれることになる。

ユジン（弁護士）　これがアイロニーなのは、そうなれば女性は弱い存在だということをこちら側で強調するしかないわけなんですが、最近のトレンドではそれを強調しにくくて（…）女性は強い存在だとみんな言うじゃないですか。ほんとにアイロニーなんです。わたしもそう考えますよ。性犯罪では、ともかく加害者と女性の力の差が確実に存在すると考えますが、その力を女性が制御することができない、これには物理的な力もありますが地位とかいろいろな状況の関係でそれに対応することができなかった。そして多少は表現をしたけども、それが拒絶の消極的な意思表現だったんですが、そんなふうにいけば女性が弱い存在になるわけで。安熙正《アンヒジョン》事件も同じですよ。わたしたちがそのように主張をしたらお前はいつも強くて賢くて目立つ女性だったじゃないか、と〔言われるんです〕。社会的な視線もかなりアイロニーなものですよ。

ウンジュ（弁護士）　わたしがかつて見たその方はしゃべるのもうまくて、とても好戦的でした。もともとかなり弱い方なんですが、ともかく被害者で、あの人（加害者）はあんなふうにやるんだから自分は本当に強く堂々とやらないといけないと思って、下級審で証言をする時は胸を張って堂々としゃべったんですよ。向こう側の弁護士と言いあらそいもしましたよ。控訴審で無罪判決が出たあと、わたしに相談しにきて話したんですが、判決文を見たら被害者のキャラクターに関連した話がけっきょくは陳述の信憑性に関するものなんですよ。被害者は自己主張が確固としていて、自分の意思を話すことができる人なのにもかかわらず、当時は抵抗もできず暴力的状況にもきちんと対応できなかったということが、異質的に見えたのでしょう。むしろこの人の陳述が信憑性が劣ると考えたんでしょう。そんな誤解が生じうるから、むしろその判断する人びとが日々思っているであろう通念に合わせる行動をしなければならないんですよ。それが被害を認めてもらえる戦略でありやり方だからです。だからとてもしゃべるのがうまかったり、とても堂々としていたりする方たちは、むしろ心配になります。（…）負けたくないという思いで強くしゃべるんですが、それがむしろ不利に作用したんですよ。

弁護士ユジンは司法の過程で依然として「女性は弱い存在」ということを強調するしかないが、最近は「女性は強い存在」というイメージが強くなっており、被害者に対する認識が混乱をきたしている点を指摘する。性暴力の状況において、物理的・身体的な力のみならず、さまざまな社会的地位などによって被害者は「拒絶の消極的な意思表現」をするしかないが、そのように消極的に表現すれば「弱い存在」になってしまい、そうなれば捜査・裁判の過程で「強くて賢くて目立つ女性だったじゃないか」と反駁されるということだ。このような現象と関連し、弁護士ウンジュが支援した事件の一事例で被害者は「もともとかなり弱い方」であったが、裁判では「強く堂々とやらないといけないと思って」、「胸を張って堂々と」証言したという。しかし法廷では「自己主張が確固」と見えるのに被害当時には「きちんと対応できなかった」ということが「異質的に」見え、けっきょくは陳述の信憑性を下げ、控訴審では加害者に無罪判決が出たという。このような経験をしたあとに、ウンジュは被害者が「とてもしゃべるのがうまかったり、とても堂々と」していたりすれば心配になるのであるが、「通念に合わせる行動」をすることが「被害を認めてもらう戦略でありやり方」であり、負けたくない被害者の堂々とした行動は、法廷ではむしろ不利に作用すると評価する。

ウンジュは、被害者が弱い姿を見せなければならないのは既存の通念に合わせる戦略だと説明しているが、その事例は法的空間で被害者が処された矛盾した状況を示している。二〇代であった被害者が考える法的告訴は自分の権利を客観的に主張することであり、それゆえ本来の性格と異なって、堂々と証言するために努力したものと思われる。しかし裁判所は加害者の行為よりも被害者の陳述の信憑性に焦点を合わせ、弱いがゆえに被害を受けたはずなのに堂々と証言する被害者の姿を疑わしい行動としてとらえたのだ。つまり被害者たちは自らを法的主体として認識し、それに合った言動をするために努力するが、裁判所は被害状況で被害者が処するしかなかった無力さと法的空間の主体としての被害者の姿が共存できることを認められないでいるのだ。これは先に検討したように、主体的な女性は被害者になることができないと考える認識を反映しているものに見える。

したがって、本当に弱いからではなく陳述の信憑性を疑われないために弱い女性のように見せなければならないだとか、法的に認められる感情を選別的にとらなければならないだとかの諸矛盾は、社会的弱者としての女性と、権利の主体としての女性を両立不可能なものとして位置づける。このように法的空間で、いわゆる被害者らしさを拒否する被害者たちの主体性が無視されることをもって現れる諸矛盾によって、被害者は再被害者化されもするのだ。

❖コントロール困難な金銭的補償過程

性暴力被害者たちは、法的解決の過程で意図していなかったいくつもの訴訟が続くことによって、各種の訴訟費用、キャリアの断絶による生計維持の困難、治療費用などが発生することもある。したがってこれに対する経済的補償[24]は重要な争点の一つであるが、被害者はこの過程をコントロールすることが難しい。被害者たちは個人的な刑事合意[25]〔示談〕を超えて、司法手続きのなかでの公式的な補償を重んじる場合が多いが、現在、民事・刑事上の性暴力被害者が加害者に金銭的な補償／賠償を受けることのできる制度および簡略な特徴は次のとおりである。

表7　性暴力被害に対する民事・刑事上補償／賠償制度(26)

類型	刑事			民事上 損害賠償請求
	刑事合意〔示談〕・供託	加害者損害賠償制度		
		賠償命令	刑事調停	
実行時期	捜査裁判中	加害者有罪判決後	起訴／不起訴の前	加害者有罪判決後
減刑可否	○	×	○	×
支給時期	即時	不履行時強制執行	即時	不履行時強制執行
金額	比較的高い	比較的低い	比較的低い	比較的低い

〈表7〉のように性暴力被害補償の各手続きと制度には長短所がある。刑事合意〔示談〕・供託と刑事調停は承認即時補償／賠償金を受けとることが多いが減刑の事由になる。その反面、賠償命令と民事上の損害賠償請求は減刑には直接的な影響を及ぼさないが、加害者が有罪判決を受けたあとに可能であり、支給できる経済的能力がなければ仮差押えなどの強制執行を命令するとはいえ、受けとることができないこともある。しかし他の手続きに比べて刑事合意〔示談〕・供託は相対的に高い金額が提示されるがゆえに金銭的補償を望む被害者には肯定的な側面がある。

ミンス（弁護士）　示談の最大の長所はお金をじっさいに受けとるということです。賠償命令や民事訴訟はいずれにせよ法でできる最善がお金を払えという判決を命じることまでで、お金をじっさいにもってきて渡すことはできません。それを一発で解決してくれるものは現在の法制度上では不可能なので、いくら強制執行が可能な判決を宣告したとしても、相手がやれるものならやってみろと出てくれば他の強制執行手続きを踏まなければなりません。だからお金をじっさいに受けとるという点が示談の最大の長所なんですが、それを強制することはできません。

ギョンヒ〔弁護士〕　もちろんこの過程で被害者の意思が一番重要だと思います。被害者が損害賠償を受けとることができるからです。現実的に加害者に経済的な力が全くなければ民事で判決文が出ても紙切れなんですよ。執行できるものがないし、今後も自分名義で財産をつくらなければ現実的にその判決の意味がないんです。でも刑事合意〔示談〕は速いし金額も高いんですよ。そしてすぐに受けとることができるということ。示談を望む被害者たちも明らかにいますよ。これはただ悪いことではないんです。もちろん問題になるのは示談を促したり加害水準に至るほどの脅迫があったりすることですが、そんな場合でなければ加害者も十分に自発的で任意的に行いたいというならば、示談は行われてしかるべきだと思います。被害者が被害を回復するさいに経済的なものを無視することはできませんから。なにをもって被害者を回復させられるでしょうか。原状回復が不可能なので、こんな文明国家で解決できるのは金銭賠償しかないんですよ。損害賠償は金銭賠償が原則です。原状回復が不可能だから。いまは示談金額も高くなりました。昨日面談した人は不法撮影の被害者なのですが、一回でした。もちろん性関係の映像ではありましたが、八〇〇〇万ウォン〔約八〇〇万円〕で示談しました。加害者が失うものが多かったのですが、かつては想像すらできなかった金額じゃないですか。一回性の不法撮影で損賠賠償をしたところで一〇〇〇万ウォン〔約一〇〇万円〕にもなりませんでしたよ。

弁護士ミンスは賠償命令や民事訴訟は「お金を払えという判決を命じることまで」であり、加害者がこれに対して不服ならば裁判所がお金を直接払うことはできないので「強制執行手続きを踏まなければならず、したがって示談は「お金をじっさいに受けとる」という「長所」があると語る。ギョンヒもまたその部分を強調しており、「加害者に経済的な力」がない場合、民事上の判決が出ても意味がないということだ。しかし「示談は速いし金額も高い」という点で、被害者が望むならば実益がある。とりわけ原状回復が困難な犯罪において損害賠償の原則は金銭的賠償であり、さらには最近、ギョンヒが支援した事例では、デジタル性暴力被害者が八〇〇〇万ウォンで示談した事例があり、このように示談の金額は高くなる傾向を見せている。

他方で賠償命令制度は裁判所が刑事事件または家庭保護事件〔配偶者など家庭構成員間のドメスティックバイオレンス事件〕裁判で有罪判決を宣告するさいに、被害者が申請する場合、加害者に対し、犯行によって発生した直接的な物的被害、治療費、慰謝料の賠償を命令する制度だ。[27] この制度は有罪判決と同時に、犯罪行為によって発生した直接的な物的被害および治療費損害の賠償を命じたり、被告人と被害者のあいだに示談された損害賠償額に関して賠償を命じたりするがゆえに、被害者が民事などほかの手続きによらず刑事裁判の手続きで簡便に賠償を受けることができる。賠償申請は民事訴訟での提訴と同一の効力があり、強制執行も可能であるが、裁判所が賠償申請を却下する場合はこれに対して不服を申したてることができない。[28] しかしこのような賠償命令制度は性暴力被害者たちに積極的に活用されてはいない。インタビュイーの弁護士たちが言及したとおり、裁判所の命令に応じなかったり加害者にそれに応じる財産がなかったりする場合には意味がないからだ。

右記のような賠償制度のうちでインタビュイーたちがしばしば言及したのが刑事調停制度だ。刑事調停制度は詐欺、横領、背任など財産犯罪事件と医療・名誉毀損、知的財産権侵害犯罪などの刑事事件に対し、検察庁に設置された刑事調停委員会で被害者と加害者の円満な示談によって紛争を調停し、実質的な被害回復と和解を試みる制度として二〇〇六年四月から試験的に実施され、二〇〇七年から全国すべての検察庁で実施しているものであるが、これは犯罪被害者保護法とその施行令に法的根拠をおいている。[29] 性暴力事件の調停依頼と調停成立の比率は比較的高く、二〇一一年基準で、過失致死傷事件が六六・七％で最も高く、その次に性暴力事件で六六・四％である。[30]

既存の示談は被告人の観点から被害回復のための努力の形態で評価されてきており、被害者の被害回復内容と結果は主要なものとして考慮されていなかったがゆえに限界があった。[31] したがって金銭的補償だけでなく被害者の選択権を高めうるさまざまな要求事項が貫徹されうる公的な制度の一環としての刑事調停制度は、示談の問題点を補完できるものとして期待される側面があった。しかし最近、刑事調停のじっさいの現場は、加害者から謝罪を受けたり、ほかの選択肢を高める過程であったりするよりは、次の事例のように示談金額を交渉する過程にもなる。

ギョンヒ（弁護士）　刑事調停は示談になる場合があります。まず被害者と加害者の出席が原則です。その過程自体がかなり違和があるものなのでわたしは出席しないでもいいよと〔被害者に〕言います。しなくてもいいんです。電話だけ取ってくれ、と。なぜなら現場で調停委員が電話で伝えれば「考えてみる」と答えればいいからです。調停に行く被害者たちのほとんどは満足するのが困難であり、むしろ調停に行って示談の意思が消える場合が多いんですが、それは調停委員たちのせいです。このおじいさんたちの性認知感受性というものについて言えば、(…)性認知と言うよりそもそも感受性自体がありません。来るやいなや、いくらほしいのかと取引をするんですよ。それで被害者としてはそんなのをしにきたわけじゃないじゃないですか。もちろんお金も重要ですが、自分があたかもお金を稼ごうとして告訴したみたいに扱われて、それがこの程度の金額なのかと聞いてくるんですよ。被害者の立場から見るとあきれてしまいますよね。わたしたち弁護士たちはそんなのをたくさん見ますから、じっさい調停に対する信頼がありません。そして検事の立場からは事件をふり払うことのできる合法的な手段になってしまったんですよ。そして加害者は認めればじっさいのところ簡単ですよね。認めて調停すればほとんどが嫌疑なしで処理してくれるからです。あるいは軽い罰金や(…)不起訴になって、事案的に不起訴が難しければ起訴猶予とか軽い略式罰金とか程度。全部が不起訴になるわけではありません。ともかく調停という合法的な手段で示談したという意味を与えるわけですが、その調停がじっさいのところ性犯罪には適していない手続きなんですよ。とても適しない[。](…)じゃあせめてお金がたくさんもらえるのかというとそうでもありません。わたしたちは全部やりません。わたしはたくさん断ります。(…)そして時々加害者と被害者が対面することになる場合もあります。

弁護士ギョンヒは被害者たちが「調停に行って示談の意思が消える場合が多」く、調停委員たちのほとんどは「感受性自体が」なく、「来るやいなや、いくらほしいのかと取引を」すると語る。被害者が「お金を稼ごうとして告訴したみたいに扱わ」れ、「それがこの程度の金額なのか」と被害の程度を判断するということだ。このような状況において刑事調停は「検事の立場からは事件をふり払うことのできる合法的な手段」になってしまっており、加害者にとっては嫌疑なしなどの軽い処罰を受けるがゆえに有利な場合が多いということだ。つまりギョンヒは刑事調停を通して被害者はお金もそれほど受けとることができず、調停過程で加害者と対面することもあり、さらには加害者が減刑まで受けるがゆえに、性犯罪には「適していない手続き」だと強調する。次のインタビューもまた、刑事調停に否定的な立場を表している。

ソナ（被害者）（検事から）示談するつもりはあるか、もう一度確認する、あるか、と連絡が来たんですよ。なぜならそんな機会を与えないといけないからでしょう。わたしはその時一度は心が揺れもしましたが、弁護士もそんな案内をしてくれたので。ともかくわたしが選択をしないといけなかったんです。なぜなら弁護士はどれを勧めるとは言えないからと、あまり説明してくれなかったんですよ。弁護士が確実に話をしてくれたらよかったんですが、あとで考えてみれば示談をして示談金を受けとるのがわたしにとってははるかに実利的でありうるのでそうされたんでしょう。ともかくそんな時ごとに悩みました。（…）それが最後の自尊心だったと思いますが、訴訟をする直前までやめようかと恐れながら長くかかった理由が、わたしが金をとろうとしているという、美人局《つつもたせ》論のせいでした。それが社会の下敷きになっているので「。」（…）お金もすでにたくさん使ったので示談金を受けとることもありえますが、まるめこまれてそんなふうに解釈されるのが嫌だし、そんな痕跡を残すとなると本当に耐えられそうになくて、すでに心理カウンセリングだとかなんだとかで自分のお金を使っていましたが〔。〕(…)もう一つは加害者に対する処罰が弱まるかもしれませんよね。検事がその質問をした時、そんな話をしたと思います。起訴猶予程度で終わるかもしれない、と〔。〕(…)民事も一緒にやるという選択をして本当によかったと思いました、時間が経つにつれてです。本当に刑事裁判はわたしがかけるものとすべてのものに比べてあまりにも虚無で、そのお金(加害者の罰金)がわたしにくるわけでもないのに、わたしは国家のために仕事をしてやって。

同業界内の先輩からセクハラ被害を受け、対策委をつくるなど共同体での解決を模索したが、加害者が教育履修勧告を履行しなかったのでけっきょくは告訴を決心したソナに対し、検事は捜査過程で何度も刑事調停の意思があるかを問うた。「示談金を受けとるのがわたしにとってはるかに実利的で」ありうると判断しつつも、けっきょく示談をしない理由は「最後の自尊心」であったという。もちろんその間に使ったお金を考えれば示談金を受けとるのは悪くはないが、美人局として「まるめこまれて」しまうのではないかと心配になり、さらには示談をすれば加害者の処罰が「起訴猶予程度で終わるかもしれない」という言葉を聞いたためだ。[32] ソナはけっきょく刑事調停を拒否し、加害者は略式起訴になり、罰金三〇〇万ウォン〔約三〇万円〕の刑を受けた。しかしその後に民事訴訟を行い、「刑事裁判はわたしがかけるものとすべてのものに比べてあまりにも虚無で、そのお金(加害者の罰金)がわたしにくるわけでもない」がゆえに、「民事を一緒にやってよかった」という評価を下す。ここでソナにとって刑事調停は、金銭的補償を受けるために加害者の法的処罰を放棄することと認識される反面で、刑事裁判の過程を最後までやったとしてもわずかな罰金刑に過ぎないが、有罪判決を受けたあとに再び提起した民事訴訟はそれよりかは少し正当なものとして認識されている。

しかし他方で、次のインタビュイーは性暴力被害に対する民事上の損害賠償に依然として存在する歪曲された通念を指摘する。

ジョンヒ〔被害者〕　性暴力被害者は明らかに金儲けのためにやったとみんな言うんです。わたしがそんな話を最初から聞いていたのでそんな言葉に敏感なのかもしれませんが、ほかの性暴力被害者もたとえば民事の損害賠償でお金を受けとることになるじゃないですか。そうすれば「ほら見てみろ、金のために告訴したんだ」という話が出てくるんですよ。でもじっさいそのお金って大金でもないんですよ。数百万ウォン〔約数十万円〕なんですよ。その数年間の傷を数百万ウォンでは治癒できませんよね。じっさいはマイナスなんですよ。それを知らないんですよ、みんな。ただ目の前にある数字だけにこだわって。ああ、八〇〇万ウォン〔約八〇万円〕のために？　六〇〇万ウォン〔約六〇万円〕のために？　みんなそんなふうに話すんですよ。わたしはこの視線を変えたいんです。

ジョンヒは加害者の虚偽告訴の逆告訴のみならず民事訴訟も進めていたのだが、その過程で性暴力の金銭的損害賠償に対する認識を経験する。すでにこの間の捜査・裁判の過程で「被害者は明らかに金儲けのためにやった」という言葉を聞いてきたジョンヒは、民事上の損害賠償でお金を受けとるとしても「金のために告訴したんだ」という声が出てくると語る。しかしそれほど「大金でも」なく、「数年間の傷を数百万ウォンでは治癒でき」ないにもかかわらず、みんな「数字だけにこだわる」のだ。

このように性暴力被害に対する金銭的補償の過程で、被害者は取引される被害金額、示談と減刑のあいだの葛藤、数字に換算される被害の程度、疑われる被害の真正性などのなかで、状況によって時には刑事裁判で、時には民事裁判でも金銭的補償/賠償の空間と意味をコントロールすることは困難であり、むしろこれによってまた別のやり方で被害者化される経験をしている。

刑事裁判手続きにおいて、被害者たちは被害回復のために加害者の過ちを認定してもらう「正義の経験」を要求する。これは刑事処罰や示談の過程にすべて適用され、示談の過程で加害者の真摯な反省と物質的賠償を要求することは正義の経験に対する被害者の諸要求である[33]。捜査・裁判過程で被害者たちのこのような正義に対する要求は、被害の認定のための自己正当化の諸要求でもあるが、法的手続きのなかで被害者はその要求の意味と履行過程をコントロールできなくなりながら、被害者の位置は揺るがされることになる。

ここまで検討してきたように、性暴力の法的解決過程で被害者たちは捜査・裁判過程では苦痛を立証するために苦痛の「行為遂行(performance)」をしたり、感情と行動を管理したりしなければならなかった。それとともに適切な金銭的補償/賠償も受けとり、その賠償が意味あるものとして構成されることを願ったが、その過程をコントロールすることは難しかった。そして裁判所は、被害状況で被害者が処するしかなかった無力さと、法的空間の主体としての被害者の姿が共存できるということを認めなかったのであり、これらのような過程のなかで被害者は自らを「再被害者化」することをもって、被害者の位置を守りぬかなければならなかったのだ。

第三節　逆転される被害者の位置性と法的従属化

✤逆告訴に抗する被害者の位置性

性暴力被害者は、被害後、事件の解決のための方法として個人的に謝罪を受けるために努力したり、組織内の申告手続きを行ったり、警察に告訴したり、時にはこれらすべてがうまくいかなければMeToo運動のような「speak out」、いわゆる暴露や公にするやりかたで問題を提起したりもする。しかし加害者はこの過程で、虚偽告訴や名誉毀損などの逆告訴を通して、被害者に対する周りの人びとの支持を防ぎ、被害者の対応を無力化したり報復の一環にしたりして活用している[34]。この時、逆告訴は虚偽告訴に対する男性中心的な疑いをもとにして法市場で企画される商品であるだけでなく、性暴力加害者になるかもしれないリスクを管理するための「自己－経営」方式の一つである。

そのなかでも性暴力名誉毀損の逆告訴は、加害事実を否認し、加害者にも人権があるのだということを喚起し、被害者の証言の信憑性を揺るがす効果をもたらしてきた[35]。これに加え、名誉毀損の逆告訴は、加害者が自分の社会的位置を維持するための評価管理の一環として活用されている。

ウンジョン(被害者)　牧師さまたちを集めて、あれ(被害者)が○○○だと。わたしと母と。○○○だと言うのが一番速く済むんですよ。そう言っておけばわたしたちは教会で孤立しますし、あいつらは異端だからこの教会と担任牧師を混乱させに来たんだ、と。あまりにも簡単にわたしたちを教会から追いだせるもっともいい方法じゃないですか。(…)あいつら(被害者)のせいで自分が被害を受けた、あいつらが自分を引きずりおろそうとしてそうしたんだ、目的があって来たんだ、そんなのをずっと主張するんですよ。最初も、その当日訪ねていった時も、これは自分がしっかり明らかにするんだ、と。どんな意図でどんな目的で来たのが自分で明らかにするんだ、と。

ボラ(被害者)(加害者が逆告訴した理由は)自分の加害事実を認めようとしないためですよ。わたしはそれを加害者の知人であり上司であった人に会って知りました。この人の態度がどんなものなのかをその時に把握したんですが、公開の謝罪をできないと言っているのでその理由を聞いたんですよ。そしたら公開の謝罪をすれば自分がやった事実を認めるザマになるから、知り合いたちに認めるザマになるからなんです。だからわたしはその時それをどうやって把握したのかというと、そいつが周りの人たちにわたしのことを前もっておかしな奴だと触れこんでいたのに、自分の加害事実を認めることになれば自分が嘘つきになるしかないじゃないですか。だからそれが嫌だったみたいです。個人的に会えば自分が悪かったと、その時の過ちを認めると言ったんですよ。個人的に会う場ではどんな謝罪でもする、でも公開の謝罪はできないと言うんですよ。知人たちからの社会的評判、自分が嘘つきだと言うことを認めるザマ、それを死んでもしたくなかったんでしょう。

ウンジョンは教会の担任牧師のセクハラに対し謝罪を受けようと、母とともに長老と牧師がいる場で謝罪を要求したが、母が名誉毀損で逆告訴を受けた。この時、ウンジョンの加害者は、被害者と母が

「異端」であるがゆえに自分を淫害する「意図」で性暴力をつくりだしたというように主張した。加害者は被害者と母を「担任牧師を混乱させ」ようとした存在として描きだし、この時、名誉毀損の逆告訴は、「異端」から教会を守るための牧師のイメージを構築するために活用されるのだ。

ボラは、加害者が自分に無数の逆告訴を行った理由は「加害事実を認めようとしない」行動であったと考える。「個人的に会う場ではどんな謝罪でもする」が、「公開の謝罪はできない」と言い、その理由は「知人たちからの社会的評判」ゆえであり「死んでもしたくない」ものと理解される。このように評判管理としての逆告訴は、それなりの社会的地位があった加害者たちにとって、自己経営の一部として実行・活用されており、被害者たちの被害経験を不法なものにしようとするかれらの逆告訴は、被害者に対する報復と委縮、口封じの効果をもたらすのだ。

チャニ（被害者）（既存の逆告訴の意味が）逆に告訴するとか加害者のくせにお前がなにを言ってるんだとかいう背景のものであったとすれば、わたしはそこにさらに加えて「いろいろな司法システムで痛めつけてやる」というような背景の意図までも含めて捉えるべきだと思いますし、とくにSNSが発達して暴露のあとにでてくる逆告訴のパターンは明らかに報復の意図があるんですよ。口封じをして、その次にすべてのものを断ってしまうんです。話の元を絶ってしまうという意図で行われているので、わたしはもっとそれを現すことのできる言葉が必要だと考えました。

インギョン（活動家）いったんとてもしんどい状況のなかで時間的にも個人的にもしなければな

らないものが多いです。一番の問題は委縮することですよね。そんな自分自身が怖いんですよ。そうならないように努力しますけれど委縮してしまいます。手続き上の書類みたいなものもきちんとしなきゃ、と考えながらです。こんなこともあるんですが（…）ほかの地域の某○○○は重要なセクハラ事件があって調査をしたんですが、これはじっさい条例の解釈的な問題があるんですが、わたしたちは被害者をサポートする側で解釈しようとするじゃないですか。でも無理をしない方向で解釈をすることが、この調査を妨害するんですよ。条例によれば調査範囲ではないというふうに言ってくるんですが、誰かが言うにはわたしのケースみたいに巻きこまれるんじゃないかと思って消極的になる行動だと解釈しているんですよ。

ウンジョン（被害者）（逆告訴をされたあとに）周りの人たちがわたしと言葉を交わすことをかなり負担に感じているみたいで、「〔話を交したら〕自分もなにかを理由にしてあんなふうに告訴されるんじゃないか？」と思ってるみたいでした。それでわたしたちについて喋ることもかなりぎきしゃくして（…）だから喋らなくなって。そんなふうに過ごしていると、結果が出るまで三、四カ月経つじゃないですか。こんなふうに時間が流れてしまって、みんなのあいだで忘れられて静かに埋没してしまう役割をすることになるみたいです。

ボラ（被害者）その時わたしは防御的な経験をかなりたくさんしました。周りの人がいきなり口を閉ざしたり、知らないふりをしたり、（…）かなりドロドロだから汚らわしい、というようなことまで聞こえてきたんですよ、わたしの事件があまりにもドロドロで汚らわしいという話を聞いた瞬間、わたしの事件がそんなふうに見えるんだって衝撃を受けたんです。加害者の意図にぴったりと当てはまったんだなあ、と。だから触れたくもない事件になったというフィードバックを何人かから聞いて、だからそれを根拠にわたしの周りが沈黙する意味を解釈して、わたしも防御的に行動するようになったんです。

強かんとストーキングで告訴した加害者から四年余りにわたり刑事名誉毀損、侮辱、強要、脅迫、偽証、虚偽告訴による逆告訴被害を受け、現在は個人的に被害者をサポートする活動をしているチャニは、加害者たちの逆告訴が報復性であることを強調するべきであると語り、最近ＳＮＳを通して事件を公にすることが増える状況のなかで、これに対する「逆告訴のパターンは明らかに報復の意図」があると強調する。加害者たちは逆告訴を通して被害者の「口封じ」をし、「話の元を絶ってしまう」やり方として「いろいろな司法システムで痛めつけてやる」という意志をもっているということだ。そして公共機関の事件処理担当者だという理由で加害者に民事訴訟を起こされたインギョンは、逆告訴を起こされるなかで「委縮」してしまう「自分自身が怖い」と訴える。またその事件によって、ほかの地域や類似した機関で「無理をしない方向」で解釈するがゆえにセクハラを判断しない現象が起こっていると語っており、このような連鎖反応はインギョンのように加害者の訴訟に「巻きこまれるんじゃないかと思って消極的になる行動」であると解釈している。

またウンジョンは周りの人も加害者に告訴されるかと怖気づいて消極的になったと語っており、加害者の逆告訴は「時間が流れてしまって、みんなのあいだで忘れられて静かに埋没してしまう役割」をしているという。とりわけボラは周りの人びとが自分の事件を「あまりにもドロドロで汚らわしい事件」と思って「沈黙」する状況を目撃したと語る。その過程で無差別的な逆告訴を行った「加害者の意図にぴったりと当てはまっ」たということに気づき、その後からは「防御的に行動」するようになったという。このように加害者の逆告訴は被害者の問題提起に対する一種の報復であり、被害者の周りの支持を途絶えさせ、被害者を徹底的に孤立させ委縮させる効果をもたらすのだ。

このような加害者の逆告訴は、被害者が前科者になるかもしれないという危険に露出させることで、加害者と被害者の位置が逆転することもある。

ジョンヒ(被害者) ひょっとして誰かが裏で介入したのかもしれないということまで考えました。でもわたしは単なる一般人なのに、もし誰かが介入しているならばどのようにして闘えるのかと考えて。この闘いで勝つことができないのが確実なら、けっきょくは有罪処理になって民事でもお金を払わなければならないだろうし、わたしは払うことができないし。よくない考え、希望が見えない考えをたくさんしたんですよ。

ウンジョン(被害者) 娘があんなふうに被害を受けたことにもとても怒りますし衝撃的でしたし、母だから当然心配になるし辛いじゃないですか。だからストレスも受けるんですが、そこに告訴という法的なことで呼ばれて、ひょっとしたら前科がつくかもしれないですし、そんなことで心理的圧迫とストレスを受けつづけるし、そんなふうにするから犯罪者扱いされるのもめちゃくちゃ気分が悪いじゃないですか、じっさい（…）無茶をやって法的問題にまでなっているし名誉毀損で前科記録が残るとなると、そんなのがいいわけないじゃないですか。

ボラ（被害者） むしろ加害者たちは逆告訴をはじめてから得意ぶるんですよ。戦況が完全に逆転したというか。被疑者と被害者の位置が変わるじゃないですか、逆告訴の過程そのものが。〔被害者が〕加害者の位置になるんですよ。そしてその後の処分結果についても加害者たちが歪曲して悪用する余地が広がるんですよ。じっさい告訴がはじまれば社会的な結果であれ法的な結果であれほとんど加害者たちに有利に解釈されて広まるんです。だから事実適示型の名誉毀損というのは、被害者にとって絶対的に不利なんです。じっさいに暴露するだとか、じっさいに職場内で提訴をするだとかだけでも名誉毀損で訴えられるじゃないですか。（…）そんな情報がたくさん共有されればされるほど被害者たちがさらにためらうようになるんですよ。（…）加害者たちが〔被害者に〕名誉毀損の告訴をするなかで態度がいきなり変わるんですよ。一方では刑事告訴をやりながら、自分は正々堂々としているからと名誉毀損の告訴をするということです。だから名誉毀損がじっさいのところ、ほんとに言葉どおりに、事実関係とは関係なしに、暴露者たちの被害事実の真偽とは関係なしに、たんに実名をあげたり、あるいは誰なのかがわかるような情報を入れてその人に対する書きこみをアップしたりした時には、全部名誉毀損に該当するんですよ。でもまるでこれを自分が正々堂々とできることの根拠として利用するために名誉毀損の告訴をするんです。

第二審まで虚偽告訴での有罪判決を受けたジョンヒは「有罪処理になって民事でもお金を払わなければならない」という状況を心配し、ウンジョンは自分のせいで母に「ひょっとしたら前科が」つき、「犯罪者扱い」されるのではないかと心配した。とりわけボラは「加害者たちは逆告訴をはじめてから得意」ぶるようになり態度が完全に変わったと語り、その時から「戦況が完全に逆転」するということだ。そして加害者と加害者側の法律事務所は「被害者の位置が」、「加害者の位置に」なることでもたらされる効果を「悪用する」であろうし、ほかの被害者たちも告訴することや公にすることを「ためらう」ようになると憂慮する。このような状況で捜査・裁判過程における被疑者・被告人になった被害者たちにとって、法はもはや頼れる場になるのは困難である。

ジョンヒ(被害者)　だけど対質尋問の時もおちついてしゃべらなければならないというのでそうしたんですが、セクハラ被害者らしくない、だから虚偽告訴をちょっと食らわないといけない「、と。」(…)そんなのを考えるのも辛いのに、どうしてわたしが証拠を収集できるでしょうか。わたしがそれほどまで徹底して証拠を集めることができたならばここまでくることもなかったでしょうが、わたしが仮にそんなに証拠を集めていれば検察や裁判官はおかしいぞって思ったでしょう。虚偽告訴するつもりだったんじゃないか、というふうに思うでしょう。どのリズムに合わせるべきなのかわかりません。証拠は全部収集するとはいえ被害者らしく収集するべきなのか、それがどんなものかもわからないし「。」(…)加害者側ではわたしから嘘が出てきたと虚偽告訴の証拠に使いもしたんですが、わたしが嘘発見器をしたのはそんなふうに使われるためじゃないのに。そんなのを見てると被害者が嘘発見器も使ってはならず、証拠も積極的に集めてはならず、被害者らしく探すべきだということなんでしょう。

ボラ（被害者）　いきなり今度はわたしが被疑者になるんじゃないですか。被害者ではなく被疑者になって被害事実を全部証明しなければならない事情聴取の過程が、わたしはこんな被害に遭って、という文章を書くしかなかったということですが、捜査官や裁判官や検事がずっとわたしに、あなたは被疑者身分なのだと、ずっと繰りかえし周知してきました。一言で言えばあなたはいまここに被害事実を話しにきたのではない、と。

ジョンヒは加害者に対する告訴が進んでいたさなかに、すぐ警察署に来いという連絡が来たので行ったところ、虚偽告訴の事情聴取を受けることになった。その後、捜査過程で「セクハラ被害者らしくない」と「虚偽告訴をちょっと食らわないといけない」という言葉を聞かされ、その時から虚偽告訴の事情聴取がはじまった。[36]「セクハラ被害者らしいこと」がなんなのかわからなかったジョンヒは、その後、証拠も「徹底して」収集してはならず、「被害者らしく収集」しなければならず、「被害者らしく探すべきだ」と考えるようになる。

ボラは名誉毀損などで逆告訴をされ、何度も警察署と裁判所を行き来し、自分はじっさいにどのような被害を受け、ＳＮＳに書きこんだ文章は虚偽ではなく事実であることを強調したが、捜査官たちは

「あなたは被疑者身分なのだと、ずっと繰りかえし周知」してきたと語る。名誉毀損の成立を判断するためには該当内容の事実の真偽を確認しなければならず、そのためには被害事実を話すしかないが、この過程で被害者は「被疑者身分」へと逆転し、被害を語ることのできる位置から排除されるのだ。

二〇二〇年の末、韓国ではじめて「韓国性犯罪虚偽告訴相談センター」が発足した。センター側は「ただ加害者と名指されただけでも一瞬で性犯罪者と決めつけられ、人生が奈落におちる無数の虚偽告訴被害者たちが一日に数名ずつ誕生している」とし、「現在も悔しくも性犯罪者と決めつけられて苦痛を受けている無数の虚偽告訴被害者たちのためにセンターを発足する」と明らかにした[37]。このような活動は、二〇一八年にMeToo運動が活発に進められている時、一部のオンライン男性コミュニティで「MeToo運動の結論は男性弱者を威嚇する「虚偽告訴で溢れかえった世界」」だと主張し、虚偽告訴罪の処罰強化請願とペンスルール強化[38]を主張してきた論理と軌を一にするものだ[39]。そしてかれらは「コムタン〔牛スープ〕屋セクハラ事件[40]」のような特定の性暴力事件で有罪判決の不当さを言説化しており、これを通してジェンダー権力関係を無力化し、むしろ自分の活動を弱者を救う正義の男性性として構築しようとした[41]。このように、性暴力虚偽告訴と逆差別言説は、社会的に逆告訴に対する加害者の正当性を付与する役割をしている。

これまで数年間に本格化された韓国のMeToo運動から見てとれるように、権力関係において被害者の位置、告訴することが難しい被害類型と関係などによって、これまで解決できなかった事件が臨界値を超えて累積しており、被害者たちはかつての自分の被害原因を分析し、変化したメディア、オンライン環境を背景にMeToo運動を実践した[42]。しかし法の限界が現れるまさにその地点において、加害者たちがむしろ「被害者処罰[43]」を行い、最上の攻撃戦略を活用できる法的土台が準備されていたのだ。「起業家的自我[44]」として自分を経営しなければならない加害者たちにとって逆告訴は、評判を管理し、被害者の語りを中断させ、被害者を社会的支持のネットワークから孤立させるだけでなく、公的なやり方の報復を実行しながら被害者の立場を奪還する効果をもたらす。そして逆差別言説の強化と、正義を実現するのだという一部男性たちの活動から力を得て、最悪の場合「加害者は日常へ、被害者は監獄へ[45]」行くことになる逆説に直面することにもなるのだ。

❖長期化する訴訟と従属される法的過程

性暴力事件の司法的解決過程が逆告訴の形態で続いたり、被害者と加害者だけでなく周りの人びとと組織／共同体まで絡んで長期化されたりする時、被害者の位置は挑戦を受けつづけるがゆえに、被害者は司法処理過程に埋没されもする。

ヘジン（活動家）〔被害者と〕相談していると、被害者たちのなかで自分が悪いのではなくて加害者が悪かったということを法的に認めてもらいたいという意味で法的対応をする方がたくさんいますが、とりわけ周りの人に自分の被害事実を支持してもらえなかったり、認めてもらえなかったりする時に法的対応をすれば、その結果だけを気にして、それにしがみついてしまう場合もあるみたいです。だから法的にはとても難しく、もっと言えばすでに不起訴処分になって抗告過程にあるのに、じっさいのところ抗告もかなり可能性が低いので、そんな困難な状況で、これがダメなら死にたい、これがダメならもうだめだ、法的に認められなければならない、というふうに、あまりにもその結果に埋没している被害者も多いと思います。

活動家ヘジンは、被害者の周りの人びとが被害を認めない時に法的対応をすれば、被害者が「結果だけを気にして、それにしがみついてしまう場合」があると語る。法的に勝つことが難しい状況であるにもかかわらず、「これがダメなら死にたい」と、「結果に埋没している」被害者たちによく会うというのだ。しかし一部の被害者たちが法的結果に埋没せざるをえないのには、さまざまな文脈が存在する。

スミン(被害者)　あれこれの言い訳を持ってきて出席を先延ばしにし、じっさいはその期間にわたしに告訴を取りさげろという工作をしてきたんです。職員たちが、わたしと親しい人たちを利用して告訴をちょっと取りさげてくれと圧力を加えてきたんですよ。(…)のちには加害者本人が出てきて、自分が悪かったというふうな話をしにきたんですよ。その時も直接的な謝罪ではないかたちで話しつづけるんですよ。心を閉ざしてしまった部分があれば慰めてやるよというような話だったんですが(…)そんなふうに謝罪をするようなそぶりの話で、回復するのを助けてやるというふうに話をしてきて。だからわたしが告訴して二週間後に告訴取りさげをしたんです。それはかなりつらかったんです。再び会社に通わないといけないのに、一つの空間にいながら誰が敵で誰が味方なのかもわからず、周りの人がサポートしてくれようと話しかけてくれる時ごとに、この人がわたしを助けようとしているのか、わたしから情報をとってどこかに報告しようとしているのか、区別ができないんですよ。その時、とても大変で、じっさい告訴を取りさげたくも思いました。(…)取りさげたんですが、その後に用事があって会ったんですが、その時、二時間ほどにわたって自分がしたあらゆる謝罪を一つひとつ細かく撤回してきたんです。(…)じぶんがあの時に告訴取りさげ直前にしゃべったすべての言葉を撤回してきたので、わたしはまた怒りが収まらなくなったんです。(…)告訴を取りさげた理由は、警察が嫌疑なしになる可能性があると言ったからです。それがとても怖かったんです。嫌疑なしになればわたしは被害を受けて狂いそうなのに、この人は証拠不十分だと、自分は法で認める嫌疑なしの人間だと触れまわることができるようになるのがとても怖かったんです。(…)これ、訴訟一つでは終わりませんでした。こんな事件があった時、一度の訴訟で全部を把握してくれたらいいんですが、わたしの場合だけでも、裁判になっているのが三~四件の時もありましたから。いま最高裁まで行っている事件の場合は裁判をすれば印紙代総括料というのがあるじゃないですか。最高裁なら四〇万ウォンなんですが、それが出せないんです。四〇万ウォンを政府で出してくれ、司法府で処理してくれ、そんな要請がまた訴訟で処理されるんですよ。

被害者スミンは、親告罪が廃止される前年の二〇一二年に職場の上司から強制醜行の被害を受けたあと、謝罪を要求したが受けいれられなかったので告訴をしたが、加害者をはじめとする職場の上司たちのいじめと告訴取りさげの圧力などで、けっきょく告訴を取りさげた経験がある。とりわけ警察を通して加害者が嫌疑なしの処分を受けるかもしれないと聞き、もし加害者が本当に嫌疑なしの処分を受ければ「自分は法で認める嫌疑なしの人間」と触れまわることができる状況になることが恐ろしくて告訴を取りさげたと語る。しかし加害者は被害者の告訴取りさげ後に「あらゆる謝罪を一つひとつ細かく撤回」した。そして二〇一八年、MeToo運動の時期に、スミンは当時の事件を隠蔽したり傍観したりした関係者たちがMeToo運動に対して関心をもつそぶりをするのを見て、SNSで加害者の実名を明示してその事件を公にした。これに対し、加害者から名誉毀損の逆告訴をされたが、嫌疑なしの処分を受け、会社は公にされた事件に対する監査をはじめたが、告訴が進んでいるとの理由で中断した。そしてけっきょく、加害者に対する社内懲戒は懲戒時効が過ぎたとし、注意処置程度で決着されたという。スミンはこの過程に不服を申したて、社内監査室に調査資料を要請したが、受けいれられず、これに対する行政訴訟と、その過程で発生する裁判所相手の印紙代訴訟、加害者の名誉毀損に対する虚偽告訴の告訴、会社相手の民事訴訟を進め、一部は現在も進行中である。このように、一部の被害者たちがずっと訴訟をつづけざるをえない理由は、法的告訴を中断した時に加害者の態度が突然変化することをはじめとし、自分が嘘をついた人になりうることを経験したからである。

そのうえ、そのような被害者の闘いが加害者一名を超え、会社や組織と繋がっている時、事件は長期化することもある。

ミンジョン（活動家）　加害者たちは同僚の場合もありますがほとんどは上司たちじゃないですか。だから当然経済的な面とか他の条件で差がありますし、知っている社会的な知識や情報にも差があります。そんな状況で被害者が法的対応をすれば、経済的なものもそうですし、会社の人たちから受けるストレスも、めちゃくちゃ差があります。わたしたちが時々残念に思うのは、加害者たちは絶対会社で重要な仕事をする人たちです〔。〕（…）法的に見た時、わたしたちができるのは無料法律支援、活動家が傍らにいてあげて知っている情報を提供するくらいしかないんですが〔。〕（…）でもそれは一審で終わる話じゃないですよね。一度で終わるのなら借金をしてでもやりますが、一審、二審、最高裁、そのたびに弁護士費用も追加でかかりますし、民事までやればそのあいだには仕事もできませんし。一度まちがって足を踏みいれたら何年も実にならない時間を送ることになりますし、傷は傷のまま残り、現実世界に復帰することも簡単ではありません。そして対応するとしても、向こう側では見せつけでもするようにめちゃくちゃ大きな法律事務所で弁護士を雇って、弁護士名簿を見ればずらっと並んでるじゃないですか。これ一つで被害者は怖気づきますよ。

ジョンヒ（被害者）（一緒に働いていた人が）一度インタビューを受けてみろと言うんですよ。だからインタビューも受けたんですよ。そのお姉さん（ほかの被害者）と一緒に。で、その記事が出るとすぐに会社から電話がめちゃくちゃたくさん来たんです。なんてことをしてくれたんだ、と。だからわたしが勝ち目のない相手と闘うことになったなと思ったんです。これは単純なセクハラ被害者、加害者ではないんです。わたしがいま会社と闘っているのか、セクハラ加害者と闘っているのかよくわからないですし。あの男は依然として会社で仕事をしながら○○にも名前が出ていますし、わたしは社会生活もまともにできない状況ですから。率直に言ってこんなに毎日裁判を受けていなくちゃいけないのに、仕事がちゃんとできるわけがないんですよね。（…）しっかりやっていかなければばいけないことを全然できずに、ただ短期的にだけやるんですから、生活が全部壊れるんです。

活動家ミンジョンは、職場内性暴力の加害者たちは「ほとんど上司たち」であり、「当然経済的な面とか他の条件で差が」出るしかない状況で、被害者が告訴などの法的対応をすれば不利になる場合が多いと語る。とりわけ「加害者たちは絶対会社で重要な仕事をする人たち」であるがゆえに会社からサポートを受ける場合も多く、「一度まちがって足を踏みいれたら何年も実にならない時間を送ることになり」、「現実世界に復帰すること」も難しい場合が多いということだ。このような状況はさまざまなインタビューの経験からも見てとれるが、職場の上司を告訴して民事・刑事上の逆告訴をされたジョンヒは、周りの人の推薦で自分の事例をマスコミのインタビューでしゃべり、会社から「なんてことをしてくれたんだ」という電話がたくさん来たと語る。そのような経験のなかでジョンヒは「わたしが勝ち目のない相手と闘うことになったなと思った」。自分が「会社と闘っているのか、セクハラ加害者と闘っているのか」はっきりしない状況のなかで続く捜査・裁判の過程で「社会生活もまともにできない状況」になったということだ。ジョンヒが受けた虚偽告訴の逆告訴は、幸いなことに最高裁に至ってやっと「性醜行があったと思われる」と破棄差し戻しになり、民事でもまた勝訴したが、二〇一四年からはじまった告訴と逆告訴、そして民事上の訴訟が二〇二一年になってやっと一段落ついたのだ。

右の被害者たちはこのような長い訴訟の過程で職場生活と社会生活が困難になり、とりわけスミンは関連する業種で数百回履歴書を出したが、現在まで就職できておらず、おそらくその業界で自分が知られているからだと考えている。このように被害に対する問題提起が民事・刑事上の逆告訴として戻ってきて、会社や周りの人との訴訟や闘いにまで繋がっていく時、性暴力の法的処理の過程は被害者の生存自体を威嚇するようにもなる。

このように、加害者から謝罪されたり組織の変化をつくりたかったりした被害者たちは、主体的に個人的な謝罪要求、公にすること、組織内での申告、告訴に至るまでさまざまな方法を試みたが、けっきょくは願おうが願わまいが司法プロセスに編入することになる場合が多い。このような性暴力事件解決の司法化のなかで、被害者が選択できる場合の数は次第に狭まり、日常の空間を変えようとした問題提起は法的手続きと結果に執着することになり、言語を失いもする。こうなるにつれて法的空間において被害者たちは「被害と生計のあいだ」[46]で、認められることも、回復することも、解決することもできないまま、法的な処理過程に従属し、生存を威嚇されもするのだ。

ここまで検討してきたものは、性暴力の司法的処理の過程で被害者の責任論理が強化され、被害者として認められるための証明のやり方と過程、および逆告訴によって逆転する被害者の位置性と被害者が法的過程に従属する過程である。このなかでもとりわけ次のいくつかの点が反性暴力運動と言説に及ぼす影響を、さらに注意深く検討する必要がある。

第一に、性暴力の法的解決過程において被害者が自ら被害を予防し、対処し、性的自己決定権を行使しなければならないという新被害者論が強化されるなかで、性暴力をめぐる権力と構造の問題が脱ジェンダー化されている点である。ネオリベラリズム的な個人化言説に関する諸議論は、被害者になってはならない責任と加害者にならないための努力をリスク管理の領域へと移動させる過程を示している。ネオリベラリズムの統治秩序の下で、国家は個人化という形態を通して個人的主体が自己責任、自己啓発、自己組織、自己尊重の形態で主体化するように導いてきた[47]。この時、ネオリベラリズム的主体[48]としての女性は、性的快感を楽しむことのできる主体として再現され、セックスすら技術を鍛錬すべき自己管理領域として配置しており[49]、女性／個人は自己啓発言説のなかで実践的な性関係を構築するべきだという圧迫を感じる反面、社会的・構造的制約なしに無限の選択権を持ちうるというネオリベラリズム的価値のなかで結果に対する責任を与えられている[50]。ここで個人化された生存原理において、女性のジェンダー役割にしたがいグループ化してきた家父長制は妨害要因になったがゆえに、個人化はフェミニズム大衆化の物的基盤になりもしたが[51]、フェミニズムは前近代的秩序からの脱出を超えて成功というネオリベラリズム的概念と結合する側面がある[52]。

このように、フェミニズムの大衆化とともにMeToo運動などのように全世界的な反性暴力運動の流れのなかで、ネオリベラリズム的秩序を内面化した被害者は、競争社会においてもはや性暴力による不利益に我慢せず、申告と告訴のやり方で問題提起を開始した。そして告訴された加害者たちは、加害者中心的な知識と商品を購入することで、加害者になるかもしれないリスクを管理している。しかし司法の過程に入った被害者は、被害状況において主体性を発揮できなかった責任を追及される対象になっており、加害者に対する適切な処罰は作動していない。このような状況で、被害者は被害者として認めてもらうために法の要求を遂行する位置において、加害者は加害者にならないための方法を啓発する位置において、法市場で司法化された新しい主体化様式が構成されているのだ。

第二に、性暴力の法的な処理過程において被害者の苦痛が強調されることで被害者は病理的存在として再現されることを強要され、処理のやり方は個人化されるという点だ。被害の証明を精神科的・心理学的な診断名と診断の程度によって判断する認識と諸判例は、被害以降の司法手続きの過程で、または誤った判断結果によって、あるいは社会的に発生する追加的なさまざまな被害を削除する。この過程で被害者たちは苦痛を証明しなければならないという苦痛を経験することになり、被害者の治癒と回復は社会的連帯と闘争ではなく治療が必要な領域へと移動しているのだ。法的判断は同意、合意、権利、責任、治癒をめぐるフェミニズムの諸イシューを個人化された苦痛の言語へと遡及させ、このあいだでけっきょく被害者は自らを再被害者化することで被害者の位置を守りぬいている。しかし被害者というアイデンティティは被害の経験直後に実行されるのではなく、被害者が処されている条件によって異なる形で発現されるものであり、無数の状況が競合し葛藤する流動的なアイデンティティである。しかし単一の経験として性暴力被害者の苦痛や感情を強調することは、被害者内部の差異を無化する。そして被害者をダイナミックな主体ではなく、かならず苦しんでいなければならない、もっと言えば苦しんでいなければ「本物の」被害者ではないものとして見なし、被害者の苦痛をめぐる社会構造的な内容と政治的な意味を排除する効果をもたらすのだ。

他方で、先に検討したように、加害者の精神科治療は減刑の事由になっており、加害者は反省を証明する用途で、被害者は苦痛を証明する用途で、精神科の治療と診断を競争することになる。このような状況で性暴力の法的判断は被害者の権利に対する侵害ではなく、被害者の精神的苦痛の程度を反映しており、被害者の苦痛は被害を立証するための道具として活用されている。

イールズ（Illouz）は心理学者たちが健康と自我実現を同一視し、自我を実現できない人びとをケアと治療学が必要な人であると呼ぶことで、治療学は平凡な生を病理化したと批判したことがある。治療のナラティブにおいて自己啓発と苦痛のナラティブは分離することができず、とりわけ人権の領域の拡張、製薬会社・保険会社・国家の介入の拡大などは被害者ナラティブに大きな影響力を行使し、感情は商品化されたということだ。この過程で、欠乏、セックス、恐怖、怒り、不安などは階級と関係ない民主的な疾病として大衆化され、苦痛とトラウマを特権化し、精神の治癒は栄えている産業になったと主張する[53]。現代社会において療法(therapeutic)は、疾病と治療の修辞学を中心に、精神分析学の姿を通して人間性の病理と闘う手段として自我の省察的企画と関連した一つの専門家体系である[54]。そして次第に個人の直感と洞察は専門知識によって弱められ、専門家への依存度を高めながら、脆弱な主体が啓発され、他者との依存的関係は敵対化される[55]。ここで感情は管理するべき領域になり、個人化が進めば進むほど感情に従属することになる[56]。このような背景において、被害者が苦痛を立証しなければ被害事実が認められなかったり、性暴力加害を治療の問題として接近し、これを減刑の道具と見なす司法的判断と、被害者の陳述を信じることができない司法的不信、被害者たちに診断名をつくりだすことのできる治療産業の利害は共鳴したりし、この時被害者の経験は他者化され個人化される。そしてこのあいだで被害者は法市場に適合した被害者の姿を遂行することになる。けっきょく被害者の苦痛をめぐる文脈と意味は議論の対象になりえず、加害者の位置が脱犯罪化されるという逆説が発生するのだ。

第三に、被害者に対する逆告訴とその対応などによって、性暴力事件解決の過程と意味は際限なく法的領域のなかへと召喚されている点である。性暴力加害者は問題提起を受けたあとに、ネオリベラリズムの統治プログラムの結果として、自らを啓発する「起業家的自我」へと移動していくのであるが、法的主体としての加害者は、逆告訴とさまざまな法律商品の購入を通してリスクを管理することをもって加害者の位置を離脱している。この時、性暴力逆告訴の現場での公にすることなどを通した個人的・共同体的な事件の解決のための被害者のさまざまな政治的行動は、不法的なものとして想定されていき、空間と言語を奪われ、女性暴力に対する公共性の意味は法の名で処罰されている。いまや性暴力の法的対応は、単純に正義や承認の問題を超え、新しい意味化が必要なのだ。

ここまで検討してきたように、積極的に被害を知らせ問題提起をする被害者たちが登場しているが、性暴力被害者に対する法的権利は、社会的に保証しなければならないことから個人的に行使されるべきことへと移動し、被害者の苦痛は医療化された領域へと転置されていき、ネオリベラリズム的価値を内面化した主体として被害者と加害者が競争しなければならないものへと個人化されている。つまり性暴力が社会構造的な問題ではなく、同等な位置にいる諸個人の利益争いとして理解され、法市場のなかへと遡及され、性暴力事件の解決は危険管理の個人化を推しすすめているのだ。したがって性暴力の法的解決過程は、被害者の治癒を産業化し、加害者の報復性逆告訴を容認し、法律事務所の役割を強化するやり方で脱政治化[57]されていることを、注意深く検討しなければならないのだ。

注

(1) 性暴力特別法制定は、一九九二年に国連の女性の地位委員会で採択された「あらゆる形態の女性に対する暴力追放」決議案や、その前年から活動していた女性運動諸団体の立法運動、そして当時の国会議員選挙という局面のなかで加速化され、四カ月で民主自由党、民主党、国民党、韓国女性団体連合(女連)の四種の案が国会に提出された。この時、性暴力特別法において扱う性暴力の概念について、民主自由党案は一般的定義なしに性暴力犯罪の種類のみを羅列し、民主党案は「人の性的自己決定権の侵害または危害を加える行為」と規定し、女連案は「性的自己決定権の侵害」と明示した。イ・サンドク「性暴力特別法立法過程に対する分析的研究」中央大学社会福祉学科修士論文(未刊行)、一九九七、四二－五頁。

(2) クォンキム・ヒョンヨン「「二次加害」と「被害者中心主義」概念について」『共同体内性暴力に直面し、生きなおすやり方——共生の条件を悩むまで』討論会資料集、韓国女性民友会、二〇一七、五六頁。

(3) チャン・ダヘ「刑法上性暴力法体系の改善方向——性的自己決定権の意味構成を中心に」『女性学論集』三五巻二号、二〇一八、四三－四頁。

(4) パク・スヒョン、チョ・ジョンミン「性犯罪の保護法益としての性的自己決定権の実務上現況と課題」『性暴力裁判、ともにふりかえる——保護法益、裁判実務、市民社会の視線から資料集』裁判所ジェンダー法研究会・裁判をふたたびふりかえりチーム、二〇二〇。

(5) 韓国性暴力相談所によれば、二〇二〇年全体の性暴力相談七一五件のうち、被害者の性別は女性が六六九件(九三・六%)、男性は四三件(六・一%)と現れており、加害者の性別では男性が六六六件(九三・一%)、女性が一七件(二・四%)と現れた。また検察庁の犯罪分析によれば、二〇二〇年の性暴力被害者三万一〇五人のうち女性は二万六六八五人(八八・六%)、男性は一九七二人(六・五%)であり、犯罪者三万一九六二人のうち男性は三万六〇三人(九五・七%)、女性は一二一七人(三・八%)と現れた。韓国性暴力相談所『二〇二〇年韓国性暴力相談所相談統計分析』韓国性暴力相談所、二〇二一。検察庁『二〇二〇犯罪分析』検察庁、二〇二一。これは性暴力相談所に相談を要請する事件と警察に告訴・告発される事件において、被害者、加害者の性比に大きな差がないことを示しているが、性暴力は依然として特定の性別が特定の性別に加えるジェンダー化された犯罪であることがわかる。

(6) ホ・ラグム「ヘイトスピーチ、その抑圧の二つの顔——文化帝国主義と暴力」『文化と融合』四〇巻四号、二〇一八、八三頁。

(7) チョン・ヘジョン「司法判断と政治フレーム」『梨花ジェンダー法学』一〇巻三号、二〇一八、一九一－二三五頁。

(8) チョン・ヒジン「日常の革命、#MeTooの政治学」、チョン・ヒジン編著『MeTooの政治学』教養人、二〇一九、二三頁〔金李イスル訳「日常の革命、#MeTooの政治学」『#MeTooの政治学——コリア・フェミニズムの最前線』大月書店、二〇二一、二二頁〕。

(9) Karin Van Marle, "The politics of consent, friendship and sovereignty", Hunter, Rosemary & Cowan, Sharon edited, *Choice and Consent: Feminist engagements with law and subjectivity*, London: Routledge-Cavendish, 2007.

(10) Sarah Croskery-Hewitt, "Rethingking Sexual Consent: Voluntary Intoxication and Affirmative Consent to Sex", *Ner Zealand Universities Law Review*, 2015;26(3):614-642.

(11) アマルティア・セン (Amartya Sen) は既存の所得中心の経済的平等の観点に問題提起をしながら、所得中心の発展の議論を超え、基本的なケイパビリティの剝奪を中心に思考することで、人間の生と自由の貧困を幅広く理解できると主張している。センによれば、ある個人のケイパビリティは達成できる諸機能のさまざまな組み合わせのことを指し、ケイパビリティは一種の自由として、さまざまな機能の組み合わせを達成できる実質的な自由のことである。センは持続的に剝奪されている人びとの欠乏は効用の尺度では確認するのが困難なので、かれらが沈黙するという事実に注目するだけでなく、自分が営みたい生がなんであるか判断する真の機会を与えることのできる条件をつくりだすことが重要だと主張したことがある。アマルティア・セン、キム・ウォンギ訳『自由としての発展』ガラパゴス、二〇一三〔石塚雅彦訳『自由と経済開発』日本経済新聞社、二〇〇〇〕。マーサ・ヌスバウム (Martha Nussbaum) はこれを拡張し、一〇の核心的ケイパビリティの目録（生命、身体健康、身体保全、感覚／想像／思考、感情、実践理性、関係、人間以外の種、遊び、環境統制）を提案し、これを政治的根本権利と憲法の土台に据える。マーサ・ヌスバウム、ハン・サンヨン訳『ケイパビリティの創造』トルベゲ、二〇一五〔*Creating Capabilities: The Human Development Approach*, Belknap Press, 2011〕。

(12) アマルティア・セン、イ・ギュウォン訳『正義のアイデア』知識の翼、二〇一九〔池本幸生訳『正義のアイデア』明石書店、二〇一一〕。

(13) キム・ヘジョン「MeToo運動以降、言説戦略の闘争と反性暴力運動の課題――「安熙正《アン・ヒジョン》事件」の裁判過程を中心に」『フェミニズム研究』一九巻二号、二〇一九、一二九頁。

(14) 「安熙正を通して朴元淳《パク・ウォンスン》事件を読むこと――『キム・ジウンです』」『週刊朝鮮』二〇二〇年八月一七日（オンライン参照）。

(15) ウルリッヒ・ベック、パク・ミエ、イ・ジヌ訳『グローバル危険社会』キル、二〇一〇、二三頁〔*Weltrisikogesellschaft*, Suhrkamp, 2007〕。

(16) 酒井隆史、オ・ハナ訳『統治性と「自由」――ネオリベラリズム権力の系譜学』グリンビ、二〇一一〔『自由論――現在性の系譜学』青土社、二〇〇一の韓国語版。『完全版　自由論――現在性の系譜学』河出文庫、二〇一九に韓国語版序文が収録されている〕。

(17) ロベール・カステル、シム・ソンボ他訳「危険さからリスクへ」、コリン・ゴードン他編『フーコー効果――統治性に関する研究』ナンジャン、二〇一四〔Graham Burchell, Colin Gordon, Peter Miller eds., *The Foucault Effect : Studies in Governmentality*, The University of Chicago Press, 1991〕。

(18) ロイック・ヴァカン、リュ・ジェファ訳『貧しさを厳罰する』時事ＩＮブック、二〇一〇〔森千香子、菊池恵介訳『貧困という監獄――グローバル化と刑罰国家の到来』新曜社、二〇〇八〕。

(19) Lisa Gotell, "Rethinking Affirmative Consent in Canadian Sexual Assault Law: Neoliberal Sexual Subjects

and Risky Women", *Akron Law Review*, 2008;41(4):864-898.; Lisa Gotell, "Canadian sexual assault law: Neoliberalism and the erosion of feminist-inspired law reforms", Clare McGlynn, Vanessa E. Munro eds., *Rethinking Rape Law International and Comparative Perspectives*, Routledge, 2010.

(20) Rebecca Stringer, *Knowing Victims: Feminism, agency and victim politics in neoliberal times*, Routledge, 2014.

(21) チュ・ジヒョン「性暴力を厳罰する」『韓国女性学』三〇巻三号、二〇一四、四五‐八四頁。

(22) これまでの研究は、性暴力被害後に、法・制度的な解決方式を選択した被害者たちが、その過程で二次被害を経験しており、担当者たちの偏見が被害者に及ぼす諸影響について問題提起をしてきた。そして捜査・裁判過程で被害者たちは被害を認めてもらうために被害者の役割(role)に悩みながら「戦略的に被害者化する」過程を歩みもし、その過程において生じる分裂と自責感も二次被害のメカニズムとして分析された。ホ・ボゴク「性暴力被害女性の二次被害経験研究――刑事法の手続き過程を中心に」啓明大学女性学科修士論文、二〇〇六。イ・ミギョン「性暴力二次被害を通して見た被害者の権利」梨花女子大学女性学科博士論文、二〇一二。チャン・ミョンソン、キム・ソヌク「セクハラ二次被害の法的争点と課題」『梨花ジェンダー法学』八巻三号、二〇一六、一八七‐二二四頁。イ・ジュラク「被調査者の信頼性に対する捜査官の偏見研究」『警察学研究』八巻一号、二〇〇八、一一一‐一三四頁。パク・ジソン、キム・ジョンヒ「性暴力被害者に対する警察の認識が加害者処罰判断に及ぼす影響」『被害者学研究』一九巻二号、二〇一一、七七‐九六頁。イ・ミョンシン、ヤン・ナンミ「性暴力捜査における二次被害過程――男性警察官を中心に」『女性研究』八三号、二〇一二、一四九‐一九七頁。キム・セッピョル「性暴力被害経験者の刑事司法手続き上の二次被害メカニズム」ソウル大学女性学協同課程修士論文、二〇〇九などを参照。

(23) 刑法第三三条名誉に関する罪第三〇七条(名誉毀損)①公然と事実を適示して人の名誉を毀損した者は二年以下の懲役や禁固または五〇〇万ウォン〔約五〇万円〕以下の罰金に処する。(改定一九九五年一二月二九日）②公然と虚偽の事実を適示して人の名誉を毀損した者は五年以下の懲役、一〇年以下の資格停止または一〇〇〇万ウォン〔約一〇〇万円〕以下の罰金に処する。（改定一九九五年一二月二九日）第三一〇条（違法性の阻却）第三〇七条第一項の行為が真実な事実として、ただ公共の利益に関する時には処罰をしない。

(24)〔韓国の〕国立国語院の標準国語大辞典によれば、補償は他人に及ぼした損害を返したり、国家または団体が適法な行為によって国民や住民に加えた財産上の損失を返すために提供する対象のことを言う。賠償は他人の権利を侵害した人がその侵害を返すことを言う。したがって補償より賠償がより不法的行為性が強調されるが、本書では正確な区分が必要な時に意味に合わせて使用したり、ともに記述したりしており、文脈によってインタビュイーたちの表現したまま記述したりもしているが、一般の記述ではより広範囲な意味で使用される補償という表現を使用した。

(25) 一般的に合意とも呼ばれる刑事合意〔示談〕は、刑事処罰を軽くしようとする加害者が被害者と別途に示談することをいう。示談の内容や手続き、法的効果について定められた規定はないが、刑事合意は犯罪被害者が存在する刑事事件の処理手続きで一定の法的効果をもっている。チャン・ダへ「刑事訴訟手続き上の慣行としての刑事合意に関する実証的研究」『刑事政策』二四巻三号、二〇一二、一三一頁。

(26) 法務部ホームページ「犯罪被害者保護・支援制度」（オンライン参照）、大韓民国裁判所ホームページ「刑事訴訟手続き案内」（オンライン参照）を参照して再構成した。

(27) 法務部ホームページ「犯罪被害者保護・支援制度」参考（オンライン参照）。

(28) 大韓民国裁判所ホームページ「刑事訴訟過程案内」参考（オンライン参照）。

(29) 法務部ホームページ「犯罪被害者保護・支援制度」参考（オンライン参照）。

(30) キム・ジソン『韓国調停事件の成立率堤高方案研究』韓国刑事政策研究院、二〇一一。

(31) チャン・ダへ「性暴力「刑事合意〔示談〕」に関するフェミニズム法学的経験研究」ソウル大学法学科博士論文、二〇一二。

(32) インタビュー中、ソナは検事の示談の提案が刑事合意〔示談〕なのか刑事調停制度なのかよくわからなかったと語ったが、検事が示談を直接提案する場合はほとんどないがゆえに、これは刑事調整程度であると考えられる。このように、被害者にとって示談と刑事調停は大きく区分されない場合もあるが、結果的には両方とも減刑の目的で活用され、「美人局論」についての危険まで負担しなければならない時、被害者にその違いが認識されるのは難しく、安全な補償方法と認識されないように思われる。

(33) チャン・ダヘ「性暴力「刑事合意〔示談〕」に関するフェミニズム法学的経験研究」前掲、二四九－二五一頁。

(34) キム・ウンシルは、これまでの女性に関連する立法と解釈が、被害者女性を保護することを超えて、男女の権力関係、公私区分概念に対する政治的挑戦をともなう時、多くの抵抗を受けてきており、フェミニストたちが男性中心的社会に問題提起をする時、強い男性連帯の構図のなかでむしろ告訴されたり、時には被害補償をしなければならない加害者として処罰されてきたことを分析している。キム・ウンシル「女性にとって国家とはなにか」『黄海文化』五一号、二〇〇六、四八－六九頁。キム・ウンシル「直接民主主義の場としての広場と民主主義の尺度として登場する法規範――政治の持続を期待して」『言葉と弓』一三号、二〇一七、三四－四七頁。

(35) チョン・ヒギョン「加害者中心社会において性暴力事件の「解決」は可能なのか」韓国女性ホットライン連合企画、チョン・ヒジン編著『性暴力を書きなおす――客観性、女性運動、人権』ハンウル、二〇〇三。

(36) ジョンヒが虚偽告訴の事情聴取を受けたのは二〇一四年のことであり、かつては性暴力被害者が加害者を告訴したさい、性暴力に対する事情聴取が終わっていない時に加害者がむしろ被害者を虚偽告訴で告訴したり、捜査官が被害者を虚偽告訴で認知し、虚偽告訴に対する事情聴取を進行したりすることがあった。これに対する女性運動団体の問題提起を受けた法務部は、二〇一八年五月、性暴力告訴事件に対する虚偽告訴捜査時に性暴力の真偽を明確に判断する時まで捜査を中断することを内容とする性暴力捜査マニュアルを改訂した。
(37)「国内最初の性暴力虚偽告訴相談センターが開所した」『毎日経済』二〇二〇年八月一九日(オンライン参照)。
(38)キム・スア「男性中心オンライン空間のMeToo運動に関する言説分析」『女性学論集』三五巻二号、二〇一八、三一三五頁。
(39)二〇一八年五月、性暴力捜査が終わる時まで虚偽告訴罪の捜査をできないようする法務部の捜査マニュアル改定に対し「検察庁の不法的性暴力捜査マニュアル中断を要請します」という題名の国民請願運動が起こり、合わせて二一万七一四三名が署名しており、このような現象もまた虚偽告訴と逆差別言説の関連性を見せてくれる。「検察庁の不法的性暴力捜査マニュアル中断を要請します」大韓民国青瓦台〔当時の大統領府〕ホームページ(オンライン参照)。
(40)「「コムタン屋セクハラ事件」最高裁に上告した四つの理由」『ヘラルド経済』二〇一九年五月三日(オンライン参照)。
(41)ナム・スンヒョン「男性オンラインコミュニティにおける「性暴力加害者の妻」の発話効果」『女性学論集』三六巻一号、二〇一九、二七－五八頁。
(42)キム・ボファ「性暴力相談日誌を通して見た二〇一八年韓国MeToo運動の意味」『フェミニズム研究』一九巻二号、二〇一九、三－四三頁。
(43)ホ・ミンスク「性暴力被害者を処罰する――被害者典型性違反犯罪としての性暴力虚偽告訴」『韓国女性学』三四巻四号、二〇一八、六九－九七頁。
(44)ウルリッヒ・ブロックリング、キム・ジュホ訳『起業家的自我――主体化形式の社会学』ハンウル、二〇一四〔Ulrich Brocklingm, *The Entrepreneurial Self: Fabricating a New Type of Subject*, SAGE, 2016〕。
(45)二〇一八年前半、MeToo運動が本格化するなかで性暴力に反対する多くの路上デモが続いていたが、この時「被害者は日常へ、加害者は監獄へ」というスローガンが登場した。しかし逆告訴の場合、その位置が逆転することもあるがゆえに、これを入れかえて表現したものだ。

(46) 韓国性暴力相談所は二〇一九年に合わせて五回にわたり被害生存者の観点から性暴力の構造、文脈、経験について話を交わすために「被害と生計のあいだ、性暴力を語る」という懇談会を開催した。各回別に、第一回は職場での性暴力、第二回は教育／訓練課程での性暴力、第三回はマイノリティが経験する性暴力、第四回は事件を解決するために費やす経済的／非経済的な努力、第五回は生存者の回復について扱った。韓国性暴力相談所『被害と生計のあいだ』韓国性暴力相談所、二〇一九。

(47) ソ・ドンジン『自由の意志、自己啓発の意志――ネオリベラリズム韓国社会における自己啓発する主体の誕生』トルベゲ、二〇〇九、一一八頁。

(48) イ・ムンスはフーコーの統治性概念をもとに、ネオリベラリズムの主体とは、政府の環境的介入によって形成された空間のなかで競争から落伍することなく、自分の身体と精神のなかにある資産価値を上昇させよと要求するホモ・エコノミクスだという認識可能性の格子にしたがい行動する存在であると定義する。イ・ムンス「ネオリベラリズム的統治性、主体、そして公共性の問題――Fouacultの一九七八、一九七九年講義を中心に」『政府学研究』二五巻二号、二〇二〇、七九頁。

(49) イ・ヒヨン「セクシュアリティとネオリベラリズム的主体化――大衆総合女性誌の言説分析を中心に」『社会と歴史』八六号、二〇一〇、二〇四頁。

(50) ミレナ・ポポバ、ハム・ヒョンジュ訳『性的同意――いま強調すべきこと』マティ、二〇二〇、九六頁〔Milena Popova, *Sexual Consent*, The MIT Press, 2019〕。

(51) チョン・ヒジン「女性に対する暴力とMeToo運動」チョン・ヒジン編著『MeTooの政治学』教養人、二〇一九、八五頁〔金李イスル訳『#MeTooの政治学――コリア・フェミニズムの最前線』大月書店、二〇二一、八一頁〕。

（52）チョン・ヒジン「被害者アイデンティティの政治とフェミニズム」クォンキム・ヒョンヨン編著『被害と加害のフェミニズム』教養人、二〇一八、二三四頁〔影本剛、ハン・ディディ監訳『被害と加害のフェミニズム——#MeToo以降を展望する』解放出版社、二〇二三、二三九頁〕。

（53）エバ・イールズ、キム・ジョンア訳『感情資本主義——資本は感情をどのように活用するのか』トルベゲ、二〇一〇、八九−一二三頁〔Eva Illouz, *Cold Intimacies: Making of Emotional Capitalism*, Polity, 2006〕。

（54）アンソニー・ギデンズ、クォン・ギドン訳『現代性と自我アイデンティティ——後期現代の自我と社会』セムルギョル、一九九七、二九〇−一頁〔秋吉美都、安藤太郎、筒井淳也訳『モダニティと自己アイデンティティ——後期近代における自己と社会』ちくま学芸文庫、二〇二一〕。

（55）フランク・フレディ、パク・ヒョンシン、パク・ヒョンジン訳『治療療法文化——実存的不安時代の脆弱な主体を啓発する』ハンウル、二〇一六、二一二−二一五頁〔Frank Furedi, *Therapy Culture: cultivating vulnerability in an uncertain age*, Routledge, 2003〕。

（56）Niklas Luhmann, *Social Systems*, Stanford University Press, 1995〔馬場靖雄訳『社会システム——或る普遍的理論の要綱』（上・下）勁草書房、二〇二〇〕。

（57）ブラウン（Brown）によれば、脱政治化とは「不平等、従属、周辺化、社会葛藤のような政治的な分析と解決策を必要とする諸問題を、一方では個人的な問題として、他方では自然的、宗教的、文化的な問題と理解しようとする試み」のことである。脱政治化の共通したやり方のうちの一つは、政治現象を理解するさいにその現象が登場することになった歴史的背景と、その現象を条件づける権力の問題を排除することである。ウェンディ・ブラウン、イ・スンチョル訳『寛容——多文化帝国の新しい統治戦略』カルムリ、二〇一〇、三九−四〇頁〔向山恭一訳『寛容の帝国——現代リベラリズム批判』法政大学出版局、二〇一〇、二〇−二一頁〕。

第四章

性暴力事件の解決とはなにか

性暴力事件の「解決」とは、加害者がまっとうな懲戒／処罰を受け、反省／省察し、被害者は被害の経験を再構成するなかで日常へ回復し、それらによって共同体／社会の認識と文化、時には構造的な枠組みと内容が、被害者に共感できるように変化することを意味する。したがって性暴力事件の完成した解決は、事実上存在することが困難である。性暴力事件の解決は、さまざまな人、関係、経験などが集まり、その意味がダイナミックに再構成される過程として、一つの性暴力事件が発生する時ごとに、あらゆる被害者ごとに、あらゆる加害者ごとに、その人びとが処された空間と条件によって、新しい地図を描かなければならない場であるからだ。しかし法的解決は、性暴力被害の類型や加害者との関係などによって処罰の可能性を選別し、捜査・裁判の過程と結果は、治癒と回復のための被害者の期待を担うことができずにいる。そして国家は被害者支援をいくつかの類型に限定し、女性運動団体の活動内容を統制している。このように、法は特定の性暴力を排除し、国家は特定のやり方の被害者支援を強調しながら性暴力事件の解決の場を管理している。

第一節　法・制度が管理する性暴力

❖司法手続きから抜けおちる性暴力被害

親密／知人関係で性暴力被害を受けた本書のインタビュイーたち[1]は、被害の類型と加害者との関係により、一部はそもそも告訴をできる条件から抜けおちることもあり、刑事告訴を行わなかったインタビュイーの主な被害類型は、親族間性暴力とデート性／暴力〔デートDV・カップル間の性暴力〕である。

告訴の時間をコントロールする親族間性暴力

二〇一九年の韓国性暴力相談所の相談統計によれば、性暴力相談のうち親族による被害は全体の八・六％を占めており、とりわけ青少年（一四〜一九歳）の被害では一四・七％、子ども（八〜一三歳）の被害では四五・二％、幼児（七歳以下）の被害では七二・七％である。このうち加害者は四親等以内の親族が三三・三％で最も多く、その次が実父の二三％であり、被害者たちが被害後に相談までかかる時間は一〇年以上が五五・二％で最も高い比率を占める。また親族間性暴力の被害者たちのうち法的支援を依頼する場合は三三・二％で他の被害類型よりも低く、法的にも個人的にも問題提起をしにくい場合が多く、四八・三％が医療支援および心理カウンセリングを要請している[2]。このように親族間性暴力の被害は、ほとんどが幼い頃に被害を受け、いとこや実父による被害が多く、被害を受けた後に相談を求めるまで長い時間がかかり、告訴することが難しいだけでなく、語れない時間が長いゆえに心理的・精神的カウンセリングおよび支援を必要とする場合が多いという特徴を見せる。
このような状況において、本書で親族性暴力の被害を受けたインタビュイーたちが、加害者の法的処罰を求めるかどうか悩む時によく言及される問題は公訴時効である。(3) 二〇一一年、性暴力犯罪の処罰などに関する特例法および青少年性保護法の改訂により、現在は満一三歳未満の未成年者に対する性暴力の場合に公訴時効がないが、二〇一一年以前の被害の場合、被害類型によって最後の被害日から一〇年または一五年以内に告訴しなければならない公訴時効が存在した。ほとんどの犯罪に公訴時効が存在するが、親族間性暴力の場合、先の統計に表れているように、主に幼い時に被害を受けた被害者たちは、成人になってはじめて問題提起について考えるようになり、それゆえ加害者の処罰を考えることのできる状況になった時には、すでに公訴時効が過ぎてしまう場合がほとんどだ。

ジヨン(被害者)　わたしは七歳の時にいとこのお兄さんに性醜行〔不同意わいせつ(強制わいせつ)〕をされ、小学校五年生の時にも性醜行をされ、いとこのお兄さん以外にもネットカフェの店長にも性醜行をされ、中学校三年生の時にも地下鉄で性醜行をされ、二二歳の時に強かんをされました、準強かんを。ネットで知りあった人に〔。〕(…)七歳の時は(その時は性暴力なのか)よくわからず、小学校に行って性教育を受けるなかでわかるようになりました。(…)(告訴を考えたが)公訴時効が全部過ぎてしまって〔。〕(…)母には一九歳の時に話をして、父には準強かん(致傷)事件があってから、そんなことがあったと喋ったんですが、いまになって言ってもどうにもならないよ、と。そんな感じでした。

インタビュー当時二九歳だったジヨンは、いままで何回かの性暴力被害を経験した。最初の被害は七歳の時、いとこから性醜行被害を受けたことであり、小学生の時に性教育を受けてそれが被害であったことを認識することになった。その後、何度かの被害を受け、一九歳になってはじめて母に過去の被害を喋ったが反応がなく、二二歳の時に準強かん致傷被害を受けてから父にも喋ったが、「いまになって言ってもどうにもならないよ」という反応を見せたので失望し、もしその時に公訴時効が残っていれば告訴しただろうと語る。性暴力被害者たちはただ一度の被害ではなく何度も被害を受ける場合が多く、とりわけ幼い頃に親族など親密な関係で発生する被害は持続的、反復的に生じるからだ。しかし本書でのインタビュイーたちは、一人の加害者から持続的に被害を受けるよりも生涯にわたり何人かから被害を受ける場合がさらに多く、これは性暴力が特殊な一部の女性に生じることであるというよりは、韓国社会の女性たちにとってそのくらい日常的で連続的に発生しているという意味として解釈できる。ジヨンも成長期に何度かの性醜行被害を受け、勇気を出して両親に助けを求めたが、すでに時間がかなり過ぎて、解決できないこととして見なされた。七歳、一一歳、一六歳の児童・青少年が性暴力被害を受けたのち、事件をただちに、「きちんと」処理することはとても難しいことだ。しかし性暴力事件における公訴時効は、ただちに申告や告訴をしない被害者のせいだと責任転嫁しながら、被害を解決できないものとして正当化し、被害者本人も仕方ないこととしてあきらめることになる一要素として作用している。

しかし次のインタビュイーたちにとって公訴時効と法的告訴はより複雑に認識されている。

ヘギョン（被害者） これはとても深刻な被害じゃないですか。子どもの時からだから。でも内容証明を送ることができるみたいなんですよ。でもその法的なものが怖いんですよ。なぜ怖いのかと考えてみると、父や母という加害者だけでなくて、まだわたしはきょうだいを愛しているから、きょうだいたちとまで縁が切れてしまうのは嫌なんですよ。わたしは文章が得意なほうなので内容証明を送るのが難しいわけではないんですが、わたしもこんなふうに虐待されたのに縁を切ることができないのに家から援助を受けて、ある意味では外見だけいい家庭ですが、いっそう虐待を終わらせることはできないなあと思うんです。（…）わたしが直接攻撃することはできない。わたしがするならあらゆるエネルギーを全部注ぎこまなければいけない。もし内容証明を一行一行書いていって、その後の大嵐を想像してみればわたしが背負わないといけないじゃないですか。でも社会人生活をしなきゃいけないし、娘も卒業させないといけないので、並行してやるのはちょっと難しいですし、これをしたからといってこの人たちがかならず許してくれと〔請い求めて〕来るわけでもないし、いかなる益もないんですよ。わたしが計算してみても〔。〕（…）わたしみたいに五〇年後に記憶に上がってくることもありえるけど、わたしはいまからでも、わたしは無理ですけど、のちに別の生存者がわたしみたいに五〇年後に出てくれれば、その時はどうするんですか？ 法令がないといけませんよね。そして公訴時効がなくならないといけないのは、家族だからこそよりいっそうなくならないといけないんですよ。

ジニ（被害者）　謝罪をしてもらうのは全然意味がありません。なぜなら謝罪というのは自分の過ちに気づいて自分がなにをしたかを知り、それに対して本当に罪責感を感じてするというならわかりませんが、全然そんなふうじゃないだろうからです〔。〕（…）告訴をすることになれば母が知ることになるというのが一番の大きな心配ごとです。でもわたしは大丈夫だけれど、じっさいは母がいつか知ることになるかもしれないなというい加減な思いもちょっとありはしますが、その後始末をしなければいけない過程があまりにも大変なんですよ。それを母に、わたし、じつは○○されたんだと明かして、わたしはいまはなんともないし全部過ぎたことだと話したとしても、衝撃を受けるだろう母をケアして、ちゃんとやりこなしていかなくちゃいけないんです。それがとても大変なんですよ。わたしはいまとても忙しいのに、それをする時間がないんですよ。無理やりそうするべきなのかとも考えますすし、母がまあ四〇代だったらわかりませんが、六〇代になられているのに、なんで無理に〔。〕（…）もし母が亡くなって、その時に加害者が生きていたとすればやってみる考えもあります。こんなのを公開する人はほとんどいないじゃないですか、自分の被害事実を。でもそんな被害者が自分の話をして、その後にもちゃんと生きているということを見せて、その後には加害者が処罰されるのを見せるのが重要だと考えて〔。〕（…）もし母がいらっしゃらず、かなり老いているあの加害者を告訴するならば、かれは自分に対する処罰をきちんと受けるだろうか？　というよりもパフォーマンスなんですよ。こんなふうに歳をとっても許さないというのを見せつける、という。手続きすること自体に意味がある、という。手続きをして、それを知らせることに。そんなくらいの考えはあるんですが。

ヘギョンは実父であると思っていたがじっさいは継父であった父から八歳の時から二〇代はじめまで類似強かん、醜行などの被害を受けた。インタビュー当時に五〇代であったヘギョンは、結婚後に夫からドメスティックバイオレンスの被害を受け、四六歳の時にドメスティックバイオレンスのシェルターを訪ね、治癒の過程でそれまで忘れていた幼い時の性暴力被害を思いだした。しかしすでに公訴時効は過ぎてしまっており、公式的な意見伝達の方法として「内容証明」を考えてみたが、そのために使うエネルギーもないし、きょうだいたちとの関係が切れてしまうのではないかとあきらめた。

一〇歳頃から一九歳の時まで実父による性暴力被害を受けていたジニは、もし法的処理の方法があるとしても、母〔の存在〕ゆえに告訴することは難しいと語る。このことによって母が衝撃を受ければ、母への「ケア」も自分の役割になるがゆえに「とても大変」だし、「する時間」もないと語る。しかしもし母が亡くなれば法的には無理だとしても「歳をとっても許さない」という次元で告訴をしてみることもありうると考えている。謝罪しそうにもない加害者にかける手間と、母が事件を知る時の混乱を比較した時、告訴しないのがよりベターだという判断をするのだ。したがって、もしジニが告訴をするならば「母が亡くなって、その時に加害者が生きていたとすれば」という条件の下で想像可能であり、その行動は不法的行動に対する法的審判や謝罪を受けるためというよりは、「パフォーマンス」としての意味をもつであろうと語る。

このように父によって性暴力被害を受けたインタビュイーたちは、公訴時効問題で法的告訴をすることも難しいが、告訴したからといって加害者が謝罪しないであろうと確信する。ヘギョンの語るように、公訴時効廃止は必要であるが親族間性暴力の加害者たちは被害者が告訴するからといって「許してくれと〔請い求めて〕来るわけでもないし、いかなる益もない」という懐疑的な考えもまた存在しているのだ。

親族間性暴力は加重処罰される犯罪であるにもかかわらず、右の諸事例のように実質的に法的処罰を要求することが難しく、告訴をあきらめることになる理由には、いくつもの要素が噛みあっている。まず、主に幼い頃に発生するがゆえにそれを被害と認識した時には公訴時効が過ぎてしまっている可能性が高い。そして親族間性暴力が知られた時、そのことを予防したり中断させられなかったりした母に対する社会的な非難もまた大きいがゆえに、母やほかの家族が受ける衝撃を望まない被害者は、自ら事件を明らかにしないと決心することもある。また、父が加害者である場合、韓国社会の情緒上、家父長である父が娘に謝罪をしたり許しを請うたりすることは期待しにくく、加害者はドメスティックバイオレンスなどをともなう場合が多いがゆえに、学習された恐怖によって法的解決を試みることができない場合もある。このように親族間性暴力の被害者が法的解決を想像すれば多くの危険を甘受しなければならないことであるがゆえに、被害を明らかにしないことは一種の生存戦略である。被害者の告訴は、ほかの家族構成員との利害、交渉などが必要であり、家族と関係が切れるという予想をしなくてはならず、加害者に対する恐怖を耐えぬく力と条件などが兼備されて、はじめて考えてみることができる困難な部分である。しかしこのような親族間性暴力に対する特性を理解できない法は、幼い時に被害を受けて数十年が経ってから問題解決について悩みはじめた多くの被害者の経験を見落としたまま、公訴時効を楯に、解決できないこととして正当化している。(4) これは依然として家族を私的な空間と見なし、家族のなかで発生する暴力と被害を隠蔽することをもって家族解体を防ぎ、「健康な家庭(5)」を育成するための国家の統治戦略と見ることができる。

脱犯罪化されるデート性／暴力

性暴力被害者が司法的解決を考慮しにくいもう一つの類型はデート性／暴力である。次のインタビュイーたちは、暴言、ストーキング、物を投げる、ガスライティング〔心理的虐待〕、性暴力などのデート性／暴力を経験したあとに、告訴できる方法を探してみるがそれが容易ではない現実に直面する。(6)

ボラ（被害者）　加害者がなんでそんなにわたしを雑に扱えるのかを公にしたあとにとても長い時間がかかって、頭でではなく本当に私が受けいれることになりました。だからわたしが弱者なんですが、加害者に責任を問う方法がないんですよ。そのことが発生した当時、一度告訴をしようとしたんですが、警察とか弁護士はみんな処罰は微々たるものだろうと話したので、方法がないじゃないですか。あいつに責任を問う方法がないじゃないですか。だからこんな公にすることがむしろ弱者たちがその相対的な強者に対して、そしてわたしはその時までも、その加害者がとても大きい人、怖い人だと考えてたんですよ。怖い人だからじっさい公にする時も恐怖がかなりありました。

ギョンス（被害者）　いまは警察は、デート暴力についてとりあえずは知ってるじゃないですか。その時は全然そうじゃなくて、わたしも二〇××年になってから申告しようかと考えていたんですよ。家に来ると言ってきて、一〇時間以上お願いしつづけましたよ、来ないでくれ、と。ストーキングで申告しようと思って、その時調べたんですよ。申告すればどうなるのかを。でも制裁できることがほとんどなかったんですよ。告訴をしても処罰するほどの水準というものはかなり高いんだなあ、そこまではないなあ、と思ったんです。(…)でも申告をせずに公にしたのには理由があるじゃないですか。それ以外にも方法があるのならなんでわざわざ公にしますか。公にするということ自体が大変なことなのに。

ウンジ(被害者) だから(加害者が)わたしにそんなふうな権力的なそぶりができるのは、知っていることが多いから。性暴力はそんなふうに告訴してもうまくいかないぞと、わたしにずっと言ってきたから。こんなふうに恋人関係で、それは性暴力でもないし、告訴もできない、と。そんな話をずっと聞かされました。(…)わたしが最後に、じゃあわたしも法律で対応すると言ったけど、じっさいは法律で対応してできることがなにもないということを、自分自身とてもよく知っているから、そんな状況まで行けば大ごとになると思っていました。

ボラは数年間にわたりデート暴力の被害を受け、身体的、心理的にひどい後遺症に悩まされていた時に、デート暴力という単語を知り、自分の被害を命名できる力を得た。当時、警察と弁護士に相談したが「処罰は微々たるもの」と聞かされ、「責任を問う方法」を探すなかでSNSを通して公にすることを選択したと語る。ギョンスはデート暴力を経験し、ストーキングに対する申告について調べたが「制裁できることがほとんど」ないという事実を知り、申告をあきらめたと語る。その後、別れはしたが数年後に偶然会った加害者にまた性醜行被害を受けたのち、最終的には公にすることを決心したが、当時のギョンスは公にすること以外には解決方法がなく、ほかのやり方で語ることのできる窓口がなかったがゆえに公にしたと泣きながら訴える。またウンジにデート暴力を加えた加害者は「それは性暴力でもないし、告訴もできない」と洗脳し、ウンジは法的対応をしたかったが「できることがなにもない」ということを知ったと語る。むしろ事件が法的方向に進んでいけば、逆告訴などによって「大ごとになると思」うにまでいたり、公にすることと組織内の申告で事件を進めることになったのだ。

デート性／暴力の被害者たちは自分の被害を暴力と命名するまで長い時間がかかる場合が多い。殴りながら愛していると言う加害者の反復的行動は、愛するがゆえに殴るのだと信じさせ、反復するガスライティングなどで「殴ること以外は本当にいい人」と考えさえるがゆえに、暴力から抜けでるのは困難である。(7) それのみならず、それが被害であることを認知するようになったとしても、相手に対する複雑な感情と、身体に染みついた無力感によって、問題提起の方法を探すことに困難を経験する。デート暴力の類型のうち、ストーキング(8)、ガスライティング、日常的コントロールのような被害は、法的規制がなかったり実効性が不足したりしている。そして持続的・日常的・長期的な暴力的関係において、すでに心理的に委縮している被害者に発生する性暴力は、主に非同意の形態を帯びる場合が多く、告訴に至るまでは困難がともなう。

親密な関係における性暴力は、愛／同意／合意／取引／交渉／威嚇などの境界で、単純に同意の有無を超え、身体経験と情緒経験を行き来するがゆえに、複合的な姿をとる。同意しなかったが拒絶もしない性的行為が日常的に行われ、法的に暴行と脅迫を証明するのがきわめて困難であり、その過程で性的自己決定権の侵害有無を判断することも簡単ではない。したがってデート性／暴力が法的解決において抜けおちる主な理由は、法的言語で被害を証明することが困難であるからだ。依然として性暴力は主に知らない人によって発生するだとか、抵抗しなかったなら性暴力ではないだとか、本当の被害者ならばただちにデート関係を終了させていただろうだとかの法的・社会的通念は、親密な関係で発生するデート性／暴力被害の特性を理解できていない。このために、法はデート性／暴力被害の内容を否定しつつ法的解決の条件から抜けおちるようにし、加害者の加害行為を脱犯罪化するのである。

けっきょくデート性／暴力の被害者たちにとって、法的告訴は選択肢にない場合が多く、法的に解決できる規定がなかったり、規制があまりにも微々たるもので告訴の意味がなかったりする時、謝罪をさせて責任を問いたい被害者たちにとって公にすることは、しかたのない選択肢でもあるのだ。しかし被害者たちが隠してきた被害を明らかにした時、加害者から名誉毀損などの報復性逆告訴の被害を受けることになるが、法はインタビュイーたちにとってなんの役にも立たず、ただ加害者の言語と経験を下から支えてやる巨大な障壁のように認識される。

他方、これまで述べてきたように被害の類型によって選択的である法の構成は、被害者たちがむしろ法的手続きを自発的に拒否する理由になることもある。次のインタビュイーたちは、もし告訴が可能だったとしても法的解決が被害者の治癒と回復に役に立つかどうかについて、根本的な問いを投げかける。

ウンジ（被害者）　この人を処罰すること、この人を処罰して刑務所に送ることではたしてわたしが回復するのかをちょっと考えました。(…)社会的に解決するという時であれ法的に解決するという時であれ、これはこの人が経験したのは被害で、あの人がしたのは加害だということをはっきりと真実にする過程だと思いますが、議論されているのを整理すれば、でもそうだとした時にそれをだれが判断するの? その権力がだれにあるの? わたしは両方が核心だと思いますが、法が判断して裁判所が判断するというんですが、それがあまりにも男性中心的に叙述されていて、男性中心的な判例が蓄積して、ずっと加害者たちのほうによい判決が出るしかない土壌が問題だと思いますし、社会的にはその権力をだれがもっているのかわからないということをたくさん考えたんです。

トギョン(被害者) ある意味ではわたしにとって法廷闘争はあまり意味がなかったんです。法がその人に対しておまえは有罪だ、おまえは何年か刑務所にいろと言ったからといって、わたしの怒りや苦しかった時間が治癒されるわけではありません。(…)その不当さがあったので、法が公平だとは全然思っていませんでしたが、人びとがあまりにも当然のように、あたかも裁判所に行きさえすれば公平に解決されるという幻想をもってること自体が、わたしはかなり問題だと思います。(…)法で闘うのがとても重要だというのはそうなんですが、(被害者である友人に)あなた自身がはたして法で闘ってその人が処罰されれば本当にあなたの生が楽になるか、という質問をとうていできませんでした。(…)法が自分自身になにかの慰めみたいなものをくれるだろうと思ってはじめなければいいなあと思うんですが、そんなふうに闘いをはじめて凄惨に壊れる事例を見ながら、とても残念だったんですよ。それが言ってしまえばわたしの考える法への不信といえるなら不信ですね。

昔の恋人からのデート暴力被害を受け、ともに活動する仲間からも性暴力被害を受けたウンジは、それぞれの被害を公にすることと共同体内申告というやり方で処理したが、ウンジは法的に被害と加害を判断する「権力」自体を疑問視する。男性中心的な法は「加害者たちのほうによい判決が出るしかない土壌」のなかにあるがゆえに、告訴を拒否するしかなかったのだ。そして幼い時におじから性暴力被害を受けたトギョンにとっても「法廷闘争」は「あまり意味がなかった」ものであり、加害者が法的処罰を受けたからといって「怒りや苦しかった時間が治癒されるわけではありません」と語る。もちろん被害者たちは法的処罰をするのが困難な類型と関係における被害を受けてはいるが、むしろそれゆえ司法機関が保護し認定する被害はきわめて一部に過ぎず、そのように不合理なシステムに強いて選択される必要があるのかと問うのだ。このように一部のインタビュイーたちは、すでに性暴力の法的解決の限界、つまり社会的権力構造の問題が扱われず、告訴を通して治癒と回復が難しいということを知りながら、自分が置かれた法的な排除と見落としを、その否定と異なる実践によって専有することもあるのだ。

ここまで検討してきたように、法は親族間性暴力とデート性／暴力の被害の特性を理解できなかったり、しなかったりすることによって、法的処罰について悩むことのできる機会自体を排除している。このように、不法であったり、暴力であるが処罰できなかったりするさまざまな性暴力は、被害者はいるが加害者がおらず、被害はあるが処罰はできないこととして抜けおちている。これは、法が許容可能な関係と内容の性暴力を選別することをもって、社会的秩序や通念からずれる諸被害を隠蔽する司法化の統治戦略と見ることができる。

✤処罰と治癒を担保できない司法手続き

当たり外れの裁判結果

司法手続きに入った被害者たちが法的解決を通して強く期待することの一つは、加害者に対する処罰である。これは単純な復讐心による処罰というよりは、有罪判決によって被害が認められることをもって心理的補償を得て、加害者が被疑者として捜査をされる過程などが治癒と回復に役立つと考えるからだ。

ジヨン(被害者)　ほとんど一年の間、自分が悪いと責めながら生きてきました。二次加害もたくさん言われて、でも一年後に、自我が完全に壊れてアルコール中毒がはじまって、そんなある日、韓国性暴力相談所の文章を見ました。そこで自分が悪いんじゃないと気づいて、ホームページの文章を見て、ウィミンネット〔女性公益ポータルサイト〕などで相談をして、告訴を進めてみるのはどうかと言われたので、警察とかで調べて告訴をすることにしました。

チャニ(被害者)　わたしは(被害者の方が)あの人がやった行動が犯罪であるのだと明確にしたい、告訴をやってみたいと言うなら、やってみろと言います。それも一種の治癒なんですよ。その人を被疑者と呼んで、その行動が加害行為であることを捜査機関で事情聴取を受けるということ自体が。それ一つでも自分が受けたのが被害だったということを、やっと自ら受けいれることができるようになり、その行為が加害であったということも規定できてとてもよかったと言う被害者の方もいます。だから〔裁判の〕結果の側面ではなく告訴するという行為自体も被害者たちには回復の一方法でありうるということですね。

ジヨンは幼い時に何度かの性暴力被害を受けた。その後自分が悪かったと辛い時間を過ごしていたが、偶然女性運動団体のホームページで性暴力を説明する文章を見かけ、自分が「悪いんじゃないと気づいて」告訴に至った。そして女性運動団体で行っている被害者の自助グループや集会などに出ていくなかで回復の過程を歩んだが、ジヨンにとって告訴は自責感をふりはらい、日常へと回復するための一方法であった。そしてチャニは告訴も「一種の治癒」だと説明する。「被疑者と呼び」、「事情聴取を受けるということ自体」について、「結果の側面」を超えて、そのような「行為自体も被害者たちには回復の一方法」でありうるということだ。このように告訴は被害者の自責感をふりはらい、怒りを公的やなり方で表出する治癒の一方法として認識されもする。しかしこのような期待とは異なって告訴の結果はこれを担えない場合が多い。つまり性暴力被害者たちは法的規定と客観性、合理性を通した加害者の処罰を期待して法的手続きに臨むが、先に検討してきたように、法的に被害を認められる範囲と類型は制限的である。

それのみならず、法的な判断基準とその判断に至る過程は不確実であり、次のように逆説的に運に頼らなければならない領域でもある。

ボラ（被害者）　だから話を聞く態度が準備できている捜査官や裁判官、刑事や検事に出会えるかどうかによって天と地の違いがあって、じっさいにわたしに説教した裁判官の前では、わたしは抗弁する意志すら出てきませんでしたよ。話をしたところで意味がないとすぐにわかるんですよ。その場で〔。〕（…）だからじっさい事情聴取の過程も当たり外れがあると思います。だから一つ目はほんとに聞いてくれる検事に出会えるかどうかが優先で。二つ目は大したことない事件として扱われるので、似た事例があればそれをコピーして処分を下すというのが司法システムだ、これがわたしの経験による結論です。だから先例が重要なんです。

ソンフン（弁護士）　韓国は性犯罪だから〔賠償が〕少ないというよりは精神的被害に対する慰謝料自体がかなり少ないんです。財産連動をしない〔罰金などが所得によって累進徴収されない〕からですね。（…）裁判官の考えによることになってしまいます。（…）それによってなにを考えなければならないかというと、そもそも最初に基準をつくることが難しいんです。基準をつくれない部分をざっくりと慰謝料という言葉で濁すんですよ。だから事実上、民事訴訟の基準はないんです。さらに共有もされていないし、つくることも曖昧なのに、そんなのが判例として蓄積されれば基準に多少はなるんでしょうが、性犯罪の場合はスペクトラムがかなり個別的なんです。たとえば加害者の行為は同じだけれど、受けとる形の差、精神的苦痛の量の差が大きいんです。（…）ある人は強かんをされても服をはたいて起きあがることもあるし、ある人は通りすがりの人に尻を触られて一生のトラウマに苛まれます。だからこれを一律的に判断するにはかなり曖昧なんです。でもいずれにせよ裁判所では誰もが自分が最も辛いと主張するので、裁判所の立場では一般的な法感情で考えることになるんですが、一般人の平均的な法感情がどの程度なのか裁判官ごとにかなり違いがあるんです。どのような裁判官に出会うかによって当たり外れが生じるんです。そしてメディアに報道されたとかで有名になれば、これがこうなって、というふうに。

右のインタビューイーたちは捜査・裁判過程の結果には「当たり外れ」があると吐露したが、ボラは法的解決の過程でどのような検事に出会うかが最も重要であり、「似た事例があればそれをコピーして処分を下す」場合を見て「先例」が重要だと考えるようになる。ソンフンは性暴力被害に対する民事訴訟の問題点を述べながら、韓国での性犯罪の慰謝料基準が「裁判官の考えによることになって」しまったと語り、もちろん個人によって「精神的苦痛の量」に差があるがゆえに「一律的に判断するにはかなり曖昧」な領域でもあるということだ。したがってどのような裁判官に出会うかによって、そしてその事件がメディアにどれほど露出されるかによっても差が大きいがゆえに、判例が蓄積されることが重要だと強調する。

一例として、現在加害者による虚偽告訴や名誉毀損が不起訴処分を受けても、そのような告訴の濫用に対する虚偽告訴の認定は稀で、刑法第三〇七条一項の事実適示名誉毀損の場合、第三一〇条(違法性阻却)によって「第三〇七条第一項の行為が真実な事実として、ただ公共の利益に関する時には処罰をしない」となっているが、「公共の利益」に対する判断が裁判官ごとに異なるので、加害者たちはいったん告訴をする傾向がある。性暴力被害を公にした多くの被害者が名誉毀損によって逆告訴をされた時、じっさいに実刑を受ける場合は稀ではあるが、次の事例のように、逆告訴の判断の不均等な基準は、法の意味を問いなおさせる。

チャニ（被害者）　虚偽告訴罪の適用というのも性暴力被害者にとって過酷な告訴になり、加害者が報復性の告訴をした時に報復性告訴に対する虚偽告訴の認定は少ないです。わたしはそんなケースでした。一人で嫌疑なしを勝ちとりましたが本当に〔加害者側は〕がむしゃらにつっこんで来るんです、持続的に。それがたぶん二〇××年までかかりましたよ。（…）虚偽事実適示名誉毀損で告訴された二人の被害者が、事実適示が認定されて二人とも有罪宣告を受けたんですが、その理由が異なりました。公共の利益に対する判断が裁判官ごとにかなり異なるんですが、どういうものかと言うと、特定性に対する判断が異なるんですよ。一人は名前を特定したから公共の利益にならないと見なして、もう一人は「公共の利益を主張するなら名前を特定して話さなければならないのではないか？」と言って裁判官がこんな判断を下してしまうんですよ。なにを言いたいのかわかりませんでした。だから公共の利益ということ自体が都合のいいように解釈するケースになってしまうのでしょうし、それも捜査機関によって異なりもするんです。だからご存知のように、これが弱者のための法案になりえない方向に行ってしまって。加害者たちがいったん虚偽事実適示名誉毀損で告訴をするんですよ。

ギョンス（被害者）　わたしが感じるのがどんなものかというとですね。あのこと以降に公にするという人がいればいったん止めさせましたし、公共の利益というものはわたしたちの考える公共の利益ではないと思うんです。わたしたちは公共の利益と考えるけれどあの人たちはかなり私的な理由だと考えるんですよ。たとえば進歩的な運動でこんな問題がたくさん発生するからこんなことがこれ以上ないことを望んで公にした。これがわたしたちが考える時の公共の利益になることなんですが、裁判官の考えではとても私的なことなんですよ。ポイントがちょっと違うんです。裁判官は加害者が公人で有名人であれば、その人がこんなふるまいをしなかったように生きてはいけない、これが公共の利益になると考えるみたいです。

チャニは名誉毀損の逆告訴と関連して公共の利益の判断において「特定性に対する判断」基準があいまいであると指摘する。「一人は名前を特定したから」有罪判決を受け、もう一人の被害者は「公共の利益を主張するなら名前を特定」するべきなのにしていないからと有罪判決を受けたのだ。これによって、名誉毀損は違法性の阻却事由条項があるとはいえ「弱者のための法案に」なることは困難だと認識される。

そしてデート暴力を公にして名誉毀損の逆告訴をされたギョンスは、違法性の阻却事由において明示されている公共の利益が自分の考えとは違ったと語る。自分が考える公共の利益は、進歩的な運動社会において「こんな問題がたくさん発生するからこんなことがこれ以上ないことを望」んだものであったが、そのような理由は捜査・裁判の担当者たちの考えでは「とても私的なこと」として認識され、「加害者が公人で有名人」である場合「こんなふるまいをしなかったように生きてはいけない」ということに焦点を合わせているのだ。このように、被害者たちは法の死角地帯にいる女性に対する暴力が社会的な問題であると当時に公的な問題であると認識して公にするが、裁判所ではそのような問題意識が私的なことと認識され、加害者の社会的認知度を中心に公共の利益が判断されもする。そしてこの時、女性に対する暴力についての公的な議題は、法的空間において私的化される傾向を見せているのだ。

治癒と回復を無力化する捜査・裁判過程

性暴力被害者たちが苦しい理由は、性暴力被害を受けたその瞬間の記憶と衝撃ゆえでもあるが、被害以降に発生する事件処理の過程、社会的ネットワークの破壊、内／外的な非難と自責による自尊心の下落、経済活動の困難による生存の問題などに起因する場合が多い。とりわけ捜査・裁判過程における苦しい経験は、治癒と回復に対する被害者の期待を無力化することもある。

ボラ（被害者）　なぜ女性たちは無気力な状態で、これほどまでに頑固で強力なシステムのなかで生き残ることができず死ぬのか。その時、そんなことを見ながら、加害者と加害者の周りの人、加害者が属していた法人に対する怒りがあまりにも大きくて、関連するものを一時期読めませんでした。それはわたしの事件に対するトラウマではないんです。その後の過程のなかで生じることなんですよ。そんな情報にも接近できない状態になるんですよ。そんななかでわたしが訴訟過程とかで生じることのせいで受けた心理治療のイシューは、ほとんどその後に追加的に生じたトラウマだったんですよ。あるいは攻撃に対する防御？　とでも言える過程でわたしの身体は病んでいったんですよ。

ギョンス（被害者）　本当にいろんなことを考えていたんですが、告訴されてから、もっと怖いこともありました。（…）あいつは本当にまともじゃないんだなあ。わたしが踏んではいけないものを踏んだようで。最初はあいつが怖くて、その後は率直に言えば周りの視線もずっと怖かったと思います。事件後にパニック障害になったんですよ。いまでもちょっとあります。公共交通にも乗れませんし、人がたくさんいるところにも行けません。フェイスブックの書きこみもできません。書きこもうかと思っているとストレスを受けてしまうと言えばいいでしょうか。なにかを表に出して言葉にすることができなくて。人が怖くなったと思います。もともとこんな性格じゃなかったんですが人間関係でかなり閉鎖的になったんです。活動的だったんですが、いまは恥ずかしがりの性格になってしまったんです。

右の事例は、デート暴力被害を公にしたあとに逆告訴被害を受けて苦しい時間を送ったボラは、加害者から二年にわたりいくつもの逆告訴被害を受けつつ、精神的に苦しかったのは「わたしの事件に対するトラウマ」ゆえではなく「その後の過程のなかで生じること」ゆえであり、「訴訟過程とかで生じることのせいで」心理治療を受けたとふりかえる。ギョンスもまた逆告訴の被害を受けてから加害者と周りの人の視線が怖くなって「パニック障害」になり、性格自体も「恥ずかしがりの性格」になってしまったと語る。加害者たちの無反省に対して勇気を出して被害を公にしたインタビュイーたちにとって、その後に法の名前で起こったいくつもの逆告訴は、被害の質と内容、事件解決に費やされる時間と空間までも変えてしまったのだ。つまりインタビュイーたちの心理的な苦しさは、被害当時の瞬間のせいだけではなく、公にした以降の加害者たちの無差別的な攻撃によるものであり、これは被害後にいかなる解決過程を経たのかによって、被害者の治癒に大きな差異があることを示している。

ジョンヒ（被害者）　わたしは最初に法が正義を実現してくれると信じました。しかしむしろわたしを縛りつけるので、でしゃばったことをはじめたんじゃないかと多くの人に言われました。わたしは自分が過ちをしたわけではないので、でしゃばったことをはじめたとは一度も考えませんでした。でもそんなことをいつも聞かされるので、「自分が間違っているのだろうか？　もしかしたらわたしが本当に虚偽告訴をしたのだろうか？」という考えが浮かんでくるんですよ。周りの人の言葉に洗脳されるんですよ。それと検事や警察があまりにもわたしに対して「あんたこれこれしたんじゃないか、虚偽告訴したんじゃないか」と言ってくるので、本当に混乱したんですよ。（…）その時に精神病になったんだと思います。それで薬を飲みはじめました。薬を飲んでいいことはぼんやりすることなんですが、ぼやけるじゃないですか。だから事件を思いださないんです。のちには事件を記憶しようと薬を任意でやめました。副作用がかなりひどかったです。うつが急に来るんです。かなりダウンします。だからいっそあいつの家に行って首を吊ろうかということもずっと考えていたんです。裁判所がわたしにくれたのはこれですよ、精神病。

ヒョナ（活動家）（サポートしていた被害者事件で）二審では新しい証拠と話も出てきて検事もそんなふうに話すので、やはり司法機関が完全に死んだわけではなかったなという希望がありました。希望があるからなにか変わるだろうと思ったんですが、またもやそれを聞きながら無罪を下すのを見て、自分はこの社会に幻滅して、とても嫌で、これはあまりにも現実じゃないみたいな思いになって、自殺衝動が起こったんですが、自殺するのはとても怖いから、自殺をしないために自傷をずっとしたんですよ。

ジョンヒは、加害者を性醜行で告訴した当時には「法が正義を実現してくれると信じ」ていたが、なにかがおかしいとずっと感じながら、「わたしが本当に虚偽告訴をしたのだろうか？」と混乱してきて、虚偽告訴を追及する検事や警察の言葉に「洗脳」されもしたという。そのような過程を経て、薬を服用するようになったのだが、裁判所が自分にくれたものは正義の実現ではなく「精神病」だったと語る。被害以降、謝罪も要求して堂々と告訴もしたが、国民参与裁判〔裁判員裁判〕まで経て第二審まで虚偽告訴の有罪判決を受け、一億五〇〇〇万ウォン〔約一五〇〇万円〕の民事訴訟まで訴えられたジョンヒにとって、苦痛は司法手続きを経るなかで生じ、「正義」に対する信頼は消えた。しかしまだいくつもの裁判が終わっていないがゆえに「事件を記憶しようと薬を任意でやめ」、繰りかえし「副作用」が生じている。

活動家ヒョナがサポートした事件のなかには監視カメラなどの証拠も確実であり、また被害者にとって有利な「新しい証拠」が出てきている状況であったにもかかわらず、第二審の裁判で加害者は無罪判決を受け、被害者は「自殺衝動」を感じたが「自殺をしないために自傷をずっと」する事件があったという。このように司法手続きに対する被害者たちの期待は決して当然なものではなく、多くの被害者が告訴を後悔することもある。右のインタビュイーたちにとって苦しいことは、事件発生の瞬間に対する衝撃というよりは司法処理の過程における法に対する失望に起因するが、捜査・裁判過程で被害者は被害を立証するために苦痛を証明しなければならないのみであり、苦痛の理由と内容については語る機会がないのだ。

他方で、時には法的に勝訴したと言えども、被害者にとって大きな慰労になりえないこともある。

ジョンヒ(被害者) けっきょく最高裁で結論が出ました。破棄差し戻しであって、最高裁では性醜行があったと見える、ということが遠回しの表現であったので、けっきょくは破棄差し戻しの裁判でも性醜行があったと見えると、最初から結論をつけていたんです。(…)じっさい差し戻しも七月に決まったんですが、差し戻しの裁判の結論が一二月に出ました。それだけでも五カ月もかかったんです。だから約二年は、ただ第三審のせいで空中に放りだされたような感じ? すっきりするというよりは、なんでこんなに遠回しでやってくるのか、という思いが強いです。

ジヨン(被害者) 勝っても苦しかったんです。控訴したこともものちにわかりましたし、だれも教えてくれる人がいませんので[。](…)だから警察に電話してみたら知らせる義務がないと言われたんですよ。法廷での主人公は検事と加害者、被告人だからと。わたしには知らせてもらう権利がないそうです。知らせる義務がないそうです。あきれましたよ。怒りもわくし〔。〕（…）勝ったのはよかったんですが、苦しいのは変わりませんよ。

ジョンヒは虚偽告訴の逆告訴がはじまってから六年目の二〇二〇年になって、ようやく最高裁から「性醜行があったと見える」と破棄差し戻しになり勝訴し、民事の逆告訴もまた加害者が被害者に少なくない金額を賠償することで終結した。結果的に民事でも刑事でも勝訴したわけであるが「すっきりするというよりは、なんでこんなに遠回しでやってくるのか」と思ったと語る。被害後の社会生活もきちんとできない状況で、二〇〇〇万ウォン〔約二〇〇万円〕を費やさなければならなかったジョンヒにとって、この事件は「空中に放りだされたような感じ」として認識され、勝訴は決してよろこびだけではない結果として認識されるのだ。そしてジョンの加害者は三年の懲役刑を宣告されたが「勝っても苦しかった」とふりかえる。第一審が終わったあと、加害者が控訴した事実を知らなかったジョンは、急いで状況を知ろうとしたが「法廷での主人公は検事と加害者、被告人」であるがゆえに「知らせる義務がない」という回答を聞かされたのだ。結果的に加害者の控訴は棄却されたとはいえ、自分が法的な進行手続きを確認したり、進行過程に介入したりすることができないというもどかしさは残りつづけ、事件に対する記憶と、苦しい時期に生じたアルコールに対する依存も簡単には治らなかった。

ここまで検討してきたように、被害者たちは司法手続きの過程で自分が考えていた正義に対する失望と挫折を経験し、被害に対して問題提起をした理由と法的解決の意味を懐疑的に認識することもある。被害者たちは加害者の処罰、被害の公的な認定、それによる治癒と回復を期待しながら法的手続きに臨むのであるが、このような期待に対する挫折による苦しさを訴えており、裁判官によって異なって適用される法的判断は、一貫性が不足し信頼しにくいものとして認識されているのだ。

❖管理される女性団体と保守化される言語

現在、性暴力被害者に対する政府の主な支援の方向性は、性暴力防止および被害者保護などに関する法律に根拠しており、被害者の医療支援、ケア費用支援、治療回復プログラム支援、法律支援、住居支援、保護支援、デジタル性犯罪支援などで構成されている。(9) とりわけ主な支援の領域は、医療／治療、法律支援に集中しており、もちろんこれは基本的で当然な支援であるが個別的次元にとどまっているがゆえに、社会的変化を志向する女性運動団体の活動とは緊張感が存在せざるをえない。

したがって次第に個人化されていっている政府の支援システムのなかで、団体の活動家たちは次のようなもどかしさを訴える。

ヘジン（活動家）　支援者としての悩みは先ほども少し話したように、被害者が望むこともそうですし、わたしたちも医療支援や法律支援の業務をしているなかで、若干のサービスを提供して終わりになっているんじゃないかと悩むことが多いんです。（…）だからといってなんらかの心理的苦痛を訴えて薬物治療や精神科のカウンセリングを受けたいと訴える方にわたしたちができることは医療支援と医療機関に繋げることなんですが、一回で終わってしまうんですよ。先ほどわたしが最初に話した事例の場合は、法的な結果がよくなかったけれどいまは相談所の後援もしてくださってい て、その他にも小さなおしゃべりの会みたいなものをやりながら、交流所でも文章を書かれたり相談所活動に連携されている人もいますが、そうではなくて繋がれていない場合、一回の相談だけで医療支援に繋げて終わりという場合が、支援者としての悩みです。薬物治療やカウンセリングを受けたからといってすべてが治癒されるわけではないのに、とでも言いましょうか。そんな被害者たちを見ていてそう思うんです。(…)治癒というキーワードに薬物治療やトラウマのカウンセリングだけが影響を与えることができる変数ではないんですが、国家の支援体系もそうですし、すべてが医療支援に繋がっているように思います。

ソニョン(活動家) じっさい被害者の法的支援、医療的な支援ももちろん重要ですが、国家ができるのがその二つしかないとした時、あたかも法的ないしは医療的に解決できれば大丈夫な問題であるかのような、被害者にそんなメッセージとして近づいてもいると思うんです。だからその二つが解決すれば終わる問題として。けっきょくは回復しなければいけないのは被害者の周りのネットワークであって、そのためには教育が必要で、性暴力根絶が不可能なのはわかりますが、本当の国家の立場と同じで、ともかく社会を維持させなければいけない、というような。わたしはこれまでいかなる性格の社会をつくるべきかという展望をもって教育をするんだと考えていたんですよ。(…)復帰できる水準の共同体を、その社会をある水準で維持するために必要なことを国家がすべきだと思うんですが。

活動家ヘジンによれば、女性運動団体で「薬物治療や精神科のカウンセリング」を望む被害者に対して行う支援は医療機関へ繋ぐことだが、これは連続的支援をできる性格のものでもなく、時には被害者たちが治療を受けるからといって「すべてが治癒されるわけはない」と思うようになる。治療は個人の環境と資源によって異なる結果をもたらすが、「国家の支援体系」は医療的次元のみに繋がっているということだ。これは国家が認識する性暴力被害の回復は、個人的に心理的・精神的問題を「治療」すればよいこととして認識していることを意味するが、このような状況で運動団体の役割は運動ではなく「サービスを提供して終わりになっているんじゃないか」という疑問をもつことになるのだ。そして活動家ソニョンは法的・医療的支援に集中している支援体系を通して、被害者の治癒は「法的ないしは医療的に解決できれば大丈夫な問題」という「メッセージ」として伝達されているようだと語る。治癒と回復に必要なのは「被害者の周りのネットワーク」であり、そのネットワークを維持するためには「教育が必要」であり、被害者が被害以降に「復帰できる水準の共同体」をつくることは国家の役割であるにもかかわらず、それができていないということだ。

二〇二二年現在、韓国全国にある一六八カ所の性暴力相談所のうち、政府の支援金を受けている一〇四カ所の相談所[10]は、女性家族部〔部は省にあたる〕に毎年運営実績を報告しなければならず[11]、施設情報および従事者数、相談件数、相談方法、支援内容、被害類型および加害者詳細現況、刑事告訴支援現況、性暴力以外の事件支援現況などが主な内容だ。とりわけ相談所支援の範囲は心理・情緒支援、捜査・法的支援、医療支援、機関連携、情報提供に区分されており、その他の支援領域、たとえばイシュー闘争や社会変化のための文化運動などの活動は含まれない。このような運営実績の報告方式において、とりわけ二〇一八年には定量評価を行っていたが、一部自治体では各地域の性暴力相談所に前年よりも多い相談を目標値として提示し、その数値にとどくよう公文書を伝達したこともあった(12)。このような報告方式は女性運動団体の強い反発によって二〇一九年から再び定性評価に戻りはしたが、これは国家が性暴力被害者支援と女性運動団体の役割をいかに認識しているかをよく見せてくれる。

性暴力被害者支援は、量的に計算できたり推量できたりするものではなく、計画することもできない無数の変数と連続線のなかで行われる過程であるにもかかわらず、相談所の被害者支援は実績として管理され、性暴力被害の内容と被害者の経験は、数値と件数に係留されるのだ。このような実績中心の管理によれば、被害者と交わした一件の携帯メッセージは一件の相談実績になるが、より多くの時間と手間のかかる記者会見や集会参加、一人デモやさまざまな連帯活動と公判対策委員会活動は実績に含むことができないがゆえに、政府支援金を受けるために無理してやる必要がないことになる。

そして性暴力相談所の運営費は、自治体別に多少の違いはあるが、おおよそ国費五〇%と地方費五〇%で構成されており、一部の自治体では財政支援を口実に相談所の活動を監視し、対外的な活動をしないように圧力を加えることもある。このように、性暴力相談の内容と支援の過程は国家次元で管理されており、これによって一部の相談所は個別化された被害者の医療・法的支援に集中することになり、社会構造的変化を追求するさまざまな活動は、優先順位的に後回しにされることもある。女性運動団体は、性暴力の通念と男性／加害者中心的な社会構造の問題を扱う機関ではなく、被害者個人の事後処理を代理する社会福祉次元のサービス機関として位置づけられているのだ(13)。

ヒョナ（活動家）　今年の話題はやはりn番部屋事件がすごくて、いろいろな事例がぎっしりあって、簡単に処理できるのはほとんどなくて、加害者たちは加害者専門弁護士を使って戦略的にやるからめちゃくちゃ長くかかって、無条件で逆告訴がかけられて。わたしたちの場合、上半期に無料法律サービスの申しこみが二〇件を超えたんですよ。だから事案はとても苦しくて、どうすればいいかわからないという悩みがとても多いんです。事案をサポートしていくんですが、さっきも言ったように余裕が全然なくて、わたしがプラスアルファでなにかできることがないかと考えたんですが、いまはそれをする時間的余裕がないんですよ。いましなければ心にひっかかるのでいつも週末とか夜にそれをやっています。だからわたしのいまの悩みはこれなんですよ。わたしはいまきちんと進めているのだろうか？　こう言うと泣きそうになります。わたしはいま燃えつきているんじゃないか？　このままならある瞬間おかしくなりそうです。こんな悩みがとても大きいんです。

ヘジン（活動家）　わたしたちの支援の目的は、法的手続き、法的対応で勝利を得ることではなく、被害者のそばで寄りそいながら、〔周りから〕共感されている、支持されていると被害者に感じてもらうことだ、というようなことを聞いたことがあります。とても印象深いですし、じっさいそうだと思います。でも、そうしようとすればわたしたちの相談所の構造的な問題も悩まないといけないんですよ、とてつもない業務量を少ない人数でやっていますから。国家支援制度もこの問題がありますが、わたしたちの相談所もまた、人員が不足しているから〔社会福祉〕サービスになっているんじゃないか？　もうちょっと余裕があって、時間と人員が十分であれば、事案にもっと気を使ってともにできる経験をできるんじゃないかと思います。

活動家ヒョナは、最近になってｎ番部屋事件などで「事例がぎっしりあって」、加害者たちは「加害者専門弁護士」を選任して「戦略的に」対応してくるがゆえに昔よりも事件の支援過程が長くなり、逆告訴は「無条件」でかけられるという状況において、さまざまな解決方法について考えることができないと訴える。つまり事件の支援内容も次第に複雑になり、事件も量的に増え、長時間化するという状況において、制度化されている法的・医療的支援の外の選択肢について考えるのが難しいということだ。ヒョナは心にひっかかるので「週末や夜」に追加の支援のために努力をするが、限られた時間と体力によって、けっきょくは「燃えつきているんじゃないか」と語る。そして活動家ヘジンは、あるフォーラムで聞いた、女性運動団体が性暴力事件を支援する目標は「法的対応で勝利を得ること」ではなく、「共感されている、支持されていると被害者に感じてもらうこと」だという言葉が印象深かったと語る。しかし現在、性暴力相談所の活動は限られた人力、国家の法・医療中心の支援体系のなかで「サービス化」されているようだと感じている。このように、活動家たちはさまざまな解決方法を模索できなくする制度化された支援体系、不足している人員、加害者たちの積極的な対応、増える事件のなかで、社会変化のための活動をするのが難しく、支援実績に含まれる基本的な活動に集中するしかないのだ。

国家はこのような実績管理を通して特定の人口集団を管理する統治理性、つまり「生命管理権力」を行使する。この時、社会政策は諸個人を危険から保護するのではなく、諸個人が危険を甘受し対面できる一種の経済的空間、つまり医療、法律、住居などの金銭的支援の領域を付与することにとどまる。これにより構成員たちは次第に個人的・集団的危険の問題を社会に要求しなくなり、これは社会保障を通して諸個人を危険から保護するのではなく、その内部で危険を甘受し対面できる空間を準備してやるだけである。(14) このような状況において、一部の活動家たちはさまざまな支援のやり方、運動の方向について考えることが困難であり、法の言語に慣れていきながら保守化する傾向を見せることもある。

ユミ(活動家) わたしの言葉が難しくなったと友達に言われたんですよ。とくに性暴力関連の話をする時に、かなり法的用語を使っていると記者をしている友達にも言われました。わたしは現場の団体で働いているから法の罪名もよく知ってるし、法に関するいろいろな言葉にも慣れています。だから量刑因子だとか、特別量刑因子だとか、一般量刑因子だとか、この場合はこういうのもあるとかいう話をすらすらしゃべってたら、意味がわからないからわかりやすくしゃべってくれと言われたんですよ。(…)これは事件化できるだろうか? こんなふうに視角もだんだん変わっていくんです。電話相談をすればたくさんの被害者が事件を告訴できるかと聞いてくるんです。ある事件に接した時、これは性醜行として認定されるだろうかといつも想像するようになるんですよ。わたしも知らないうちに。日誌を読みながらもまたそんな想像をするんです。まえにプライベートな場で気楽に話している時に出てきた言葉ですが、この業界で働く人たちほど性暴力事件に対して保守的に話す人はいない、というものがありました。現実が保守的だということをよく知っているからなんですが、誰かが話したこの言葉に共感するんですよ。昔は曖昧な部分があっても一回闘ってみようと話していたと思うんですが、いまはこの事件が、この人が体験したことが法廷に行けばどのような争いになるかわかるので、視角もちょっと保守的になったんだと思います。

三年目の活動家であるユミは、女性運動団体に入る前に大学で反性暴力運動をした経験があり、性暴力相談所で働きだしたあとに、周りの友人たちから「言葉が難しくなった」と言われはじめたと語る。「法の罪名もよく知っている」し、「法に関するいろいろな言葉にも慣れて」いるということだ。そうしていると、ある事件に接する時、法的に認定されるかを「いつも想像」するようになり、昔は「曖昧な部分があっても一回闘ってみようと話」をしていたが、いまでは「法廷に行けばどのような争いになるか」という現実的な考えが強くなり、「視角もちょっと保守的に」なったみたいだと語る。もちろん相談所の活動家として性暴力関連の法的用語に慣れていくことは自然なことでありうるが、時おり団体活動家たちのほうが「保守的に話す」というユミの指摘は、団体の核心的な支援と活動が法的支援に集中している現実を示している。

このような流れのなかで次のインタビュイーは女性運動団体の支援を受けられない理由を説明する。

ウンジ（被害者）　法は男たち、加害者たちに有利なんですが、被害者が望もうが望むまいが法の枠内へ引きこまれつづけるということがあって、でも法の枠外で解決しようとすれば被害者の選択できることがあまりにもないんですよ。被害者たちを支持してくれるものがあまりにもないんです。（…）いまわたしがこれをするのになんの意味があるだろうか？　わたしがいまどこまで到達しているのか？　わたしにとって回復とはなに？　こんな悩みをしなければいけない時だと思うんですが、時間はあまりにも速く進むし、この全部をわたし一人で悩んで、わたし一人で解決しなければならないというのが、あまりにも苦しいことだったんですよ。でも女性団体みたいなところの支援を受けるにはあまりにも多くの性暴力事件が発生しているし、またオンライン上で公にしたり軽微な事件に見える性暴力事件に司法的な領域ではなく社会的に解決するやり方を望んだりする人びとが、既存の女性団体の支援を受けるのは合ってるのだろうか、役に立つのだろうか、という悩みもちょっとありましたし、そんな状況だったと思います。

ウンジは性暴力の法的解決の限界を語りながら、法は「加害者たちに有利」な空間であり、「法の枠外」でなにか方法を探そうとしても「被害者の選択できることがあまりにもない」と残念がる。これによって公にする前後の対応過程を自ら考えて解決しなければならなかった状況で、女性運動団体に支援を求めることも考えたが「オンライン上で公に」する事件、あるいは「軽微な事件に見える性暴力事件」に対して支援をしてくれるだろうか、さらには「司法的な領域ではなく社会的に解決するやり方」を選びたい被害者たちに女性運動団体は支援を与えることができないのではないかと思ったと語る。

他方で、次のインタビュイーは女性運動団体が被害の内容だけに集中すると批判する。

ダジョン（被害者）　わたしが本当に語りたいことは、どのように回復をしたのかです。これが一番必要だと思います。いままで見てきた女性運動団体は、性暴力相談所であれ支援団体であれ、あまりにも被害だけに縛られて話をするんですよ。これこれだからこんな被害が生じた、と［。］（…）こんな被害をこんなふうに受けたのに、この人がこれこれして、いまこんなふうに暮らしています、ジャジャーン！　というような。ディズニーのお姫様シリーズでもないですし。結婚して幸せに暮らしましたとさ、でもないですし。結婚したからといって幸せなわけではないじゃないですか。幸せじゃない人たちがどれほど多いことか［。］（…）わたしは被害にだけ集中することは嫌です。被害がどのように起こったのか、この点が重要なことではないと思います。そんなふうに被害を受けた人たちが、わたしはこの被害がセクハラであれ、性醜行であれ、性暴力であれ、サイバー性犯罪であれ、どれが大きくてどれが小さいとは決められないと思うんです。その人にとってはずっとトラウマとして残るものだからです。大きな事件であれ小さな事件であれ、はやく回復して生きなければいけないじゃないですか。わたしはわたしが回復した方法について語りたい、という思いのほうがはるかに大きくなったんです。

ダジョンは女性運動団体が「被害だけに縛られて話」をすると評価する。ある被害を受けた人が「いまこんなふうに暮らしています」というやり方は、あたかも「ディズニーのお姫様シリーズ」のように被害者を描くようなことだ。ダジョンは「被害がどのように起こったのか」ではなく「大きな事件であれ小さな事件であれ」、「回復した方法について語りたい」と強調する。つまりさまざまな団体の事件支援過程を見れば被害の類型、事案の深刻さなどを中心にして活動していながら、いざそれ以降の話については聞かせてもくれないし、語る機会もないということだ。このように、一部のインタビュイーたちは女性運動団体が法的手続きのみを中心にして支援し、回復過程よりは被害内容を強調するやり方で活動していると認識することもあるのだ。

右の内容は、ネオリベラリズム統治術のなかにおける国家の性暴力関連の法・制度が法的・医療的支援に限定され、それを中心に監視、管理される状況で、性暴力事件の支援を福祉という名前へ縮小することをもって運動の政治性が弱化する過程を示している。[15] ネオリベラリズム的統治性が貧民をつくりだし、エンパワーへの意志(the will to empower)を通した市民性テクノロジーを統治戦略とする過程を分析したクルックシャンク(Cruikshank)は、福祉官僚たちが政治的危機を数字の危機へと転換し、危機を政治的なものから行政領域へと転換し、危機を脱政治化することに成功したと主張する。[16] つまり現在、国家は性暴力に対する数値的管理と被害支援の実績化を通して性暴力被害支援を政府の代理サービスの一種へと転落させ、女性運動団体の政治的活動およびその意味を威嚇するのだ。この時、治癒と回復のための被害者の要求は、法と医療的領域のなかへと限定され、時に団体活動家と被害者は消費者とサービス提供者の位置で認識されもする。つまり、かつての国家は性暴力被害を不運な個人の問題と見なしながら政府の支援が必要な領域として考えなかった。しかし被害者に対する公的支援が次第に増えており、これはブラウン(Brown)の言うとおり、被害者が自分の要求を政治的主張へと繋げない線においてのみ寛容可能な対象になり、[17] その内容は個人化された解決方式である法的・医療的支援に限定し、社会構造的変化を求める活動は統制することによって性暴力を再私的化しているのだ。国家は性暴力相談をさらに多くしなければならないと強調しつづけながら、じっさいは予防と根絶のための社会的諸活動を認めないことをもって、性暴力事件の解決のための団体の活動を、統治性を正当化するためのやり方で管理している。

ここまで検討してきたように、法と国家は社会的通念のなかで許容可能な特定の被害を選別し、司法手続きは加害者処罰と被害者治癒を無力化し、特定の領域を中心に支援体系を拡張しつつ、性暴力事件解決のためのさまざまな場を管理している。そして反性暴力のためのフェミニズム的議題と実践などは副次化するように促しており、このような状況は性暴力をめぐる社会的闘争の言語を再私的化するネオリベラリズム的統治戦略と見なすことができるのだ。

第二節 性暴力事件の解決をめぐる意味の再構成

❖非司法的解決の条件

性暴力事件の解決は、状況と文脈によってそれぞれ異なる経験、感覚、感受性、資源、ネットワークを通して試みられるが、この時、解決を試みるために被害者にどのような条件が準備されており、どのような機会と選択肢が与えられているかによって異なる結果がもたらされる。被害者がさまざまな方法を想像し実践するためには、さまざまな領域で特定の機能を強要するのではなく、選択することのできる機会のための目標を立てることとともに、ほかのケイパビリティ〔潜在能力〕さえ壊してしまうケイパビリティの失敗を除去することが必要だ。[18] そしてこの時、生き方を導く個人のケイパビリティは、最終選択肢ではなく、選択にともなう過程、とりわけ本人の意思によって選ぶことのできる別の選択肢、実際的な機会に注目する幅広い接近を通して評価されうる。[19]

これは、性暴力事件の解決とは、完成したなんらかの状態を勝ちとることではなく、ある条件と文脈において、どのような過程を経るかによって別の意味として再構成されうることを意味する。したがって被害者たちは、選択肢を一つずつ悩んでみて、試みてみて、実践してみる過程で、解決の主体として自分の位置を再設定することになる。この過程で治癒と回復の意味は、個人の言語ではない社会的言語として再解釈され、被害者たちの実践は、政治的連帯の場へと移動することもある。

次のインタビュイーたちにとって治癒と回復は、個人の状況と文脈によって異なるがゆえに、それが可能でありうる条件と文脈が噛みあう時に可能なものとして言及される。

ヘジン(活動家)　わたしも相談チームにいるので治癒に対する悩みは多いですが、似たような事件の程度がその人の苦しさを決めるものでは絶対ないですし、ある人は心理カウンセリングや薬物治療を受けて力がでてきて治癒して日常を営んでいきますし、また別のある人は長いあいだそれを受けても全然よくならない場合もあります。その違いも気になりますし。そこには個人的な環境を排除することはできないと思います。心理的な苦痛を訴える方に会って話をしながら、いまのこの事件だけでなくて過去にも重複被害があって、家族の問題もあって、個人的なことも排除はできないと思いますし、また周りの支持と資源も排除できないと思います。

ヒョナ(活動家)　最近思うのは、被害者が望む結果がなんなのか、司法的にどのように処理されたのか、ではなくて、被害者が望むものがなんなのか、についてです。(…)被害者が暴力と感じる部分がはじまりになりますから、(…)〔わたしたちができることは〕解決ではありませんが、わたしたちが被害者のために支援できることがなんなのか悩み、被害者が望むなにかにわたしたちが助力することだと考えます。それが法的なものでないこともあるし、カウンセリングや医療的なものでないこともあるし、先ほどしゃべったように一回だけわたしに電話をして、ただあなたが聞いてくれるだけでもいいと言われたとしても、この方にとってはそれが満足できるものなのかもしれないし。ある人は最高裁で勝訴判決が出ても依然として怒りが残っていることもありますよ。だからわたしは被害者が望む結果とわたしたち相談所の支援能力、支援体系やシステムなどがともなわなければなりませんが、わたしたちができることはシステムのなかで可能ですから。法や制度のなかで。それらがともに届きあって、互いにある地点まで行けることが、じっさいのところ解決ならぬ解決なんじゃないかと思うんです。

活動家ヘジンは、被害者たちがそれぞれ異なる苦しさを経験することについて「ある人は心理カウンセリングや薬物治療を受けて力がでてきて治癒して日常を営んでいきますし、また別のある人は長いあいだそれを受けても全然よくならない場合」もあるが、ここには「個人的な環境」、過去の「重複被害」、「家族の問題」、「周りの支持と資源」などによって違いがあると語る。これは被害者たちの治癒と回復のための解決の方法と過程が単一ではありえないことを意味する。

活動家ヒョナは最近、司法的結果を超えて「被害者が望む結果がなんなのか」を問うようになったと語る。暴力の感受性が個人によって違い、「暴力と感じる部分」がはじまりになるものなので、被害の支援は、法的支援、相談、医療支援のみに限ることはできないということだ。しかし時には「一回だけ」の相談で満足しうる場合もあるし、時には「最高裁で勝訴判決が出ても」苦しい感情がつづく場合もある。したがって支援団体の能力、法・制度的システム、個人の感受性と文脈の諸地点が「届きあって」進めることができる時、「解決ならぬ解決」が近づきうると診断する。このように、事件の解決は法的な勝訴や精神科の診療をこれ以上必要としない状態だけを意味するのではなく、それぞれ異なる被害者たちの経験と文脈が反映された条件と資源などが連結されうる体系と言語の構築を必要とする。これゆえ次のインタビュイーたちは、さまざまな解決方法を想像し試みてもいる。

ヒョナ（活動家）　司法的な段階を踏まずとも、告訴ではなくとも——告訴すればはるかに多くの争いが生じるであろう件だったんですが——学校の懲戒委員会で事件〔処理〕を進め、懲戒委員会がきちんと手続きを踏めば、（団体活動家が）外部委員もして、そうやってきちんとうまく進めることができれば、こんな（学校に必要な）ものを提示して〔。〕（…）〇〇活動家は、ある被害者の方が公共機関で起こったことだから国政監査〔国会が毎年行う行政全般に対する監査〕に出したがったので、国会の国政監査の時に話をしました。

スミン（被害者）　もう一つのルートは国会議員です。国会議員は自分たちが監督しているので、被監機関について見ることができるそうです。だから国会議員を探しはじめました。（…）ある国会議員の知り合いだと言っていた人に連絡して国会議員をちょっと紹介してくれとお願いしましたが無視されて。(…)グーグルで国会議員を検索して何人かに送りましたよ。どこからも反応がありませんでした。その頃、〇〇〇市長の聴聞会がありました。その時わたしがメッセージを送った議員が、わたしが送った内容を使って質疑をしていました。(…)議員が質疑した内容は、会社が懲戒時効の二年を過ぎているので(加害者)懲戒ができないと言ったというがそんなことが通るとでも思うのか、というものでした。この事件について知っているか、と聞いたんです。その市長は、知らないわけがない状況なのに、何件か報告を受けたと答えてその質問をかわしていました。話をちょっとしなくちゃいけないと思って〇〇〇議員にカカオトーク〔韓国でよく使われているメッセージアプリ〕を送ったところ、議員会館に来てくれと返信がきました。訪ねて行って、あいつが監査資料を自分には絶対渡さないと訴えたら、議員事務室から要請をしたみたいです。でも議員事務室にも渡せないと言って耐えぬこうとしたそうです。(…)だから最初には見せてはやると言っておいて、あとに実名があるので見せられないと言ってきて、しばらくもめたんですが、二枚程度に要約して渡してくれたそうです。

活動家ヒョナは「告訴すればはるかに多くの争いが生じるであろう件」であるがゆえに学校の懲戒委員会を通して加害者を懲戒した事例と、公共機関の内部で被害を経験した被害者が国政監査で問題を提起した事例を紹介する。そして公共機関の内部で被害を受けたスミンもまた、国政監査をかなり積極的に活用した過程を語っており、このように被害者と加害者が属している空間の特性によって、解決のやり方はさまざまな形で考えだされる。とりわけスミンは組織内で該当事件の調査資料を要請したが受けいれてもらえないとわかるや、まず「国会議員を探」し、「グーグルで国会議員を検索」して資料を送った。幸いなことに、このうちの一人の国会議員が国政監査で質疑をし、その国会議員と粘りづよい接触過程を経て、最終的に会社から「二枚程度に要約」した資料を受けとった。もちろん欲しい資料をすべて受けとることはできなかったが、スミンは加害者の組織内懲戒という自分の目標を達成するために、そして公共機関の特性を活用し、非司法的方法を探すために努力した。このように、インタビュイーたちにとって法と法の外の関係は柔軟に認識されもするし、このような方法は事件解決に対する組織的責任を問い、公的な問題提起として議論の場を拡張する実践でもある。

他方で、次のインタビュイーはそれぞれの事件ごとに異なるやり方の解決過程を経る。

ヨニ（被害者） MeToo運動があってから周りの友達が自分の被害を語り、それが失敗の経験へと達するのをたくさん見て、わたしもともに怒り、デート暴力に対する話もたくさん交わしたんです、こんな共同体のなかで。たとえばガスライティングみたいなものですが、性暴力に対する議論のスペクトラムが拡がるのを見ながら確信したんです。あれが加害者だったのか？〔と確信したんです。〕(…)最近になってわたしは加害者と示談をしたんですよ。申告してから一年かかって示談したんですよ。申告手続きはそれほどややこしくはありませんでした。あれこれ状況を書いて、証拠になるようなカカオトークの内容をキャプチャーして、弁護士に会って、わたしがなにを望むのかを話すんですが、カカオトークをキャプチャーするだけで一カ月以上かかったんですよ。(…)最近、わたしは示談をして、そのうえ、いい知らせとしては加害者が加害者教育も受けることになって、自筆の謝罪文ももらって、示談金も受けとりました。とても幸いでした（笑）。この示談金に対する話をたくさんの人と分かちあいたいです。わたしの周りにそんな事例がないんです。被害者もたくさんいますし加害者もたくさんいますが、これだけでは〔支援〕団体が扱う案件になりません。学校内の性平等委員会で公にする、集団内で公にすることは見たことがあっても、加害者から示談金を受けとるケースは、わたしの周りにはなかったと思います。

ヨニは、二度の性暴力被害を経験したが、MeToo運動以降、周りの人びとと被害経験を交わしながら、自分の被害に対する確信をするようになり、解決方法を考えはじめた。以前の恋人による最初の性暴力被害は、加害者が謝罪要求を受けいれなかったので法的告訴を進めるしかなかったが、二度目に同じ業界内で働いていた先輩による性暴力は示談を進めた。団体を通して相談と仲裁を進行し、これを通して「加害者が加害者教育も受けることになって、自筆の謝罪文ももらって、示談金も」受けとれたという。ヨニがこのような自分の事例を他の人びととたくさん分かちあいたいのは「周りにそんな事例がない」からでもあり、一五〇〇万ウォン〔約一五〇万円〕という少なくない金額を受けとったからに見える。しかしヨニがその事件をうまく解決したことと認識し、周りの人びとと分かちあいたかった理由は、示談金だけでなく加害者教育と自筆の謝罪文がともなったということ、団体の仲裁によって比較的安全に示談を履行できたという背景が存在する。

これとともに九歳の時におじから性暴力被害を受けた次の事例の被害者は、三五年が過ぎたあとに強い私的復讐を敢行した。

トギョン(被害者) ちょっと突発的な状況ではありましたが、突発的と言っても、そのカッとなる感情が出てくるまでには、わたしにも信じることのできるうしろ盾が(笑)、わたしに活動家の友達ができたという一種の(…)自信があったと思います。だから加害者を訪ねて行ったんです。(…)いきなり横にいた母が飛びかかって、おじの頬を叩いたんですよ。なにがなんだかわからないまま頬を叩かれたおじが母を押しのけました。母を押しのけたので、弟がとても頭にきて、わたしの弟はわたしよりも当然力が強いわけですよ。おじを押しのけて、胸ぐらをつかんだんですよ。(…)もし警察でも呼ばれたら、おじとわたしの問題として事件にならないと困るんですが、おじと弟のケンカとして事件化されるのは願っていませんでした。殴られるとしてもわたしが殴られないと。とはいえわたしが性暴力を受けて責めたてに行ったのに、こんなふうになるとは思っていませんでした。弟が関係すればだめだと思って弟を押しのけておじの胸ぐらを左手でつかんだんです。それで筋肉がないわたしも、その瞬間にはちょっと強かったんです。これを絶対手離してはならない、母と弟に被害が及んではいけないという思いでぎゅっとつかんで、その人がメガネをかけていたんですが、メガネだけは触れてはいけないという思いで、頬を下のほうから右のこぶしで片方だけ、左手はつかんでいますから、顔を狂ったみたいに何十発も殴りました。わたしが女だから、ほかにはなにもできません。(…)そんなふうに殴って叩いている瞬間、解放感がありました。(…)(わたしは)いかなる暴力であれ容認できないと考えてきたんですが、その瞬間はわたしにとって暴力というものの封印が解除されたんです。そんな点で解放感があって、その後、そいつがどんなふうに暮らしていようが、わたしがどんなふうであれ、重要じゃなかったんです。わたしがこれができなくて悩んでいたのかと思うほど。だから殴って叩いて〔。〕(…)玄関を出て最後に一言、言いました。わたしはいまさらお前を法的に訴えることができないけど、道徳的にでは埋葬できるんだぞ。世の中はいまではそうなったんだ。その言葉を聞いた瞬間、追いかけてきて、わたしたちが乗ったエレベーターのドアをつかもうとしていました。そのまま閉まったので帰りました。その後は会っていません。(…)その後、MeTooが狂ったように弾けだして性暴力問題が可視化されて、性暴力について既存の言説を全部ひっくり返さないといけないと語られた時、神がわたしを助けてくれているんだな、と〔思ったんです。〕(…)わたしがその加害者に会った時間が治癒の完結だったなら、すでに治癒の時間は自ずとはじまっていたんだと思います。カウンセリングを受けながらではなく、勉強しながら考えるようになったんですよ。

トギョンは九歳の時、おじに性暴力被害を受けたあと、長く苦しい時間を送った。そうして数年前、自分の生を支持してくれる共同体を経験し「信じることのできるうしろ盾」ができて力を得て、ある日「突発的に」母と弟とともに加害者を訪ねて行ったという。母と弟が加害者ともみ合いになると、トギョンは警察が来たとしても「わたしが性暴力を受けて責めたてに行った」と言うほうが良いという判断の下で、加害者の胸ぐらをつかみ「狂ったみたいに何十発も殴」るに至る。自分はふだんいかなる暴力であれ容認しなかった人であったが、その瞬間「解放感」があったと記憶しているのだ。加害者に

「わたしはいまさらお前を法的に訴えることができないけど、道徳的にでは埋葬できるんだぞ。世の中はいまではそうなったんだ」と告げ、その場を去ったという。その翌年、MeToo運動を見ながら「神がわたしを助けてくれている」と考えるようになったと語るが、それまで性暴力に対して勉強し、力を得ることができる共同体に出会うなかで「治癒の時間」を開始していたのであれば、加害者に会ったのは「治癒の完結」であったと語る。もちろん暴力的なやり方の私的復讐を勧めることはできないが、被害者が事件の解決のためにできる公式的方法がない時、さまざまな非司法的な実践は、治癒と回復の意味を拡張することもあるのだ。

右のインタビュイーたちが、自分の考える治癒と回復に近づくことができたのは、単純に生まれもった個人のケイパビリティに起因することだけではない。法的解決の外に、自分の経験を明らかにできる問題提起の場があって、自分の経験を被害と命名できたMeToo運動と、信じて仲裁を任せることのできる団体があった。そしてなにより自分を支持してくれる共同体と周りの人びとによって被害者たちのケイパビリティが発揮できる条件がつくられることができたのだ。

❖状況を主導する時に可能な治癒と回復

インタビュイーたちにとって治癒と回復は、次のように解決方法を自ら選択できる時に可能なものとして認識されていた。

ヘギョン（被害者） クィアパレードに行ったんですが、とても羨ましいんですよ。最初はじめた時は数人しかいなかったのに、いまでは数万人に増えて、サバイバーたちはあまりいませんがのちには光化門広場《クァンファムン》〔ソウルの中心街〕に出ていくでしょう。ああ、わたしの夢は光化門広場にみんなが、サバイバーが集まるのが夢なんですよ。（…）きっかけはわかりませんが、いずれにせよわたしはこの間しゃべることができなかったことをしゃべれるようになったこと、表に出したことだけでも幸せだったし、それをだれかが聞いてくれたということ。〇〇〇人が聞いてくれたということ、同意したということ、そんな人がいたということ。幼い時には一人もいなかったんですよね。わたしが〇〇に話した時には恥ずかしいからだまってろと言われましたし、母と加害者はわたしが生まれもった罪だと言いましたし、全部わたしのせいだと思っていたんですが、国家のせいだと言ってくれる性暴力相談所がとてもありがたかった、それがはじまりだったんです。じゃあ国家にしゃべればいいじゃないか、加害者たちは聞いてくれないから。でも国家にしゃべる方法をあれこれ考えてみたらこうなったのであって、わたしは実践をしたのであって、一つひとつ実践をして二〇一九年にほとんど全部実践したんですよ。これからは広場にだけ出ていけば大丈夫だ〔。〕（…）わたしみたいな場合は法律的にもダメで、内容証明も出せない立場なんですが、幸せだと感じたんですよ。（…）その前までは悲しいことに、心にも思ってない相手の気分に合わせてやって、なぜわたしはいつも相手より弱い立場でなければならないのかと気が病んでいたんですが、いまは相手より弱い立場になっても幸せです。その違いです。わたしが相手より弱い立場になってもわたしが選択してそうなったんです。その感じ、わたしが選択した言葉、わたしが選択した生き方とでも言いますか、わたしが選択した目標とでも言いますか、もしかつてのわたしだったらこれがとても空想的で理想的な発言なんじゃないかと傷ついているだろうに。それがいつだったかわたしが選択しているということを自覚した時が回復なんだと思います。治癒であると同時に回復〔。〕(…)幼い時のわたしには、なにも選択がなかったんですよ。

幼い時から成人に至るまで父から性暴力被害を受けていたヘギョンは、女性運動団体で行う自助グループを通してほかの親族間性暴力の被害者たちと出会った。そして親族間性暴力の公訴時効廃止のための活動とともに、さまざまな連帯活動にも参加したが、活動の最後の目標はクィアパレードのように親族間性暴力の被害者たちが主体になる広場パレードを企画し組織することだ。これはほかの性暴力の類型と比べても親族間性暴力はより一層タブー視されてきたがゆえに、世の中に存在を現し、被害当事者たちが主体になって自分たちの声を知らせる積極的な活動が必要だと認識しているからだと思われる。そしてヘギョンは、性暴力被害が「わたしのせい」ではなく「国家のせい」だということを知り、それゆえ「国家にしゃべる方法」の一つとして国民請願運動を行い、そこでそれまでしゃべることができなかったことを「表に出したことだけでも幸せ」だったと語る。ヘギョンが自分の事件を「法律的にもダメで、内容証明も出せない立場なんですが幸せ」だと考える理由は、署名で応答してくれた数千人の市民たちを通して、だれかが聞いてくれ、同意してくれたと考えるからであり、また「相手より弱い立場になってもわたしが選択してそう」なるからであった。「幼い時」に「なにも選択がなかった」ヘギョンは、「わたしが選択しているということを自覚した時」が「治癒であると同時に回復」であると認識していた。ヘギョンにとって治癒と回復は、サバイバーのパレード、国民請願運動、公訴時効廃止運動などを実践できるさまざまな選択肢がある時、そしてだれかがその実践に応答する時、肯定的なものとして再意味化された。

他方、次のように司法手続きもまた解決のための重要な選択肢として存在する。

チャニ（被害者）　みんながダメだと言いました。弁護士がもう示談しろと言ったそうです。「ダメです、わたしたちは嫌疑なしを勝ちとらないといけないんです」。嫌疑なしを勝ちとって「やった〜」というやつです。そんな勝利の経験のことです。被害者が被害者という言葉自体を敗北的に位置づけてきたんですが、わたしは客観的なものにしたいんです。被害を受けた人、というものに。そしてその被害を克服する、という言葉はちょっと語弊があるかもしれませんが、回復しうるし、ほかの方向へと発展や前進も可能です。そして司法システムというのが常に被害者を抑圧し圧迫する形態としてのみあるわけではなくて、被害者たちも利用できるんです。こんな形のさまざまな姿を見せてやりたいので、そんな経験をずっと蓄積してきていますし。けっきょくそんな試みは視点がちょっと違うみたいなんです。（…）いったん本人は被害を受けた人であり、その被害を受けたことに対して本人が対応するやり方はさまざまなものがあるでしょうし、そのうち一つが司法システムですが、その司法システムにも勝てる道があるということ。その道を多くの人がいまつくりだして歩んでいるのだから、周りに助けを求めることができるなら積極的に求めていただき、積極的に闘っていただいても大丈夫なんだとお伝えしたいんですよ。

チャニは法的闘争で「勝利の経験」が蓄積されればよいと考えており、被害者という単語を「敗北的」にではなく「客観的なものにしたい」と語る。チャニにとって性暴力被害は「克服」することではなく「回復しうる」ものであるがゆえに司法システムは「常に被害者を抑圧し圧迫する形態としてのみあるわけではなく被害者たちも利用できる」ものとして認識されることを希望している。チャニが、被害者たちの対応できる方法として司法システムを重要視する理由は、自分のように、「その道を多くの人がいまつくりだし」ているからであり、それゆえ被害者たちも「積極的に」助けを求め、闘うことを勧める。このように被害者たちは法的解決の過程で力を得ることもあり、加害者を見逃さず公的な方法で抗って闘った経験は、被害以降の自分を主体的な位置で再構成するために役に立つからだ。

それとともにインタビュイーたちにとって事件の解決とは、自分ができることをすべてやった時、自ら状況を主導することができる時として表現される。

ボラ（被害者）　事件が終結すれば、処分が終結すれば、わたしが望んでいた過程が終結すれば性暴力事件が解決され終わったのかを考えてみると（…）本当に事件が終わったと感じた時がいつだったかというと、わたしがベストを尽くしたと考えた時、わたしができることを全部やったと考えた時なんです。なにも引っかかるものがなくて、結果と関係なしにわたしができるすべてのことを全部やったと考えた時が、この事件が本当に終わったんだと思ったんです。わたしの経験から言うと、最後に残った連帯者の訴訟が終わった時、裁判が終わった時です。その時が本当に全部終わったと感じました。

ギョンヒ（弁護士）　わたしが感じるには事件の解決がうまくいきませんでした。でも刑事裁判の手続き過程で自分が十分に権利を享受したと考える被害者たちは満足するんです。それでもできることを全部やってみてよかったともおっしゃいますが、その過程が治癒の過程になりうるんですよ。そんなのがもうちょっと多くならないといけないと思います。刑事裁判の手続きを進めることが負担の追加になるのではなく、自分が治癒されうるという考えとでもいうか、自分に役立つという考えのことです。

トギョン（被害者）　それは個人の位置によって変わると思います。自分自身で解決だと感じることのできる地点は人によってあまりにも違うからです。だからさっき話したわたしが加害者に会って叩いて殴ったことだけでも、わたしは解決したような、一段落したように感じたんですが、周りの方々はそれで気が済むのかという反応を見せるんですよ。ああ、感覚がこんなに違うんだなあと思いましたよ。自分自身が主導してコントロールできる力をもつことが重要なので、その程度でも解決したように思いましたが、さっき話したみたいに、被害者をなにかの言説のなかに閉じこめてしまう瞬間、その言葉に自分自身が閉じこめられている人は、なにをどうやっても解決にはならないと思います。加害者に終身刑を叩きつけない限りは。わたしのすべてのもの、魂まで破壊した人だから。その言葉に閉じこめられてしまえば、わたしは永遠に破壊された人なんです。わたしの魂を破壊した人をどうやって数年の懲役で終わらせることができますか？　終身刑でなくてはならないんじゃないですか？　そんなふうに考えることができるじゃないですか。それは決して解決されません。だから状況によって異なると思います。

デート暴力を公にして以降、いくつもの逆告訴に悩まされたボラにとって、事件の解決は「ベストを尽くしたと考えた時」、「わたしができることを全部やったと考えた時」であった。短くない時間であるうえに、簡単ではない対応の諸過程であったが、一つひとつの事件の勝敗を超えて、「最後に残った連帯者の訴訟が終わ」る時まであきらめずにベストを尽くした時、はじめて「本当に全部終わった」ようだったのだ。弁護士ギョンヒもまた、法的解決の過程で「事件の解決がうまく」いかなくても被害者たちが満足するケースとして、「自分が十分に権利を享受したと考える」時と「できることを全部やって」みた時であると語る。そしてそのような時、刑事裁判の手続き過程が「治癒の過程」になりうるということだ。

加害者であるおじに私的復讐を敢行したトギョンにとっての解決とは、「自分自身が主導してコントロールできる力」をもったことであった。しかし「被害者をなにかの言説のなかに閉じこめてしま」ったり、加害者への量刑によって解決の意味を推しはかったりするのであれば、解決になりえないと強調する。これは、被害者の認識する性暴力事件の解決は、性暴力被害に対する社会的通念、法的規定などによってのみ左右されることが少なく、だれかから与えられるものではなく、自分が積極的かつ主体的な参加と意味の転換がなされる時に可能だということを示すのだ。そしてこの時、治癒と回復は完成された結果として存在するのではなく、解決のための被害者たちの行為遂行性と実践のなかで意味化されうるのだ。

❖繋がっていることを自覚する過程で構成される政治的責任感

これまで検討してきたように、性暴力事件解決のための被害者たちのさまざまな実践は、法的言語がもつ絶対性を解体し、真理に対する特権的接近を廃棄し、周辺的抵抗言説としての社会抵抗の形態を構築することをもって、[20]性暴力事件の解決の場を移動させている。この過程でインタビュイーたちの実践は、個人的な事件解決を超え、他者に対する連帯意識のなかで動機化される。

次のインタビュイーはほかの被害者ではなく自分が被害を受けて幸いだと考えたと語る。

ソナ（被害者）　わたしだけでなくわたしよりもあとにこの業界に入ってきた、ほとんどがわたしよりも若い女性たちは、こんなことが生じた時に話す方法がないだろうなあ。わたしでよかったということをその時に考えて、こんなことが起こったこと自体に全然おどろきませんでしたから。いつかだれかに起ることが起こったんだなあ、と思ったので［。］（…）いまから思えば逆に不思議ですよ。わたしがそれだけ純粋だったんです。こんなのを知りつくしている人が、三次会まで行ってべろべろになった人が横に座った時に、そいつがなにをしでかすか予想できないのと同じくらい、それを予想するのが正しかった、と言うのではなくてなんと言いますかね。わたしの社会的に発達した部分では人をかなり信頼するみたいです。できるだけ信頼するように発達したんですね。

ソナは自分が属している業界内で発生した性醜行の被害を解決するために努力する過程で、自分よりも「あとに」就職した自分よりも「若い女性」たちにこんなことが起これば解決する方法がないだろうと考えて「わたしでよかった」と思ったと語る。「いつかだれかに起ることが起こった」ということだ。しかし被害を受けた当時には、そんなことが起こるとは全く考えられなかったことについて、自分が「それだけ純粋だった」と回顧する。人を「信頼するように発達」したようだと語るソナは、ある意味では依然として組織内の人びとを信じたがゆえに、被害後にも組織内で解決するために努力したように見える。しかしソナは、けっきょく失敗を経験し、性暴力事件の解決過程がどれほど難しく苦しいことなのかを体感し、自分よりもさらに力のない人ははるかに大変であっただろうと、〔その人びとに被害が及ばなかったがゆえに〕安堵するのだ。このようにほかの被害者を心配する被害者たちの認識は、次のように被害を防ぐための具体的な努力へ繋がりもする。

ヒョナ（活動家）　問題提起をする時にもっている考えのうち一つが、ともかくこれ以上ほかの被害者たちはいてはならないということ。これは感情というよりは責任感であって、被害者が事件を主導したり語ったりするさいの原動力だと考えます。さっきの事例で警察が身辺保護をしなかったという件ですが、会社は部署を移せと言ってきたらしいんですね。その被害者がどんなことを言ったかというと、金融関係の業種だから自分が席を移しても、その席に女性職員が来るだろうから、そうなればまた同じ行動をするだろう、ほかの被害者を生じさせてはならない、と言うんですよ。（…）ほかの被害者たちからも同じ話を何度も聞きました。でもこれはキム・ジウンさん〔忠清南道《チュンチョンナムド》知事（当時）の安熙正《アンヒジョン》の性暴力に対して二〇一八年にMeToo告発をした人物〕も言ってた話ですよね。これはある意味で、自分がMeTooをして、自分への二次被害があったにもかかわらず耐えぬくための責任感や力でもあり、自分が苦しいことをほかの人に転嫁させることはできないということでもあるんです。なんと説明していいかは難しいんですが、被害者たちにはそんなのがあるみたいです。（…）被害者たちは自分がこれをしっかり耐えぬいて、加害者をかならず処罰して、またほかの被害者が生じないようにして、そして組織のなかで起こったのであればより一層そんな場合が多いように思います。

ユミ（活動家）　見守っていた時、もっともしっくりくる理由は、自分みたいな被害者がこれ以上は生じなければいいのに、というものだと思います。さまざまな複雑な状況があるでしょうが、普通自分が言いたいこと〔があると思います〕。加害者に問題提起をしたくて、加害者がこんな視点をもっていて、〔加害者に〕こんな前歴があるということを知らせたくても我慢する人びとがいるじゃないですか。その我慢する人びとを語るに至らせる契機は、語ることのできる環境がつくられることももちろん重要ですが、加害者がのちにほかの人たちにも加害できる立場をもつことになるんじゃないかという憂慮や心配がある時、そしてその立場まで登ることに怒りもわきますし、そんな状況の時、言葉をたくさん語りだすんだと思います。

女性運動団体活動家のヒョナが支援した事件のうち、金融業界で働くある女性は、ある男性顧客から継続的にセクハラと業務妨害、暴力などの被害を受け、会社からは部署移動を提示されたという。しかし被害者は、その席にはほとんどの場合女性職員が座るために、自分が他部署に移っても、また別の女性職員が被害を受けると考えられるがゆえに、「ほかの被害者を生じさせてはならない」と言って、加害者が処罰されるまで部署を移動しなかったという。ヒョナは「ほかの被害者たちからも同じ話を何度も」聞いたと強調しており、組織内で被害を受けた被害者たちは、自分がその席を免れることでほかの被害者を生じさせることにならないよう、責任感をもつことが見てとれるのだ。そして活動家ユミもまた、被害者たちは「自分みたいな被害者がこれ以上は生じなければいいのに」という思いで問題提起をする場合が多いと語る。また加害者が「ほかの人たちにも加害できる立場をもつことになる」時、そして加害者が「その立場まで登る」こと自体にきわめて強い怒りを呼びおこす時、問題提起をすることになると語る。このように組織内で被害を受けた被害者たちは、また別の被害を防ぐための責任感によって、申告・告訴をしたという場合が多かった[21]。

また、次の事例は自分の加害者によって発生したほかの被害に対しても責任を感じると語る。

ボラ(被害者)　わたしがその時まともでなかった理由のうちの一つは、加害者によって逆告訴のパターンが繰りかえし学習されて、あの人たち同士でなにか共有された情報があるみたいで、だからわたしの事件のせいで告訴されなくてもいいはずの多くの被害者が生まれたんじゃないかと考え

たからです。その責任感のせいでまともでいられなくて、ともかくわたしがこの事件を放棄すれば
この人たちに対する責任も全部放棄することだと考えました。だから最後まで裁判を進めたんです。

ボラの加害者は数百件に至る報復性の企画告訴をしたと推定されるが、ボラはほかの加害者たちも自分の加害者がおこなった逆告訴の方法を「学習」していると感じたと語る。当時、ボラは二カ月に一つずつ新しい逆告訴をされていたが、これと同時に加害者は、全国各地で、オンライン／オフラインで被害者を支持していた人びとを見つけては、名誉毀損や侮辱などで逆告訴をしていた。逆告訴によって孤立・委縮していた状況においても、ボラは事件を放棄しなかったのみならず、自分と似た類型の逆告訴被害を受けた被害者たちとともに積極的に対応した。このようにできた理由は、自分が「この事件を放棄すれば」ほかの被害者たちに対する「責任も全部放棄すること」になると考えたためであったと語る。加害者によるデート暴力と逆告訴、そして第三者に対する無差別的な逆告訴とこのような手法の拡散は、決して自分のせいではなかったが、ボラは「わたしの事件のせい」だと認識している。このようなボラの認識は、罪責感ではない連帯と責任感に繋がる。このように、被害者たちがそれぞれ異なる状況においても責任感に言及し、事件に対する強い解決の意思をもつことは、事件の解決がほかの被害者たちと連累していることを直感的かつ経験的に自覚しているがゆえであり、その過程において政治的責任感が形成されるのだ。

ヤング（Young）によれば、政治的責任とは一人でなにかをすることではなく他者に集団行動をともにすることを呼びかけることであり、この時、社会的連結モデルとして共有された責任とは、過去に対す

る補償ではなく不正義な結果の生産過程に一助したあらゆる者たちが、不正義な生産過程を変えるために努力することだ。[22] したがって、性暴力事件は解決「される」のではなく、構造的不正義がつくりだす過程を変革するために闘争することであり、解決は到達すべき状態ではなく他者とともに公的な責任を負う過程であるとともに、性暴力経験に異なる意味を付与することのできる命名のはじまりの段階として理解することができるのだ。

❖社会構造的変化のための闘い

本書のインタビュイーたちは事件の解決過程で性暴力が社会構造的な問題であることに気づき、解決の意味を公的な価値へと移動させる。次の諸事例は法的解決の過程において性暴力がなにとの闘いなのかを認識するものだ。

ボラ（被害者）　事件の過程が長いこともありましたし、その過程を体験しながらさまざまなこととそれらの瞬間が、ああ、だから男性加害者たちが司法システムの内部に事件を持ちこもうとするんだなあ、と感じたんです。〔戦争の戦略のように〕いったん有利な高地を先に占領してから入っていって、その過程で女性被害者たちは困難な過程にぶつかりつづけることになるので、わたしの連帯者が担当して支援をした事件の被害者たちのなかにも、こんなことにとても耐えられなくて事件を途中で放棄する被害者たちがいるんです。耐えることができないんです。二年ものあいだなんて。

なぜなら自分がいままさに暮らしていくことができないからです。そして闘う相手は加害者一人だけではありません。司法システムの内部に入れば、司法システムの内部のありとあらゆる立場にいる男性たちと闘うことになるんです。

ヨニ（被害者）（警察署で告訴した事件は法的に）一〇〇％負けることもある、という気持ちでやるんですが、わたしはよくわかりません。わたしが裁判所に行ってどんなことを言うか本当にわかりませんが、裁判官や検事たちを叱ってやりたい気持ちがあまりにも大きい（笑）。あんたたちが仕事をテキトーにやるからわたしがこんなにまで私的に解決しようと努力したんだし、とにかく世の中は変わっていくけども、あんたたちは一つも変わるところがないみたいだ、というふうに話したいんですよ、加害者になにか言うよりも。でもこの結果とは関係なしになんらかの議論はされるじゃないですか。わたしがなにを被害として規定するのか、そしてこれがなぜ性暴力と考えるのかを議論して、考えを少しでも変えることができるんじゃないかという一抹の期待感みたいなものもあるんです。わたしもよくわかりませんが、これはやっても後悔、やらなくても後悔すると思います。それならいったんやってみて後悔しようという気持ちなんです。

ボラは司法手続きの過程で「男性加害者たちが司法システムの内部に事件を持ちこもうとする」理由がわかったと語る。逆告訴による数年間にわたる司法手続きの過程は、「闘う相手は加害者一人」だけではなく「司法システムの内部のありとあらゆる立場にいる男性たちと闘う」過程であり、それゆえ

「途中で放棄する被害者たち」がいるのだ。そしてヨニは二度の被害のうち、一つの被害を告訴した理由について、法的に負けるかもしれないが、「裁判官や検事たちを叱ってやりたい気持ちがあまりにも大きい」からだと語る。「世の中は変わっていくけども、あんたたちは一つも変わるところがないみたいだ」と語るヨニは、「加害者になにか言うよりも」、「結果とは関係なしに」、「わたしがなにを被害として規定するのか」を議論する過程で、法曹人たちの「考えを少しでも変えることができるんじゃないか」と考えたと語る。簡単ではないが「いったんやってみて後悔」するほうを選択するというのだ。ここでヨニは、法的処理過程を加害者の処罰や結果にとどまらず、むしろ法曹人たちの認識を変化させようとする運動の過程として意味化していることがわかる。

本書にインタビューイーとして参与した被害者たちは、すでに事件の解決のための実践をしたり、司法手続きの過程でMeToo運動を経験したりした場合が多かったが、何人かのインタビューイーは、社会的にMeToo運動が進められているなかで、事件を公にしたにもかかわらず、最初は次のようにMeToo運動と自分の被害を繋げることができない場合が多かった。

ダジョン(被害者)　じっさいわたしがやったことをMeToo運動とは考えていませんでした。じつはわたしは個人主義者なんです。ニュースにぜんぜん関心がないわけではありませんが、だからといって深入りして見ることもありません。怒りはしますが同化はされません。わたしはそんな人だったので、MeToo運動に対して深く考えてみることもありませんでした。これがなんでいまさら話題になるの、と考えるイシューのうちの一つでした。〔二〇一八年に〕ソ・ジヒョン検事が

MeTooを最初にはじめた時も、毎日ニュースに出てくる時も、いや、そんなことがいまさら話題になってるの？　いや、あれがあんなに大騒ぎになることか？　こんなことがあることすら知らなかったの？　この人たちはみんな目を閉じて耳を塞いで暮らしてきたの？　どうして？　という感じになってしまいました。MeToo運動が活発な時、わたしもMeTooをしようと思ったりしたわけではなく、わたしはまあMeTooとかいう言葉を使ったこともないし、まあそんな雰囲気だったので、MeToo運動になったんですね。(…)わたしがもうちょっと公益的な意味を考えるようになったのは、裁判がほとんど終わりかけの頃でした。ああ、こんなのでもわたしを見て勇気を出したという人がこんなに多くて、わたしの足どりが社会になにかの風を吹かせはしたということを確認した時、その時になってなにかをやりはしたんだな、という思いになったんです。(…)わたしが悪質な書きこみの告訴で警察署に行ったんですが(…)机の前に文書が貼られていたんですよ。サイバー性暴力に関連して法律をどのように適用するべきかについて、上層部からの方針が書かれていたんですが(…)代表的事件にわたしの名前三文字がはっきり書かれていたんですよ。(…)それを見てちょっと誇らしくなったんです。(…)サイバー性犯罪に対しては、依然としてその時もリベンジポルノだとかなんだとかが盛んだったんですが、それに対してはどんな教育もなく、どんな問題提起もすることなく、それを問題だと認識すらせず、法も司法部もそれを問題だと受けいれなかったですね。だからわたしはよくやったんだと考えています。

サイバー性暴力被害を受けたダジョンは、自分は本来「個人主義」的な性格であるうえに、ニュースにも興味がべつになく「MeToo運動に対して深く考えてみることも」なかったと語る。それゆえMeTooをしようとしたのではなくMeToo運動が行われていた時だったがゆえに「MeToo運動になった」のだと語る。しかし裁判が終わる頃になると、多くの人の支持と応援を見て、自分が「社会になにかの風を吹かせ」、「なにかをやりはしたんだな」と考えるようになったと語る。なによりも自分に対して悪質な書きこみをする人びとを告訴しようと警察署に行った時、サイバー性暴力に対する説明に自分の事件が書かれていたのを見て「誇らしく」なったという。それまで国家はサイバー性犯罪に対して教育すらせず、社会的、法的に問題だということを受けいれもしていなかったが、自分で公にしたことがその犯罪の問題と深刻さを認識させることに寄与したと知り、「わたしはよくやったんだ」と考えるようになったということだ。つまりダジョンは、MeToo運動がもっとも活発であった二〇一八年の春に被害事実を公にしたにもかかわらず、MeToo運動を自分の生とつなげて考えてみたことがなかった。しかし自分が公にしたことによって多くの被害者が勇気を得ただけでなく、捜査の過程にも影響を及ぼしたことを知り、自分の行動が社会変化に寄与したと認識することとなった。ダジョンはその後、MeToo運動と関連した活動に積極的に参加し、執筆活動やメディアに対応する活動をしながら、MeToo運動の流れのなかで自分の事件を位置づけた。これは権利の侵害に対して問題提起をする個人化されたネオリベラリズム主体としての被害者が、社会構造の変化と連帯を志向するフェミニズム主体へと変化する過程をよく見せてくれる。

　このように被害者たちは、事件解決のために自分たちの行動が社会を変化させることに寄与していると認識し、ほかの被害者たちを支援する活動をはじめもするのであり、被害者たちにとって性暴力事件の解決は、共同体と社会が変化する時に可能なものとして認識されているのだ。

ヨンジュ（被害者）　ある意味ではとても笑い話みたいですよ。女性の生では一種類だけの被害なんてありえないですし、連続線上で、もっと言えば事件解決過程のあいだにもまた被害がありうるのに、軽重をわけることもできないし、何年も過ぎた事件なのに心にいまなお残っていたんですよ。この話を最初に加害者に話した時、何年も過ぎたことを指摘されてかなり戸惑っていると言われて、それにもかかわらずわたしのなかでは未解決だったから解決の過程を進んでいくしかなかったんです。わたしが問題提起をした理由は、少なくともなにか共同体が変化することがわたしのなかで重要なこととして繋がっていて、それを知ってからこの事件から距離を取れるようになったんだと思います。

ヨニ（被害者）　いまでもなにかすっきりしないのは、加害者と示談はしたけど、わたしが属していた〇〇業界のシステムや雰囲気を変えることができたわけではないからでした、こんな私的な示談では。ともかくその時から社の代表といつか一度話してみないといけないと考えています。

ヨンジュは共同体内で先輩に強かん未遂の被害を受け、その事件に対する刑事告訴をする過程の前後で、また別の被害も受けており、これについても共同体内で問題提起をしつづけた。ヨンジュがこのような行動をするしかなかったのは「女性の生では一種類だけの被害なんてありえない」からであり、いくつもの被害があるが、〔事件〕当時の「軽重」によって主な被害に集中するあまりに解決できなかった別の事件が数年経っても心のなかに「残って」いたからだ。それゆえ加害者に話をしたが、加害者は「何年も過ぎたことを指摘されてかなり戸惑っている」という反応を見せた。ヨンジュはずっと問題を提起する自分の行動に対してかなり考えたが、それは「少なくともなにか共同体が変化すること」と繋がった地点であったことに気づき、そしてついに「この事件から距離を取れるようになった」と語る。ずっと続く被害と、解決過程で軽重を判別せざるをえなかった状況、それにもかかわらず未解決の事件を解決する試みは、共同体の変化に対する期待ゆえであったという解釈を下してはじめて、自分自身でその事件が解決したという整理ができたのだ。

ヨニは業界内の先輩から受けた被害に対し、比較的満足できる示談ができたにもかかわらず「いままでもなにかすっきりしない」のは、「私的な示談」では自分が属していた〇〇業界のシステムや雰囲気を変えることはできなかったからだ。それゆえ加害者が属している組織の「代表」に会って、組織内における加害者の位置や組織文化と関連した話を交わそうと考えている。

右のインタビュイーたちは、自分の事件に対する解決と共同体の変化を一定部分で同一視しているが、インタビュイーたちにとって問題提起の動機とその変化は繋がっており、それは次のように、ほかの被害者、マイノリティたちのための活動や、その人びととの連帯を通して極大化される。

ジユン（被害者）それと、ここでも解決した状態、克服された状態がなにかと考えるんですが、こんな考えは抱えつづけていかないといけないものだと思います。完全に解消された状態といいましょうか、性暴力を体験した人としてなにかちょっとずつ解決したり、あるいは性平等教育の講師をしたり(…)あるいは被害経験がある方たちが刑務所の性犯罪者たちと話を交わしカウンセリングを引き受けるということを知りました。すごい人、(…)素敵だ。わたしもそんなふうになれると思いますし、そんな人たちが多くなればなるほど若い人たちに、もう少し安全な、もう少し悩まされないような社会になるんじゃないかということも思ってみるんです。(…)(解決の状態とは)いかなる形式であれ社会に少しでも寄与すること、とでも言いましょうか、(性平等と関連した)展示をしたり、講師やカウンセラー?をしたり、被害経験をもつ人たちとの連帯、そんなふうに繋がった連帯がさまざまな形態でありうると思うんです。

ヨンジュ(被害者) 治癒というものは可能だと思います。(…)そんなふうなシスターフッドとか繋がりと言いましょうか、ある被害者が再び社会でてくてく歩けるように献身する役割をしたんじゃないか、と。それが起点になってわたしもほかの女性に献身できる人になりたいと思ってカウンセリングの勉強をはじめましたし、女性の連帯はこんなふうに連鎖反応を起こすんだと思います。だからわたしという人にも日常を営むことができるなにかを与えて、その思いでほかの苦しんでいる女性たちに力になりたい。そんな役割をする人になりたいという思いが充ちてきて、わたしがこの女性たちから受けたものをまた別の女性たちにしないといけない、という思い。これが治癒の原動力なんだと思います。

大学教授、職場の上司、医者、弟などによってさまざまな被害を受けたジユンは、現在も告訴するかどうか悩んでいる。しかしジユンにとって事件の解決の意味は、個人的ななんらかの状態ではなく、被害者であるにもかかわらず「性平等教育の講師」や「刑務所の性犯罪者たち」のカウンセリング活動などをする人たちが増えることとして認識されている。つまり解決の状態は「社会に少しでも寄与する」活動をすること、「被害経験をもつ人たちとの連帯」、つまり被害者たちと「繋がった連帯」として意味化されている。ヨンジュにとっても、治癒とは「シスターフッドとか繋がり」として意味化される。ヨンジュが事件解決の過程でほかの女性たちから受けた支援は、「わたしもほかの女性に献身できる人になりたい」という動機に繋がり、「女性の連帯はこんなふうに連鎖反応を起こす」のであり、それがまさに「治癒の原動力」だと言うのだ。

このように性暴力被害後、解決と治癒のための過程において、被害者たちの怒り、ほかの被害者たちに対する憐憫、これによる共感のなかで、性暴力に対する抵抗は政治的な感情として構成されている。韓国のMeToo運動において被害者と支持者、連帯者と支援者がさまざまな方法と内容で連帯することができたのは、このような「共感の政治」が可能だったからである。この時、共感の政治は政治経験や政治的な感覚とそれに内在する道徳の重要性を強調することとして、道徳的な自己向上と社会変化の政治をすべて追求する感情的奮闘の様式である[23]。このような被害者たちの奮闘の様式は、なによりも社会変化を追求するという点で、一人の加害者との闘いでもなく、一つの事件に対する闘いでもなく、自分の勝利のためだけの闘いでもないものだ。性暴力の被害者たちは、社会的弱者としての女性に発生するさまざまな暴力に対抗し、法、国家、家族、社会、周りの人、組織などとの闘争を、公の場で政治的に語る領域へと移動させている。ホネット（Honneth）のいうように、被害者たちは政治的抵抗行為に参与することをもって喪失されていた自己尊重をとり戻し、この時に強化された承認の経験は、政治的共同体において連帯を形成することになる。[24] そしてこの闘争は、加害者個人に対する処罰だけでなく、共同体的・社会的責任を要求し、変化を求めるという点で、被害者個人に対する闘争を超え、マイノリティ／被害者の集合的闘争でもあるのだ。

しかし苦痛や傷を語ることだけで治癒が生じるのではない。とはいえ語ることは目撃することへと繋がりうるし、ほかの人に聞かせるという点で意味がある。したがって、被害者にとって、治癒とは傷を隠すことではなく傷を見せることであるがゆえに、回復とはつまり傷を明らかにすることであり、このように不正義に対する傷を明らかにする作業は、承認を求めるがゆえに政治的なものになりうるのだ。[25] 治癒と回復は、傷を隠すのではなく明かす時、連帯へと拡張する時、社会変化がともなう時に見定めることができるがゆえに、この者たちの治癒は政治的で公的なものであり、反性暴力運動は政治的なフェミニズム闘争である。またこれはほかの被害者に対する慰労であるとともに社会全体に対する責任と連帯の実践だという点で、単純な承認への「要求」ではなく、承認の意味を「転覆」する政治的闘争なのだ。

性暴力事件の解決の意味は、なんらかの結果へ帰結されたり終焉されうるような、完成されたなんらかの状態として認識することはできない。むしろ事件解決のさまざまな場が競合する「はざま」[26] のなかで、法の境界を行き来し、解決と治癒の意味を連帯と闘争の時空間として専有することができる「性暴力の政治」の場が構成される結果として意味化されうるのだ。そしてこの時、政治的闘争としての性暴力事件の解決は、個人の問題ではない社会的な問題として、ネオリベラリズムの統治性に抵抗する「フェミニズム政治の公共性」が構成される領域として分析できるのだ。

そして性暴力事件の解決の意味は、結果ではない闘争の経路として認識されなければならない。性暴力の被害者たちが告訴をしたり被害経験を公にするような問題提起をしたりする理由は、加害者の処罰と反省、治癒と回復、共同体の省察と変化のためのものでもある。これらは分節できるものではないがゆえに、被害者と加害者の資源と双方の関係、被害の類型と解決方法などによって、絶えず相互作用しつつ、被害と加害の意味を移動させるからである。したがって被害の経験が組織内で、あるいは法的解決の過程で横すべりし、歪曲され、攻撃される時、被害者は被害者として存在することになる。しかし被害者たちはこれらの危機を経験しながら、事件解決の意味が結果にのみ縛りつけられないように、解決の場を拡張し、移動させながら、自分の状況と条件に合う闘争の時空間を再創造するのだ。それゆえ性暴力事件の解決は、終焉されうるものや完成された状態として認識するというよりは、解決と治癒の意味を連帯と闘争の言語で専有することができる「性暴力の政治」の場が構成される一つの経路として、意味化されなければならないのだ。

注

（1）本書は、親密／知人関係における性暴力被害を受けた後に法的告訴をしたり、共同体内で事件解決を試みたり、事件を公にして以降に逆告訴被害を受けたり、自らがMeToo運動に参加したと考えたりしている被害者たちにインタビューを行った。これらをすべて経験した一人の被害者だけでなく、このうち一つないし二つを経験した被害者も面接することで、インタビュイーそれぞれが自らの状況と条件によって法の内外でなんらかの実践を行っており、その過程で再構成される事件解決の意味を検討しようとした。親密／知人関係で被害を受けた諸事例を選んだ理由は、加害者が知人である時と知人ではない時に、法的対応と事件解決の過程において被害者たちの選択する方法と認識の違いが大きいからだ。検察庁の犯罪分析によれば、二〇一九年の捜査機関に刑事立件された性暴力事件のうち、合わせて二万五九四七人の犯罪者と被害者の関係を見れば、他人が六一・九％（一万六〇六五人）、職場・友人・恋人・親族などの知人が三二・五％（八四四五人）、その他が五・五％（一四三七人）である（検察庁『犯罪分析』検察庁、二〇二〇）。その反面、韓国性暴力相談所の相談統計によれば、二〇二〇年の合わせて七一五件の性暴力相談のうち、知らない人による被害は五・六％（四〇件）、知人による被害は八九・一％（六三七件）、未詳が五・三％（三八件）である（韓国性暴力相談所『二〇二〇年韓国性暴力相談所相談統計分析』韓国性暴力相談所、二〇二一）。このように警察に告訴された事件と女性団体に相談を依頼する事件は、加害者と被害者の関係類型に大きな差がある。性暴力被害者というアイデンティティは、主に親密な関係、職場、共同体内の関係における同意と非同意、尊敬と権威、好意と執着、通念と自責感の境界で発生した不快な諸経験を暴力／被害として言語化し、これに関する情報を集め、これを知らせる時に発生しうるあらゆる不利益と関係および位置の変化を推しはかったのちに判断される。したがって知らない人の場合には相対的にあまり悩まずに告訴する場合もあるが、知人の場合は経験をかみくだき、周りの人と専門家に相談を依頼し、自分のもっている資源と解決方法などを検討する過程を経る。それにもかかわらず被害者に「なる」ことを決心したならば、多くの被害者はまず個人的・組織的な解決方法を模索してみるが、予想と違って挫折の経験をすることになり、けっきょくは司法的解決についても考えもする。それゆえ親密／知人関係で被害を受けた被害者たちが事件解決の過程で経験する悩みは、家族、職場、共同体などと、これに関連した無数の人と機関にまで拡大するがゆえに、複雑なナラティブと苦しみの再解釈過程がともなう。これゆえ本書では、知らない人からの被害よりも親密／知人関係での被害を受けた被害者たちをインタビュイーとすることをもって、解決過程での複雑な文脈を表そうとした。またインタビュイーたちを、成人、女性、非障害者、先住民〔韓国にもともと住んでいる人〕、首都圏居住者として現在暮らす人に限定している理由は、被害者の社会的位置によって、法的構成要件と手続き、性暴力事件における資源が行使される条件と被害の意味の構成に大きな差が存在するからである。

(2) 韓国性暴力相談所『二〇一九年韓国性暴力相談所相談統計分析』韓国性暴力相談所、二〇二〇。

(3) 韓国性暴力相談所の相談統計によると、二〇二一年の親族間性暴力相談の全体件数七六件のうち、四四件(五七・九%)が公訴時効が過ぎた相談であり、法的手続き中であったり、処罰したり、告訴前段階であるが公訴時効が有効な場合は三二・九%、わからない場合は九・二%だった。韓国性暴力相談所『二〇二一年韓国性暴力相談所相談統計分析』韓国性暴力相談所、二〇二二。

(4) 最近、親族間性暴力の被害者たちは公訴時効に対し積極的に問題提起をしている。「「被害を語るまで二〇〜三〇年」親族間性暴力公訴時効が一〇年ではいけない理由」『ハンギョレ』二〇二一年二月二二日(オンライン参照)。

(5) 健康家庭基本法第三条三項によれば、健康家庭とは家族構成員の欲求が充足され人間らしい生が保障される家庭のことであり、この法によればすべての国民は婚姻と出産の社会的重要性を認識しなければならず、家族解体を予防するために努力しなければならない。

(6) 「デート暴力：デート関係で発生する身体的、情緒的、経済的、性的暴力であり、さまざまで複合的な暴力(監視、統制、暴言、脅し取り、脅迫、暴行、傷害、監禁、拉致、殺人未遂など)のことを指します。デート関係は、デートまたは恋愛を目的としてつきあっていたり、つきあったことのある関係と、より広くいえば、見合い、ブッキング、チャットなどを通してその可能性を認めて会う関係まで包括し、つきあってはおらずとも好感をもっている関係も含みます」女性家族部・韓国女性ホットライン連合『デート暴力・ストーカー被害者支援のための案内書』女性家族部・韓国女性ホットライン連合、二〇一八。これとともに、本書でデート関係における暴力や性暴力をデート性／暴力と表記した理由は、デート関係における物理的・言語的暴力と性的暴力を分離することが難しいからだ。ふだんは多情な恋人が、少しの力を用いて性関係へと誘導したり、要求されつづけて仕方なく性関係に応じたり、あるいは同意の下の性関係の直後に多少荒い言葉づかいがあったりしたのであれば、執着と関心、愛と暴力、親密さと強かんを区分することは難しい。被害の言語において、愛、暴力、親密さ、強かん、憐憫、ケアは統合されているからだ。

(7) 韓国女性ホットライン連合「デート暴力被害者支援のためのガイドブック――親密な、しかし／それゆえに致命的な」韓国女性ホットライン連合、二〇一五。

(8) 二〇二一年三月二四日、ストーキング処罰法が制定された。韓国女性ホットライン連合はこの法がストーキングを犯罪と規定したという点で意味があるが、この法の目的が「被害者を保護し、健康な社会秩序を確立するに貢献」するためのものだという点、ストーキング「行為」とストーキング「犯罪」を区分することで被害者を「ストーキング行為の相手」と「被害者」に区分し、法が保護する被害者を限定的に規定するという点、意思に反して不安感または恐怖心を呼びおこす行為などをストーキングの構成要件として見ている点などから、親密な関係で発生する女性暴力の特性を反映できていないと批判したことがある。「二二年経ってストーキング処罰法制定、手ばなしで喜べない理由――わたしたちはきちんとしたストーキング処罰法を望む」韓国女性ホットライン連合・声明および論評、二〇二一年三月二四日(オンライン参照)。

(9) 女性家族部『女性・児童権益増進事業運営指針』女性家族部、二〇二二。

(10) 女性家族部、前掲書、二〇二二、六九頁。

(11) 性暴力相談所の運営実績は一九九五年から保健福祉部で収集しており、二〇〇一年から女性家族部で集計している。女性家族部に運営実績を報告する根拠となる規定は「性暴力防止および被害者保護などに関する法律第三二条（報告および検査など）①女性家族部長官または地方自治団体の長は相談所、保護施設、統合支援センターまたは教育訓練施設の長に該当する施設に関して必要な報告をさせることができ、関係公務員にその施設の運営状況を調査させたり、帳簿またはその他の書類を検査させたりすることができる」と明示しており、具体的には女性・児童権益増進事業運営指針（女性家族部）に、「市長・郡長・区長は管内の各相談所の運営および精算実績を指定書式にしたがって上半期の実績は同年七月三一日まで、年間運営実績は翌年一月三一日までに市・道〔県〕知事を経由して女性家族部長官に提出しなければならない」と示されている。

(12) キム・ボファ、ホ・ミンスク、キム・ミスン、チャン・ジュリ『性暴力被害相談分析および被害者支援方案研究』女性家族部、二〇一八。

(13) キム・ウンシルは、かつて参与政府〔盧武鉉《ノ・ムヒョン》政府〕において女性関連の議題の制度化によって、被害女性は残余的な福祉サービスの対象として位置づけられ、活動家たちはその法を維持し実行するための実務者であると同時に国家と交渉する政策専門家へと変化することになったと指摘したことがある。つまり制度化過程において女性運動は、政府の統治秩序に編入され、女性運動の政治性と特殊性、女性運動組織のあいだの差異が看過されたり無理されたりしたまま、国家の福祉サービス伝達体系の下部構造になる過程を経験した。つまり女性政策の制度化がジェンダー政治学の変化のためのものではなかったことに気づいたのだ。これゆえ、被害者の政治学は性に関する主流化の言説のなかでともに扱われなければならず、被害を平等と差別のジェンダー政治学へと転換させる理論的・政治的努力が必要であることを主張した。キム・ウンシル「「女性」政策の制度化を通して見た参与政府の実験性——国家フェミニズムの経験」ソウル大学社会科学研究院企画、カン・ウォンテク、チャン・ドクジン編『盧武鉉《ノ・ムヒョン》政府の実験——未完の改革』ハンウル、二〇一一。

(14) ミシェル・フーコー、オトゥルマン訳『安全、領土、人口——コレージュ・ド・フランス講義一九七七〜七八』ナンジャン、二〇一一〔高桑和己訳『ミシェル・フーコー講義集成7安全・領土・人口 コレージュ・ド・フランス講義1977‐78』筑摩書房、二〇〇七〕。ミシェル・フーコー、オトゥルマン訳『生命管理政治の誕生――コレージュ・ド・フランス講義一九七八〜七九』ナンジャン、二〇一二〔慎改康之訳『ミシェル・フーコー講義集成8生政治の誕生　コレージュ・ド・フランス講義1978-79』筑摩書房、二〇〇八〕。

(15)『女性・児童権益増進事業運営指針』によれば、現在、性暴力相談所の所長の資格基準は社会福祉士二級以上の資格を取得したのちに性暴力防止関連業務に三年以上勤務した経歴をもつ人、国家または地方自治団体で七級以上の公務員として性暴力防止関連業務に三年以上勤務した経歴をもつ人、性暴力相談員資格を取得したのちに性暴力防止事業を目的として設立された団体・機関または施設で三年以上勤務した経歴をもつ人として提示されている。女性家族部、前掲書、二〇二二、七六頁。

(16) バーバラ・クルックシャンク、シン・ソンボ訳『市民を発明しなければならない――民主主義と統治性』カルムリ、二〇一四〔Barbara Cruikshank, *The Will To Empower: Democratic Citizens And Other Subjects*, Cornell University Press, 1999〕。

(17) ブラウンは「寛容(tolerance)」という概念を「独立的で一貫的な原則や実践として理解するよりは、強力なレトリック的効果をもつ、歴史的・文化的に特殊な権力言説」と定義し、寛容言説が行っている脱政治化の機能について分析している。寛容は自由主義国家や法体系と密接に結合しているが、法として成文化されていないいくつもの実践の結合という点で、フーコーが語った統治性の典型的な事例に該当しうるということだ。ブラウンによれば、寛容の対象になる者たちは私的で脱政治化されたやり方で自分たちの「差異」を明らかにする限りにおいてのみ、つまりこれを政治的主張へと繋げない限りにおいてのみ、寛容可能な対象になる。ウェンディ・ブラウン、イ・スンチョル訳『寛容――多文化帝国の新しい統治戦略』カルムリ、二〇一〇〔向山恭一訳『寛容の帝国――現代リベラリズム批判』法政大学出版局、二〇一〇〕。

(18) マーサ・ヌスバウム、ハン・サンヨン訳『ケイパビリティの創造』トルベゲ、二〇一五〔Martha C. Nussbaum, *Creating Capabilities: The Human Development Approach*, Harvard Univ Press, 2013〕。

(19) アマルティア・セン、イ・ギュウォン訳『正義のアイデア』知識の翼、二〇一九〔池本幸生訳『正義のアイデア』明石書店、二〇一一〕。

(20) ラクラウとムフは、ラディカルデモクラシーの企画の過程で既存の普遍的な階級と諸主体の場所は除去され、還元されえないそれぞれの言説的アイデンティティが構築されると分析したことがある。普遍的なものに対する言説、そして限定された数の諸主体だけが到達できる真理に対する特権と、それの暗黙的な仮定を廃棄することをもって、ラディカルで多元的なデモクラシーに到達できるということだ。この時、司法制度、教育、体系、周辺的住民たちの抵抗言説などは、還元不可能な社会抵抗の形態を構築し、あらゆる言説的複雑性と豊かさに寄与すると主張した。エルネスト・ラクラウ、シャンタル・ムフ、イ・スンウォン訳『ヘゲモニーと社会主義戦略――ラディカルデモクラシーの政治に向かって』フマニタス、二〇一二、三二五頁〔西永亮、千葉眞訳『民主主義の革命――ヘゲモニーとポスト・マルクス主義』ちくま学芸文庫、二〇一二、四一一－二頁〕。

(21) 安熙正《アンヒジョン》性暴力事件の被害者であるキム・ジウンさんは、事件解決の過程で体験した悩みと経験を本にして出版し、次のように語っている。キム・ジウンさんの性暴力の問題提起もまた、ほかの被害を防ぐためにはじまったことがわかる。「四月のある日、陽ざしが心地よい朝だった。昨年のこの日、わたしは漢江《ハンガン》を眺めながら自殺を試みていた。けっきょく死ぬことはできず、再び生きぬくことを誓った日だ。一年が経った今日、わたしは弾けんばかりに咲いた花と漢江、空、美しい春の彩りを眺めながら、美しいと思っている。よく生きぬいたという考えがふとよぎった。よく告発したとも思った。苦しい日々であるが、後悔しないぞと再び思った。海外でうまくやっている昔の同僚が思いうかんだ。「わたしが大事にしているその後輩をわたしが守った。よし、ちゃんと告発してよかった」と考えて胸がちくりとした。わたしが好きな同僚であり妹分であるかのじょにもなにかが起こっていたならば、わたしは本当に自分自身を投げだしてしまうかもしれない。後悔という言葉だけでは表現できない罪責を感じただろう。湿った心をとりだして陽で乾かしてもけっして乾きはしないだろう。」キム・ジウン『キム・ジウンです――安熙正性暴力告発、五五四日間の記録』ボムアラム、二〇二〇、三一一頁。

(22) アイリス・M・ヤング、ホ・ラグム、キム・ヤンヒ、チョン・スジョン訳『政治的責任について』イフ、二〇一三〔岡野八代、池田直子訳『正義への責任』岩波学術文庫、二〇二二〕。

(23) レベッカ・アラヒアリ「慈善団体の共感政治――「神の大使」として仕えることと「沈みゆく階級」を救うこと」、ジェフ・グッドウィンほか編、パク・ヒョンシン、イ・ジニ訳『熱情的政治――感情と社会運動』ハンウル、二〇一二〔Rebecca Anne Allahyari, "The Felt Politics of Charity: Serving 'the Ambassadors of God' and Saving 'the Sinking Classes'," Jeff Goodwin edited, *Passionate Politics*, University of Chicago Press, 2001.〕。

(24) アクセル・ホネットは、社会的闘争とは個人的な無視の経験が、ある集団全体の典型的な核心的体験として解釈されることをもって、承認関係の拡張に対する集団的な要求へと進んでいく実践的な過程であると説明する。この時、それぞれの個人は未来のコミュニケーション共同体において承認されうることを予見することをもって、既存の条件では達成できなかった自分の能力に対する社会的な尊重を発見することになるというのだ。このように政治的闘争に参与し、それぞれの個人は侮辱を感じるほど無視されていた自分の属性それ自体を公開して見せることをもって、喪失された自己尊重をある程度とり戻すのだ。アクセル・ホネット、ムン・ソンフン、イ・ヒョンジェ訳『承認闘争――社会的葛藤の道徳的形式論』四月の本、二〇一一、二九九－三〇三頁〔山本啓、直江清隆訳『増補版　承認をめぐる闘争――社会的コンフリクトの道徳的文法』法政大学出版局、二〇一四、二一六頁－二二〇頁〕。ホネットの議論を参考すれば、MeToo運動は個人の被害を明らかにすることをもって加害者の権力に抵抗し、喪失された尊厳をとり戻す承認闘争の過程であると命名できる。

(25) Sara Ahmed, *The Cultural Politics of Emotion*(2nd ed), Routledge, 2014.

(26) ランシエールは政治の周縁に向かっていかず、はざまに存在し、このはざまは現在を発明しつづけるものであると語ったことがある。ランシエール、ヤン・チャンニョル訳『政治的なもののほとりで』キル、二〇一三、三三頁〔Jacques Rancière, *Aux bords du politique*, Osiris, 1990〕。

第五章

「性暴力の政治」の再構成のための提案

第一節　理論的提案

❖「政治的なもの」としての性暴力

本書は性暴力を政治的なものとして位置づけなおし、性暴力事件の解決の場をフェミニズムの政治の実践空間として戦略化するために、「性暴力の政治」の再構成を提案する。このための理論的資源として「政治的なもの(the political)」[1]に対する議論と、被害者の感情を政治化することのできるさまざまな理論を検討し、性暴力事件の解決を政治的責任とフェミニズムの政治の公共性領域として理論化していきたい。

それまで非政治的なものと認識されていた諸領域を政治化しようとするフェミニストの政治における政治的なものとは、言説的に形成され複合的に存在するものとして理解する必要がある。ムフ(Mouffe)は、政治的なものを、あらゆるアイデンティティが関係的であるという前提の下において、ある一つの類型の制度で制限したり社会の特定分野や次元として考えたりすることができず、あらゆる人間社会に本来から存在しており、除去不可能なものであると説明する。そして政治的なものはつねに葛藤および敵対と関係するがゆえに、飼いならされることのないものとして、政治分野における諸個人は孤立した諸個人ではなく集団的な諸アイデンティティであり、そのダイナミズムは個人的な計算へ還元して把握することはできない。社会的行為者は、さまざまな主体の位置を通して各種の言説的形成物のなかで構成されるがゆえである[2]。このようなムフの議論は、国家あるいは法を固定的で巨大な権力と前提するのではなく、不均等な集合へと解体し、性暴力被害者を固定したアイデンティティとして見なそうとする秩序に抗い、これらを言説的形成物として再構成することをもって、被害者のアイデンティティを政治的なものとして説明できる資源を提供する。

他方でランシエール（Ranciére）は、政治的なものを統治の過程であると同時に、人びとの立場と職務をヒエラルキー的に分配する治安と平等の過程として、人のあいだの平等を立証しようとする二つの原理がぶつかる場所であると分析する。したがって政治的なものを語ることは法、権力、共同体の原理について語ることだ。ランシエールはとりわけ政治的なものの端／ふちについて注目するが、これは治安と政治が出会う地点において形成されるものであり、政治が出現することをもって治安が瓦解する時に生じる社会運動と闘争の新しい空間である。ランシエールは政治的なものの単一性を拒否するが、それは特定の主体化諸形態の出現および解体の諸条件を考えさせる思考の進化を意味するがゆえである。ランシエールにとって民主主義とは、統治形態でも社会生活の方法でもなく、政治的諸主体が存在するために経由する主体化の様式であり、主体化過程とは自分ではなく自分がほかの自分と関係をむすんで一なるものを形成することである[3]。これを参考にすれば、政治的なものとしての性暴力事件の解決とは、政治的主体として性暴力に対して問題提起をする被害者たちが出現し、排除するしかなかった条件と背景について考えるようにさせる思考の進化過程である。そしてこれらがネオリベラリズムの主体を超え、フェミニズムの政治の主体になるための主体化様式において、他者との関係と実践の重要性を繋げるのだ。

フェミニズムの主体化の過程において、性暴力と闘うフェミニストの政治は、男性を暴力の行為者または組織者として前提したり、女性を暴力と恐怖の対象として描きだす暴力のジェンダー文法から抜けだし、自我に対する女性の権利を主張するいくつもの言語を発見し、身体化されたレイプの台本(rape script)を排除するための政治的行為である。[4] とりわけマクルーア(McClure)は、二〇世紀後半のフェミニスト革命は、政治的なものという用語を通して特定の変化をもたらすであろうと主張した。これを通して、伝統的に政治的関心の対象ではないと見なされていたいくつもの問いを含めさせ、政治的な分野が法の主権権力のための競争へと縮小されることに反対しながら、闘争をつくりだすことができたからだ。マクルーアは、フェミニストの政治は変化を定義し、変化に直面して関与する重要な諸慣行であるのみならず、これと関連した論争の過程にフェミニストたちの批判的実践も含むものであると主張する。[5] このようなフェミニストの政治の過程において、性暴力の問題は法的なものと法的ではないものの境界が明確ではなく、法の構成は社会的・文化的規範、経済的・実用的義務、道徳的・倫理的熱望のみならず、政治的議題と密接に関連しているがゆえに、[6] 性暴力は法を行き来する政治的なものとして見なければならないのだ。

❖被害者感情の政治化

韓国のさまざまな女性運動団体は、女性運動の実践戦略として、フェミニストカウンセリング[7]を志向してきた。それは、カウンセリングというやり方を、女性／被害者たちと出会う場であり性差別な現実に対する具体的な証拠としてとらえながら、変化の言語をつくりだすことのできる政治的な研究／運動の大衆的な実践方法として考えだしたものだ。それとともに既存のカウンセリング学や心理学とは一定の距離をおくものであり、その理由は「一人の人間を病理的に見る観点ではその人を病理的に評価するしかことしかできないから[8]」であった。

このような女性運動の意味を引きつぎ、性暴力被害者の実践と性暴力事件の解決の意味を政治化するためには、既存の受動性、脆弱さ、病理的な苦痛の言語によって描かれてきた性暴力被害と治癒の意味、そして被害者の感情を、政治的な言語へ転換する必要がある。グッドウィン（Goodwin）とポレッタ（Polletta）は、それまで抵抗運動において感情は否定的なものとして認識されると同時に、抵抗の感情や抵抗への参加動機は無視されてきたと批判する。グッドウィンとポレッタは、とりわけ合理性と感情を対立的に見るのではなく、感情と女性が二分法的におとしめられてきた制度的過程を探求するフェミニズムから概念的な道具を引っぱりだす。女性たちが表現する社会において、捨てられた感情は強力な政治的挑戦の土台と戦略的思考の基盤になりうるということだ[9]。またダール（Dahl）は、民主主義の前提としての政治的平等を求める力は、純粋理性ではなく同情心や猜疑、怒り、憎悪のような情緒または感情と熱情であると述べる。不公平さや不正義に対する人間の認識は強力な感情を呼びおこし、機会が与えられればこのような感情は行動に繋がる[10]。この時、怒りは、規範の不合理性を気づかせ、失われた統制力の復旧を目標にして行動しようとするがゆえに、未来志向的な感情として見ることができる[11]。そして社会的弱者たちの「悲痛さ」は、病理的症状ではなく弱者の悔しさを黙殺する社会的差別の問題であるがゆえに、社会的苦痛として意味の文脈を転換する必要があり、その者たちの感情に共感することは倫理的責任の問題として見ることができる[12]。

最近のMeToo運動をみて相談所に訪ねてきた被害者たちに関する研究によれば、[13] 被害者たちにとって性暴力被害の経験は「適応」するものであり、「感じ」のように存在するものでもある。時にはトラウマで加害者の身上を忘れたが、むしろ傷ゆえに記憶を再び位置づける「Traumatic Paradox」[14]によって、MeToo運動という社会的条件のなかで再現されもするのだ。したがって性暴力の苦痛とトラウマに対する研究は、被害者たちが苦しい経験をしたということだけでなく、その経験を記憶するやり方、変形される過程、競合する記憶などが取捨選択され、トラウマをつくりだす個人的・社会的文脈と条件に対する分析へと拡張するならば、性暴力に対する既存の通念的認識の回路に抵抗できる可能性が生じる。この時、被害者は、苦痛を抵抗の戦略へと変化させ、トラウマを被害の病理化ではなく記憶の「政治的な場」として専有することができる主体として位置することができるのだ。このようにして被害者の感情を抵抗の戦略へと変化させる作業は、事件解決の主体として被害者の実践を政治化できるようにするのだ。

❖連帯の責任の言語

二〇一八年を前後し、韓国のMeToo運動で主体として登場した被害者たちの実践は、共有された政治的責任の実践様式として見ることができる。バトラー(Butler)とアタナシオ(Athanasiou)は、政治的なものの行為遂行性としての剝奪(Dispossession)を、責任と連帯の言語として概念化している。アタナシオは、剝奪に反応する気質としての責任感は単純な個人の利益を超えて社会変革の政治を可能にし、暴力に対する敏感さとしての剥奪の状態は、他者に対するわたしたちの反応と責任感の源泉であると論じる。またバトラーは、主体が政治的主体を生産する一方法として行為遂行性を説明する。これまで無視されていた人びとが自分たちの不安定性を終わらせることを要求する瞬間に、行為遂行性が登場する。この時、複数的な行為遂行性は相互依存性と粘りづよさ、抵抗、平等を上演して見せ、これをもってヒエラルキー的で規制的な権力体制の中心に、対抗－共同体をつくりだすというのだ。[15]

したがって性暴力事件解決のための被害者たちの闘争は「行為遂行性の政治」として見ることができる。それまで数えられることがなかった者たちが、自らを重要な存在として数えはじめる時、権利行使としての行為遂行性が登場し、これは政治的主体を生産する一方法であり、このような諸過程は「政治的なものにおいての行為遂行性」として理解できる。つまり闘争の場において、被害者たちは、自分の剥奪された状態を無力なままに順応したり、だれかが解決してくれることを待ったりするのではなく、自分の位置と権利を認識することをもって、既存の権力を剥奪する。そして性暴力事件の解決は、個人的な問題ではなく他者と深く関係していることを認識するようになる。この時、既存の個人化されたネオリベラリズム的な主体を超え、フェミニズム的な政治的主体として被害者が構成されるのであり、被害者らの行為遂行性は性暴力事件の解決の条件と意味を再構成し、連帯の実践へと拡張されるという点で、「行為遂行性の政治」と見ることができる。このような議論は、性暴力被害者たちが経験する剥奪の状態はたんに脆弱な状態にとどまるのではなく、政治的なものにおける行為遂行性を連帯と責任の言語で実践できる条件であることを説明する。

そうであるならば、連帯と責任はどのように可能なのか？　スキャンロン（Scanlon）は、「わたしたちは互いにどのような負い目を負っているのか」という責任の問題を哲学的に検討している。責任の問題は、自由、自発性、選択などの問題とともに発生する。一方で、ある行為を行為者に帰属できる責任を「帰属可能性としての責任(responsibility as attributability)」とするならば、他方で、人びとが互いのためになにかをしなければならないこと(またはしなくてもよいこと)については「実質的責任(substantive responsibility)」に対する判断だ。このような実質的責任を論じるためには選択の価値が重要であるが、人間関係においてほかの選択をできる代案がなかった時の選択や同意は、自発性のみでは判断できない。選択の価値は条件的で相対的である。それゆえ「わたしたちは互いにどのような負い目を負っているのか」を悩む時に必要なのは、いかなる行動を選択したのかという事実それ自体よりも、このような結果を生じさせたさまざまなやり方や別の諸条件の重要性に注目しなければならない。したがって苦痛を受けたり非難されたりする人びとに対する態度は「けっきょくはあなたが苦痛と非難を買ったのだ」ではなく「神の恩寵がなかったならばわたしがあなたのようになっていただろう」という言葉になるべきなのである。(16)

性暴力は、被害者たちがなんらかの行動を選択したからではなく、被害を受けるしかなかった条件のなかで発生し、この時共同体は性暴力事件の解決を、個人に対する非難ではない社会構造と条件に対する互いのあいだの実質的責任の問題として、つまり個人の選択と同意の問題から抜けだして互いに対する義務と責任の問題としてとらえなければならない。これは社会の不正義を構造的問題ととらえるために社会的連結モデルを提案するヤング(Young)の議論と繋がる。

ヤングは他者とともにつくる集団行動として、未来志向的な範疇として、政治的責任の意味を拡張する。ここで言う個人的責任の言説は、他者の生の条件に対して個人的にどのような責任をもつべきなのかと問うところに限界があるがゆえに、構造化された制度的関係のなかで形成された他者たちの生の背景と条件に対する責任を要請しなければならない。間接的、集団的、累積的な不正義に対する責任を要求するためには、その責任に関連した社会的連結モデルが必要だということだ。このようなモデルをもとに、構造的不正義に責任を負うということは、構造を変える集団行動を組織するためにほかのことと協力することであり、政治的責任は社会制度や慣行に関連した共有された責任を認め、人びとと連帯することを意味する。[17] このように、加害者処罰と烙印を目的にする個人的責任言説を超えて、被害者自らが主軸になった連帯と責任のMeToo運動は、司法的判断によって制限され、社会的通念によって誤解され、国家の行政手続きのなかで施しの対象であった被害者のアイデンティティと被害の意味を転覆する。そして性暴力を構造的不平等から起因した不正義の領域へと拡張させることができる可能性を開いてくれる。

また、ヤングは共有された責任の範疇における法的責任の限界を指摘する。法的責任モデルにおいて容疑者の行為が自発的でなかったり、無知によるものであったりすることが証明されれば、その責任は免除されたり減免されたりするがゆえに、法的責任モデルはあらゆる文脈に適合した責任の方式ではないということだ。不正義な構造は、無数の人びとによって生産、再生産されるがゆえに、特定の行為者のせいに押しつけることは困難であり、法的責任モデルは人びとを防御的にする。[18] MeToo運動のような性暴力被害経験を語る運動は、このような社会的責任と法的責任の境界を行き来する。申告・告訴をしたが解決されなかったさまざまな性暴力を公にすることは、被害者が社会的責任を要求するやり方であるとともに、被害者が自らの政治的責任を明らかにするやり方だ。その反面、法的告訴を進めるのではなくメディアやSNSを通して被害を公にした場合、むしろ加害者によって名誉毀損などの法的報復と威嚇を受けることになる状況は、反性暴力運動と司法秩序との緊張と矛盾を見せるものだ。したがって構造的不正義に対抗する反性暴力闘争は、法の構成と価値体系に従属されるのではなく、法的空間で被害の意味がどのように特定のやり方で脱政治化され個人化されることをもって、いかなる権力の効果を登場させているかを分析しなければならない。

✣フェミニズムの政治の公共性

主体化された被害者が性暴力事件を解決するためのやり方は、被害者と加害者の関係、被害者の資源と条件によってさまざまなかたちで実践されるが、この時、公共圏(public sphere)は法が正当性を得るために議会、政党、メディア、市民社会、社会的連帯がコミュニケーションすることができる民主的過程の手続き的な条件であり討議の政治のための空間として重要な意味をもつ。[19] とりわけ公的討論は、個人間の位置による客観性を前提とし、討論過程における最終結果だけでなく選択の諸過程を統合する包括的結果(comprehensive outcomes)に注目させることをもって機会をさらに幅広く定義することができ、個人のケイパビリティをさらに具体的な概念へ移行できるようにする。[20] このような議論は、法規定自体を超えてさまざまな解決のやり方を想像できる公共圏の役割とそれらの条件を強調し、事件解決の意味を結果に留まるのではなくその過程において再構成されるものとして認識できる理論的資源になる。韓国のMeToo運動は、この間語られなかったり語られることができなかったりした、組織／共同体内の性暴力的文化、親密な関係における性暴力と関連し、単純な福祉や分配、平等の問題を超えて、日常と権力の問題を提起する政治的公共圏の一形態として、このような公共圏は対抗運動の条件として機能した。この公共圏の形式と空間はさまざまなやり方で形成されており、この時、被害経験の語りは加害者と事件の関連者たちを公共圏へと引っぱりだし、法的空間自体も一つの政治的公共圏としてつくりだしつつ性暴力の政治を遂行するという点で意義がある。

政治的な闘争の公共圏としての性暴力事件の解決は「フェミニズムの政治の公共性」が構成される領域として分析できる。ブラウン(Brown)は、ネオリベラリズムは政治的なものの経済化によって歴史のなかに存在してきたホモ・ポリティクス(Homo Politicus：政治的人間)を除去してきたが、ホモ・ポリティクスはネオリベラリズムの理性に対抗する武器であり、人間が別の存在可能性を見せるビジョンの源泉であると主張する。[21]したがってネオリベラリズムの統治に抵抗し、公的領域と公共性の基礎を準備するためには、人間存在をホモ・ポリティクスとして位置づけることが必要だ。[22]この時、公共性[23]は、ネオリベラリズムに対抗する概念として使用されることができ、[24]民主的公共性の理念はいかなる声や言葉も封鎖しないものであり、公共性に対する接近を非対称的なものにしている資源と言説の分配状況を問題にし、それをより対称的なものへと接近させていくことである。[25]また、階層化された社会において支配と従属に対抗する下位集団の「下位対抗公共性(subaltern counterpublics)」は、言説的空間を拡張し、相互作用するための過程として見ることができる。[26]このような公共性の概念は、ネオリベラリズムの統治秩序のなかで性暴力を個人的に経済化された、法的紛争の問題ではない公的な責任、公共の領域として位置させることをもって、社会構造を批判するフェミニズム闘争の場へと引っぱりだし、被害者を政治的存在として位置づけなおすための重要な資源になる。

❖法の再想像化と批判的再想像

デイビス(Davies)は、既存の法的パラダイムを超えるために、互いに連結している空間、時間、アイデンティティの軸を中心に構成する「法の再想像化(re-imagine law)」、「法の批判的再想像(critical re-imagining of law)」を提案する。これは、法を垂直的なものではなく、水平的次元で見ることで、法がわたしたちをいかなる主体として構成するのかではなく、複数的な主体としてのわたしたちが複数的に法をどのように構成し、生き、遂行するのかへと問いを移動させることだ。社会的多様性の観点から見れば、社会的構成物である法は社会的プロジェクトとして再び主張されることもあり、主体は自立的で自給自足的なものではなく複数形で再現されるということを理解できる。この時「性的市民権(sexual citizen)」概念は、法/非法、公的/私的の二分法を超えて、主体が複数形だという事実を考慮させることをもって法的遂行と形態に対するダイナミックな、民主的な、参与的な理解へと進みでられるようしてくれる。また、法を時間的に見ることは、法の未来に介入することをもって、すでに構成されている法的慣行に対して法的実験と再建を試みることができる道を開いてくれる。これらの核心は、特定のかたちで定義された境界、排除と包摂の方法、特定の本質をもつアイデンティティとしての法概念を解体するものであり、このようなやり方で法理論における空間と時間の軸を考えなおしてみれば、定義されたアイデンティティとしての法の概念は、行為遂行的な関係の集合であると同時に非独立体（non-entity）として理解することができる[27]。したがってフェミニズムと法の関係に対する研究は、その一貫性やなんらかの枠組みを強要することではなく、この関係の相互作用を通した複雑性と曖昧性を検討しなければならないのだ[28]。

このような「法の再想像化／批判的再想像」は、性暴力事件解決の過程において直面する法の暴力性と絶対性を解体し、経路と過程を中心に法的手続きを再想像するための本書の重要な資源である。つまり法を一つの言説として、特定の秩序を遂行するものであると同時に、そのような遂行的な諸関係の集合として理解するならば、性暴力に対する法的認定と判断基準は、一つの構築物として、いつでも専有できる闘争の場として再構成することができるのであり、このはざまにおいて被害者たちの経験を政治化することができる可能性が開かれるのだ。そしてこの時、性暴力事件の解決の意味は、司法中心的な勝敗の問題を超え、法を行き来するさまざまな実践を通して多様な選択肢を拡張し、それが実行できる条件に対するものへと拡張されうるのだ。

右のような議論をもとに、本書における性暴力は、フェミニズム理論と実践において急進的で政治的な分野のうちの一つとして、「性的な暴力をめぐり人の身体と人格、記憶とアイデンティティ、感情と合理性、自律性[29]と関係性、制度と文化に対する総体的接近のなかで構造化される個人的経験であると同時に、ある時代の言説的形成物であり、集団的に理解され構成される政治的構成物である」と再定義したい。既存の性暴力概念と諸定義は、主に加害者の行為に焦点を合わせていたが、本書において性暴力を再定義する理由は、性暴力の経験、判断、意味構造、処理と解決の過程が、単一なやり方で理解されることはできず、その時代の価値体系や秩序と力動する過程で絶えず再構成されるからである。

また本書における「性暴力の政治」とは、「性暴力を脱政治化する言説的秩序に抵抗する政治的なフェミニズム的闘争としての性暴力事件解決の公共性を拡張するための社会的条件とダイナミックな実践の諸様式」と概念化したい。これは法市場化、私的化される性暴力の脱政治化に抗い、性暴力事件の解決を、諸言説を角逐する場である政治的闘争の場へと移動させ、性暴力事件の解決を公的な責任の領域として案件に上げて、解決のための諸条件を可視化するための遂行的概念である。本書はこのような理論と概念をもとに、性暴力事件解決をめぐる被害者たちの闘争と実践様式を政治化することをもって、性暴力事件の解決の時空間を関係的、過程的、構造的観点をもとにした「政治的なもの」へと移動させることを提案する。

第二節　実践的提案

性暴力事件の解決は、被害者と加害者の関係、発生した空間、被害の類型、二次加害の有無、当事者の資源とケイパビリティなど、状況と文脈によって多層的に検討しなければならない。この過程で、とりわけ司法的解決は、より被害者中心的な選択肢にならなければならないと同時に、依存の対象ではなく分析され介入できるものに転換されなければならない。これゆえ本書の分析をもとに、性暴力事件の解決の公共性を強化するために、法的・制度的・共同体的・運動的な観点から、いくつかの実践的提言をしたい。

第一に、弁護士市場の分別のない広報と告訴の濫用に対する弁護士業界次元の努力が必要だ。弁護士法第二三条（広告）第二項では、客観的事実を誇張したり、消費者に誤解を生じさせたりする憂慮のある内容の広告、弁護士の公共性や被害を与える憂慮のある広告などをできないよう規定している。[30]弁護士法第八八条は、法曹倫理を確立し、健全な法曹風土を醸成するために法曹倫理協議会を置くようにしてあり、第八九条（倫理協議会の機能および権限）には法曹倫理の実態の分析と法曹倫理の違反行為に対する対策などを遂行するよう明示している。[31]現在、性暴力加害者の量刑を下げたり無罪を勝ちとったりした判決文をホームページにアップする法人の場合は、加害者に対し自分たちは勝てるだろうと誤解させる余地を与え、社会的に性暴力根絶という公共性を害する憂慮がある。したがって弁護士広告規定が次第に緩和され、弁護士の倫理が能力に取り替えられ、各種の告訴が濫用されている状況に対する内部的な実態分析と対策、そして法律事務所の「社会的責任[32]」意識と弁護士会次元での積極的介入が必要である。

このためには大韓弁護士会の会則や地方弁護士会の内部指針、弁護士倫理章典などにさらに具体的な倫理的指針を適示することも必要だ。とりわけ弁護士倫理章典第一一条（違法行為協力禁止など）第二項は「弁護士は犯罪嫌疑が希薄な事件の告訴、告発または陳情などを慫慂しない」と明示している。米国の場合、弁護士の資格要件に道徳的品性および適合性（moral character and fitness）要件である一三の条項を充足するよう要求しているが、このうち六番目が司法手続きの濫用（abuse of legal process）についての部分だ。[33]性暴力逆告訴の場合、法律事務所から加害者にうながすなどの告訴を濫用する事実が疑われれば、これを会次元で規制する必要がある。性暴力は法の解釈と判断から既存の通念に影響を多く受けるだけに、法律事務所自らが自浄し牽制できるさまざまな方法を考えなければならない。

第二に、性暴力事件の解決の法市場化に抵抗するための制度の導入を考慮してみることだ。米国、英国、日本の場合、被疑者／被告人弁護の過程で、より公共的で倫理的な価値を担保するために、経済的困難をかかえる被疑者／被告人が捜査・裁判過程で国家所属の弁護士に無料で法律支援を受けることができる「刑事公共弁護人制度(Public Defender System)」[34]を施行している。韓国でもこれに関する議論が進行中ではあるが[35]、このような制度の導入は性暴力の法的解決過程で被疑者／被告人の防御権だけでなく性犯罪専門法律事務所の歪曲された広報および加害者支援産業の拡張を牽制するための公共的目標と内容も含まれなければならないだろう。

第三に、法曹人たちの性認知感受性の訓練が必要だ。ロースクールの課程で人権および性認知感受性の教育を必須科目として配置しなければならず、一年に一度ずつ行われる弁護士研修でもその教育が必須にならなければならない。弁護士グループの性認知感受性が全体的に高まれば、一部の非倫理的な性犯罪専門法律事務所の拡散を阻止できる力になりうるし、無責任な被害者国選弁護士に対する問題意識を共有するさいにも役に立つだろう。なによりも現在、加害者側弁護士たちの司法的な技術が強化されているのは、裁判所がこれを認めているからであり、操作される余地のある減刑事由を排除することはもちろん、弁護士たちがつくりだす各種の技術も承認してはならない。このためには警察、検事などの捜査担当者たちとともに裁判所もまた最新の判例と事例を中心にする定期的な性認知感受性の教育がかならず必要だ[36]。そしてこれをもとに不適切な加害者側弁護士たちの弁護方法および内容に対する訴訟指揮権などが適切に発揮されなければならない。

第四に、性暴力逆告訴の捜査と判断の過程で「積極的処置[37]」が必要だ。まず虚偽告訴の捜査時にIACP（国際警察長協会）の性暴力捜査指針を積極的に参考して訓練しなければならない[38]。性暴力について公にすることに対して、加害者本人が起こしたことであるにもかかわらず名誉毀損によって逆告訴する行為は、当事者たちのあいだの時間的・経済的・精神的被害をもたらし、裁判所職員の業務を加重させるという点において、告訴権の濫用とされる可能性がある。とりわけ訴訟提起者が敗訴判決を受けたにもかかわらず訴を提起する場合、不当提訴による損害賠償をしなければならず、被害者と関係者たちに慰謝料を支払う必要がある[39]。また、性暴力被害者に対する名誉毀損の逆告訴濫用については不起訴処分時に虚偽告訴なのかどうかを原則にして抑制し[40]、刑法上の名誉毀損の判断における違法性の阻却事由を拡大しなければならない。それとともに現在民法第七六四条（名誉毀損の場合の特則）は、他人の名誉を毀損した者に対して裁判所は被害者の請求によって損害賠償に代えたり、損害賠償とともに名誉回復に適した処分を命じたりできると明示してあるが、違法性の阻却事由に対する規定はない。性暴力加害者たちが、民事訴訟を通して被害者に金銭的不利益を与えたり威嚇したりする事例を参照し、公共の利益に対する違法性阻却事由を民法にまで拡大しなければならない。

第五に、性暴力被害者が捜査・裁判の過程で積極的に参与することができるシステムが必要だ。これまでの数年間、韓国のMeToo運動で目撃してきたように、もはや被害者たちは性暴力被害を恥ずかしがったり、隠したりすべきものとしてのみ認識していない。むしろ積極的に対応し、語り、要求する時、その過程を通して力を得たと感じる場合が多く、被害者たちは闘う主体として自分の位置を設定しており、積極的に自分と支持者の裁判をモニタリングし、法の空間を闘争の空間へとつくりかえている[41]。被害者たちは闘う準備ができているが、現在被害者に対する法的権利保障の内容は被害者の保護に焦点が合わせられており、積極的に参与できる体系がどちらかと言えば不足している。したがって、日本やドイツなどの一部の国家で施行している被害者参加制度[42]などを検討し、裁判の過程で被害者が加害者に直接質問し、加害者の責任を追及できるようにすることをもって、語る主体の位置へと被害者を移動させる必要がある。これを通して精神科的な診断名で被害事実を証明することより、被害者が自分の経験を体と人格に対する侵害として被害の文脈を説明することをもって、被害者の経験と言語が反映された法的解決の過程を想像してみることができる。法的解決の過程で自分の経験と位置を客観化する経験は、被害者たちが性暴力被害を自責と後悔ではなく正当な怒りと治癒の言語につくりかえていくさいに重要な要素になる。被害者の治癒と回復のための個人のケイパビリティは、法的な判断の勝敗で決定される最終選択肢ではなく、本人の意思によって選ぶことのできた実際的な機会に注目できなければならず、被害者参加制度はそのような手続き的な過程として意義がある。そしてこの過程で被害者国選弁護士の倫理的義務を強化し、処遇改善と関連してもシステム整備が必要だ。

第六に、組織および共同体内の性暴力事件の解決を共有された責任として認識し、事件の解決過程を組織文化の変化のための過程に拡張する必要がある。性暴力に対する問題提起は、どのようなやり方で進められるかによって手続きと過程、意味と判断基準に少なくない差異がある。さまざまなやり方で解決が進行されうるというのは、被害者の被害経験がそのやり方に合う言語で表現されなければならないがゆえに、さまざまな戦略と言語によって事例ごとに再構成されなければならないということを意味し、その過程で解釈の仕方と内容が拡張されることもある。したがって加害者を量産し隠蔽する韓国社会の特定の文脈と構造に対する問題提起の一方法としての組織内性暴力事件の解決は、法中心的な手続きや言語とはその意味合いを異にする。しかし次第に大学においては法学部の教授たちを中心に調査および懲戒委員会が組織され、一部の大学は調査過程に弁護士をかならず含めるようにしたり、事実関係の把握が困難な場合には申告された事件〔の解決過程〕を終結できるように明文化したりもした[43]。職場の場合にも捜査・審議の過程に労務士と弁護士たちの参加が好まれ、事件処理過程は組織内の構造と文化および認識に対する変化を志向するというよりは、その機関が法的に責任を取らなければならない点はないのか、法的に許容可能な程度の事件なのか、事実関係を正確に把握できる事件なのかなどの、法的手続きと言語を中心に再組織されている。

しかし本書で検討してきたように、被害者たちは事件の解決を共同体や社会が変化する時として認識する場合が多かった。したがって組織および共同体内の解決を、裁判に行く前の段階として認識するよりは、自分が属した組織の限界を直視して感受性を高めていくための共有された責任の観点として認識する必要がある。このためには二次加害や被害者中心主義[44]のような争点をはじめとし、共同体内の性暴力事件の解決をめぐるさまざまな議題が議論されつづけなければならない。これは言説闘争の一部としての法的判断基準を超えようとする試みであると同時に、被害者たちの経験に新しい言語を生産し、社会的感受性が向上されるための過程として認識しなければならない。このためには事件解決に対する組織的訓練と事件解決に対する政治的でフェミニズム的な意味化が下敷きにならなければならないだろう。

最後に、女性運動への国家の統治秩序に対する強力な抵抗が必要だ。韓国の女性運動は、法・制度化運動とともに、これへの不断のモニタリングを通して、問題のある規定と解釈などに対して批判と抵抗活動をつづけてきた。しかし、財政支援を口実に各相談所の活動内容を評価・管理し、運動ではなくサービス機関として位置づけようとする試みに強い問題提起をしなければならない。それぞれの性暴力相談所の活動は、被害者個人に対する支援だけでなく、相談を主要な活動方式として戦略化する運動組織であることを主張しながら、運動団体を社会福祉施設化する国家の運営指針に対してさらに積極的に介入し、急進性を失わないための方法を模索しながら闘争をつないでいかなければならないのだ。

注

(1)「政治的なもの」に対する議論の代表者として、シュミット(Schmitt)は、「政治的なもの」は、特定の意味における政治的な行動がすべて帰着されうる、固有な最終的な区別のなかで探し求めなければならず、ここで特定の政治的な区別とは、敵と友の区別であると語る。ルフォール(Lefort)は、一九‐二〇世紀のフランス革命および主たる政治哲学者たちの議論を分析し、「政治的なもの」は、わたしたちが政治的行為と呼ぶもののなかにおいてではなく、社会の制度化様式の出現と掩蔽《えんぺい》という二重的運動のなかに現れると主張する。したがってルフォールは、民主主義の発展と自由に対して評価できる機会をもつことは、人間権利の制度のなかにおいて新しい形態の正当性の諸標識を発見し、個人が公共の場の扇動者であるとともに産物として承認される条件に限ってであると主張する。カール・シュミット、チョン・ヨンファ訳『パルチザンの理論』人間サラン、一九九〇〔新田邦夫訳『パルチザンの理論』ちくま学芸文庫、一九九五〕。カール・シュミット、キム・ヒョジン、チョン・テホ訳『政治的なものの概念――序文と三つの系論を収録した一九三二年版』サルリム、二〇一二〔権左武志訳『政治的なものの概念』岩波文庫、二〇二二〕。クロード・ルフォール、ホン・テヨン訳『一九－二〇世紀の政治的なものに対する試論』グリンビ、二〇一五〔Claude Lefort, *Essais sur le politique : XIXe-XXe siècles*, Seuil, 1986〕。

（2）シャンタル・ムフ、イ・ボギョン訳『政治的なものの帰還』フマニタス、二〇〇七〔千葉真、土井美徳、田中智彦、山田竜作訳『政治的なるものの再興』日本経済評論社、一九九八〕。

（3）ランシエール、ヤン・チャンニョル訳『政治的なもののほとりで』キル、二〇一三〔Jacques Rancière, *Aux bords du politique*, Osiris, 1990〕。

（4）Sharon Marcus, "Fighting Bodies, Fighting Words: Towards a Theory and Practice of Rape Prevention", Judith Butler & Joan, W. Scott eds., *Feminists Theorize the Political*, Routledge, 1992.

（5）Kirstie McClure, "The Issue of Foundations: Scientized Politics, Politicized Science, and Feminist Critical Practice", Judith Butler & Joan, W. Scott eds., Ibid, 1992.

（6）Clare McGlynn & Vanessa E. Munro, "Rethinking Rape Law: an introduction", Clare McGlynn & Vanessa E. Munro eds., *Rethinking Rape Law: International and Comparative Perspectives*, Routledge, 2010.

（7）フェミニストカウンセリングとはフェミニズム政治哲学と分析によって提起された女性とジェンダーに関する多文化的フェミニズムの学問を根拠におき、日常の生と社会的・情緒的・政治的環境においてフェミニズム的抵抗と変化を増進させる戦略と解決を志向するカウンセリング実践のことを言う。ローラ・ブラウン、キムミン・イエスク、カン・ムンスン、ソン・ヨンジュ訳『フェミニズムカウンセリングの転覆的対話――ジェンダーと権力の転覆』ハンウル、二〇一二〔Laura S. Brown, *Subversive Dialogues: Theory In Feminist Therapy*, Basic Books, 1994〕。

（8）韓国性暴力相談所『性暴力を裏がえす――韓国性暴力相談所二〇年の回顧と展望』イメジン、二〇一一、六八頁。

（9）ジェフ・グッドマン、ジェイムス・ジェスパー、フランチェスカ・ポレッタ編著、パク・ヒョンシン、イ・ジニ訳『熱情的政治——感情と社会運動』ハンウル、二〇一二〔Jeff Goodwin, James M. Jasper, Francesca Polletta eds., *Passionate Politics: Emotions and Social Movements*, University of Chicago Press, 2001〕。

(10) ロバート・ダール、キム・スニョン訳『政治的平等に関して』フマニタス、二〇一〇〔飯田文雄、辻康夫、早川誠訳『政治的平等とは何か』法政大学出版局、二〇〇九〕。

(11) マーサ・ヌスバウム、カン・ドンヒョク訳『怒りと許し——敵愾心、雅量、正義』プリワイパリ、二〇一八〔Martha C. Nussbaum, *Anger and Forgiveness: Resentment, Generosity, Justice* Oxford University Press, 2016〕。

(12) ハ・ラグム「悲痛な感情に関する哲学的探索」『韓国女性哲学』二八巻、二〇一七、五五-八六頁。

(13) キム・ボファ「性暴力相談日誌を通して見た二〇一八年韓国MeToo運動の意味」『フェミニズム研究』一九巻、二〇一九、三-四三頁。

(14) ホッジキン(Hodgkin)とラッドストーン(Radstone)によれば、苦しい経験をした後、その経験はトラウマと感じられることもあるしそうでないこともある。トラウマは心の内的作業に対する生産物でもありうるし、発生したことの結果でもありうる。つまりトラウマはなにを語ることができ、記憶することができ、どのように記憶できるのかの問題であるがゆえに、表現されることもあるが偽造されたり記憶の間違いを発生させることもある。これはたんなる間違いではなく、記憶というものを再び位置づけることだという点で、ウォーカー(Walker)は、これを「traumatic paradox」として説明したことがある。Katharine Hodgkin, Susannah Radstone eds., *Contested Pasts: the Politics of memory*, Routledge, 2003; Janet Walker. "The traumatic paradox: autobiographical documentary and the psychology of memory", Katharine Hodgkin, Susannah Radstone eds., *Contested Pasts: the Politics of memory*, Routledge, 2003.

(15) アタナシオによれば、剥奪とは、第一にほかの人によってだれかが剥奪される状態を決定づけている、すでに構築されていると同時に先取されているしかない諸喪失をすべて含むものであり、第二に主体性と生存、生の可能性を限定づける、規範的でありつつも正常化を誘導する暴力によって苦しみをともなうかたちで強制されたなんらかの状態として、政治的なものにおける行為遂行性を試みる課題は、このように二つの互いに異なる価値を帯びる剝奪を一つに束ね、それに抵抗する新しい枠組みを編みだすことを意味する。ジュディス・バトラー、アデナ・アタナシオ、キム・ウンサン訳『剝奪――政治的なものにおいての行為遂行性に関する対話』子音と母音、二〇一六〔Judith Butler, Athena Athanasiou, *Dispossession: The Performative in the Political*, Polity Press, 2013〕。

(16) ティム・スキャンロン、カン・ミョンシン訳『わたしたちが互いに負う義務――契約主義的道徳概念分析』ハンウル、二〇〇八〔T. M. Scanlon, *What We Owe to Each Other*, Belknap Press of Harvard University Press, 1999〕。

(17) アイリス・M・ヤング、ホ・ラグム、キム・ヤンヒ、チョン・スジョン訳『政治的責任に関して』イフ、二〇一三〔岡野八代、池田直子訳『正義への責任』岩波現代文庫、二〇二二〕。キム・エリョンは韓国のMeToo運動をアイリス・M・ヤングの正義と政治的責任の議論を参照し分析したことがある。キム・エリョン「責任の連帯、#MeToo以降の課題」『女性学研究』二九巻一号、二〇一九、一三九―一六五頁。

(18) アイリス・M・ヤング、前掲書。

(19) ユルゲン・ハーバーマス、ハン・サンジン、パク・ヨンド訳『事実性と妥当性――言説的法理論と民主的法治国家理論』ナナム、二〇〇七〔河上倫逸、耳野健二訳、『事実性と妥当性――法と民主的法治国家の討議理論にかんする研究』未來社、二〇〇二(上巻)、二〇〇三(下巻)〕。ハーバーマスの公共圏概念は、西欧ブルジョア男性階級に焦点が合わせられており、公／私の二分法的であり、自由主義的視角に偏向しているという批判を受けもした。キム・スジョン、キム・イェラン「サイバー公共圏のジェンダー性と言説構成の特徴」『メディア、ジェンダー&文化』一〇巻、二〇〇八、五―三六頁。しかし公共圏は現存する実体として特定の時期の社会的・政治的・経済的・文化的文脈のなかで変貌、拡張、細分化、再構成される力動体であり、一つの規範的モデルで定型化することが困難であり、支配的公共圏と対抗公共圏がつねにはっきりと区分されるわけでもない。キム・イェラン「感性の公共圏――女性コミュニティ、感じて、語って、行う」『言論と社会』一八巻三号、二〇一〇、一四六‐一九一頁。したがって社会的不平等が公共領域内で議論される方法と、それが大衆に及ぼす影響、そしてだれがその権限において差別されているかをもとにして分析しなければならない。Nancy Fraser, "Rethinking the Public Sphere: A Contribution to the Critique of Actually Existing Democracy", Craig Calhoun ed., *Habermas and the Public Sphere*, The MIT Press, 1992. そしてこれをもとにさまざまな公共圏の限界と可能性に対する分析が行われなければならないだろう。

(20) アマルティア・セン、イ・ギュウォン訳『正義のアイデア』知識の翼、二〇一九〔池本幸生訳『正義のアイデア』明石書店、二〇一一〕。

(21) ウェンディ・ブラウン、ペ・チュンヒョ、パン・ジニ訳『民主主義を殺害する――当然な言葉の裏に隠れた、保守主義者たちの陰密な攻撃』わたしの人生の本、二〇一七〔中井亜佐子訳『いかにして民主主義は失われていくのか――新自由主義の見えざる攻撃』みすず書房、二〇一七〕。

(22) イ・ムンス「ネオリベラリズム的統治性、主体、そして公共性の問題――Foucaultの一九七八、一九七九年講義を中心に」『政府学研究』二五巻二号、二〇二〇、五九‐九〇頁。

(23) 齋藤純一は公共性の意味を国家に関係した公的な(official)もの、特定のだれかではなくあらゆる人と関連する共通的なもの(common)、だれに対しても開かれて(open)いるものに区分するが、この三つの意味の公共性は互いに抗争する関係にある。齋藤純一、ユン・デソク、リュ・スヨン、ユン・ミラン訳『民主的公共性――ハーバーマスとアレントを超えて』イウム、二〇〇九〔齋藤純一『公共性』岩波書店、二〇〇〇の韓国語訳〕。チョ・ハンサンは公共性の三要素とは人民、公共福利、公開性であると指摘するが、これらは互いに循環的なものであり、この時公共性はそれを求める主体、求める方法に対する基本的事項まで内包している概念複合体として定義される。チョ・ハンサン『公共性とはなにか』チェクセサン、二〇〇九。またイム・ウィヨンは公共性を民主主義的過程を通して求める正義および平等の価値として定義し、これを道具的公共性、倫理的公共性、談話的公共性、構造的公共性に類型化し、公共性概念を具体化した。イム・ウィヨン「公共性の類型化」『韓国行政学報』四四巻二号、二〇一〇、一―二一頁。

(24) イム・ウィヨン、前掲論文。

(25) 齋藤純一、前掲書。

(26) Nancy Fraser, "Rethinking the Public Sphere: A Contribution to the Critique of Actually Existing Democracy", Craig Calhoun ed., *Habermas and the Public Sphere*, The MIT Press, 1992.

(27) Margaret Davis, "Beyond unity", Vanessa E. Munro & Carl F. Stychin eds., *Sexuality and the Law : Feminist Engagements*, Routledge-Cavendish, 2007.

(28) Vanessa E. Munro & Carl F. Stychin "Introduction", Vanessa E. Munro & Carl F. Stychin eds., Ibid, 2007.

(29) ホン・ミリはドメスティック・バイオレンスにおいて妻の自律性が発揮されうる空間を分析し、フェミニストの関係的自律性を「抑圧的規範権力に質問して応答する過程のなかで、自分の好みと欲望、信念と価値を発見・生成しながら、ほかの人の安穏を考慮し、自分の日常をケア・統制する技術の練習」と定義したことがある。本書における自律性もその意味にしたがう。ホン・ミリ「ドメスティック・バイオレンス被害女性の価値奪還（Reclaiming-Self）旅程を通して見た社会関係規範の再構成と関係的自律性実践に関する研究」梨花女子大学女性学科博士論文、二〇二〇、三七頁。

(30) 弁護士法第二三条（広告）①弁護士・法務法人〔法律事務所〕・法務法人（有限）または法曹組合（以下、この条では「弁護士など」とする）は、自己またはその構成員の学歴、経歴、主要取扱業務、業務実績、その他その業務の広報に必要な事項は、新聞・雑誌・放送・コンピューター通信などの媒体を利用して広告することができる。

②弁護士などは次の各号のどれか一つに該当する広告をしてはならない。

1. 弁護士の業務に関して偽った内容を表示する広告
2. 国際弁護士を標榜したりその他に法的根拠がない資格や名称を標榜したりする内容の広告
3. 客観的事実を誇張したり事実の一部を遺漏したりするなど、消費者を誤導したり消費者に誤解を生じさせたりする憂慮がある内容の広告
4. 消費者に業務遂行結果に対し不当な期待をもたせるようにする内容の広告
5. 他の弁護士などを誹謗したり自身の立場から比較したりする内容の広告
6. 不当な方法を提示するなど弁護士の品位を毀損する憂慮のある広告
7. その他の広告の方法または内容が、弁護士の公共性や公正な受任秩序を害したり消費者に被害を与えたりする憂慮があるものとして大韓弁護士会が定める広告

③弁護士などの広告に関する審査のために大韓弁護士会と各地方弁護士会に広告審査委員会を置く。

④広告審査委員会の運営とその他広告に関して必要な事項は大韓弁護士会が定める。［全文改定二〇〇八年三月二八日］

(31) 弁護士法第八九条（倫理協議会の機能および権限）

①倫理協議会は次の各号の業務を遂行する。
1. 法曹倫理の確立のための法令・制度および政策に関する協議
2. 法曹倫理の実態の分析と法曹倫理の違反行為に対する対策
3. 法曹倫理と関連した法令に違反した者に対する懲戒開始の申請または捜査依頼
4. その他の法曹倫理の確立のために必要な事項に対する協議

②倫理協議会は第一項第三号による懲戒開始の申請または捜査依頼などの業務遂行のために必要だと認めれば関係人および関係機関・団体などに対し関連事実を照会したり資料提出または倫理協議会に出席して陳述したり説明したりすることを要求することができ、関係人および関係機関・団体などが正当な理由なし

にこれを拒否する時には、所属職員を法務法人、法務法人(有限)、法律事務所、「外国法諮問師士法」第二条第九号による合作法務法人に出入りさせ、現場調査を実施させることができる。この場合、要求を受けた者および機関・団体などはこれにしたがわなければならない。〈改定二〇一三年五月二八日、二〇一七年三月一四日〉

③第二項により出入り・現場調査をする人は、その権限を表示する証票を持ち、これを関係人に提示しなければならない。〈新設二〇一七年三月一四日〉

④第二項による事実照会・資料提出・出席要求および現場調査に必要な事項は大統領令で定める。〈新設二〇一七年三月二四日〉[全文改定二〇〇八年三月二八日]

(32) ホン・ソンスは、弁護士の業務が基本的人権を擁護し社会正義の実現と公共性を帯びるように法律事務所の社会的責任を主張する。主要内容としては、第一に弁護士は法の支配の確立に責任を取るために、①法律事務所内の利益衝突問題解決のための内部統制手続き、②違法行為発見時の統制手続き、③不公正な専門家活用の問題(回転ドア人事と前官礼遇の根絶など)などの対策を備え、第二に性別、人種など法律事務所内の構成員たちに対する差別禁止と人的多元性のための努力、第三に寄付、社会奉仕、公益活動の遂行、第四に法曹人養成に対する責任、第五に適切な事件受任に関する責任、環境に対する責任、情報公開と社会的責任報告書の発刊を主張した。ホン・ソンス「法律事務所の社会的責任のための試論」『法と社会』四三号、二〇一二、二九七–三二八頁。

(33) ソン・チャンワン「法律サービス市場の侵入規制と弁護士が専属的に提供する法律サービスの範囲」『法曹』五八巻七号、二〇〇九、二四九–二七七頁。

(34) チョン・ジュニョンによれば、刑事公共弁護人制度は一種の国選弁護士制度であり国家別に異なる背景と運営構造をもっている。長い歴史のある米国の公共弁護は私選弁護士を選任する資金力がない貧困者のための刑事弁護(Indigent Defense)からはじまった。ここで貧困の程度は絶対的な基準ではなく相対的な基準であり、依頼人が直接パブリック・ディフェンダーの事務所に行って弁護の申請をしたり、事件の裁判官が公的弁護士を選定してやりもする。米国での伝統的な公的弁護士は、韓国と同様に裁判所が選任する弁護士だった。このような裁判所選任の弁護士は、公的弁護事件以外にも自分が受任したほかの民事・刑事事件で刑事被告のための証拠収集および検察証拠物弾劾をするための専門調査官などを雇用しておらず、効果的な弁護が難しかった。それゆえ強くて効果的な公的弁護を遂行するためには専門弁護士とともに政府の物的・人的資源が必要だという認識が生じはじめた。政府は犯罪被害者の被害回復と社会秩序の回復のために警察、検察など犯罪捜査および訴追機関を設置し、莫大な物的・人的資源を投入しているが、刑事被告のためにもそれに応じる物的・人的資源を提供してこそはじめて公正な刑事司法が構成されるということだ。米国では弁護士になったあとに、大型法律会社を避けたり人権問題に格別な関心をもつ弁護士たちが献身的に支援することもある。検察側の訴追に対してバランスの取れた弁護が可能な組織になろうとするならば、財政など物的基盤のみならず、優秀な弁護士たちの採用が絶対的に必要だ。このために各種の法規を通して事件の負担を適切に維持し、対等な法曹経歴をもった検事間の給与均等を維持している。したがって連邦パブリック・ディフェンダーとその職員たちは、みな連邦政府の公務員として司法府に所属しているとはいえ、かれらは刑事被告を弁護するさいに私選弁護と同様の人的・物的資源を投入し、法廷でも検察側と引けをとらない攻防を繰りひろげる。公的弁護士と私的弁護士の有罪率、実刑率などは犯罪類型の違いを除けば大差がない。チョン・ジュニョン「米国公的弁護制度およびその導入可能性（一）」『法曹』五三巻七号、二〇〇四、六五－一二四頁。チョン・ジュニョン「米国公的弁護制度およびその導入可能性（二）」『法曹』五三巻八号、二〇〇四、一〇一－一七八頁。

(35) 「法務部、裁判所・救助公団など法律支援事業統合推進」『法律新聞ニュース』二〇二一年三月一一日〈オンライン参照〉。しかしこれに対してソウル地方弁護士会は反対している。「〈声明書〉ソウル地方弁護士会は税金を浪費し、均衡性に欠けた、名ばかりの刑事公共弁護士制度推進に反対する」〈ソウル地方弁護士会公式

ブログ――正義の筆で人権を書く〉二〇二一年四月二七日。（オンライン参照）

(36) 二〇二〇年一一月七日の『京郷新聞』記事によれば、蔚山《ウルサン》地方裁判所のパク・ジュヨン裁判官は、「家出青少年性売買強要事件」の被告人に重刑を宣告するさいに多数の論文と書籍を引用し、反性暴力運動の活動家たちが裁判所内のジェンダー研究会と討論した資料を参考にし、「純粋な自発的性売買はない」、「デジタルネイティブ世代に対する理解が必要だ」と判示し話題になったことがある。パク・ジュヨン裁判官は「これからは裁判所も女性主義の視角から性関連の事件を見る動きがあることを社会に知らせる時になったと考えた。裁判所で、誰かが先制的に、マイノリティの地位にとどまっている女性の立場を伝えるスピーカーにならなければならないし、究極的に加害者や男性中心社会に強く警告しなければならない」と述べ、「悪い裁判官は良い裁判をできない」と強調したことがある。「『悪い裁判官は良い裁判をできない』(…)『純粋な自発的性売買はない』判決、パク・ジュヨン裁判官」『京郷新聞』二〇二〇年一一月七日(オンライン参照)。

(37) チョ・スンギョンは名誉毀損逆告訴における積極的処置を主張したことがある。積極的処置とは過去の差別が影響をおよぼさないようにするために現在の政治・社会・経済的構造を改善する処置であり、過去の差別による影響がなくなる時までの暫定的な措置であり、性暴力通念にもとづいた逆告訴は過去から累積されてきた差別の結果であるがゆえに性暴力加害者による逆告訴を禁止し、合理的女性の基準を適用するなどの積極的処置が必要だと主張した。チョ・スンギョン「性暴力被害事実公開の公益的意味――性暴力関連法体系と法執行における積極的処置を提案して」『性暴力加害者の名誉毀損、なにが問題なのか？』討論会資料集、民主社会のための弁護士会女性委員会・性暴力加害者逆告訴対策会議・性暴力追放運動に対する名誉毀損逆告訴共同対策委員会、二〇〇二。

(38) ＩＡＣＰは性暴力被害者を虚偽告訴の被害者と認知するための捜査指針を整備し、これの順守を求めてきた。警察はかならず性暴力事件に対する徹底して完璧な捜査を終えなければならず、捜査官の心証不信、斟酌によって事件を推測したり捜査を遅延させたりすること、恣意的判断によって捜査を終結させることを止揚しなければならない。そして虚偽告訴を主張するためには、徹底した捜査の結果、いかなる性暴力も存在しなかったのであり試みすらされなかったという物理的証拠を提示しなければならなず、被害者捜査時に被害者の反応と行動に依存してはならないと規定している。IACP National Law Enforcement Policy Center, Investigating Sexual Assaults, 2005.

(39) パク・ソニョン「性暴力事実の公論化と名誉毀損」『法曹』五二巻七号、二〇〇三、四五－九〇頁。パク・ソニョン「法女性学的観点から見た性暴力と名誉毀損」韓国性暴力相談所付設研究所ウルリム編『性暴力、法廷に立つ』プルンササン、二〇〇七。

(40) チャンイム・ダヘ「事実適示名誉毀損の顚末」『疑いから支持へ――性暴力逆告訴を解体する』討論会資料集、韓国性暴力相談所付設研究所ウルリム、二〇一八。

(41) 二〇二〇年九月一八日、裁判所内のジェンダー法研究会の裁判振りかえりチームが開催した「性暴力裁判、ともに振りかえる――保護法益、裁判実務、市民社会の視線で」という名のフォーラムで、被害生存者である連帯者Dは、かつて自分の性暴力裁判を傍聴しながら実名が挙げられるなどの問題があるたびに、すぐに問題提起をして意見書や嘆願書を提出したさい、傍聴席に被害者がいるということを認識した裁判官、公判検事、被告人側弁護士の態度が変わるのを感じ、それからは直接的・間接的な連帯者の位置で「傍聴連帯活動」をはじめたと語る。ガラガラの傍聴席を前にして「裁判官－検事－被告人側」が裁判を進める構図において被害者は疎外されるしかないということだ。それゆえ裁判傍聴を通して公判検事や被害者側の弁護士と協力しながら被告人側の防御戦略に対応することができ、二〇一五年からは直接連帯していない事件に対しても裁判傍聴、裁判モニタリング活動を行い、二〇一六年から「傍聴連帯」を組織し、自発的に参加する傍聴人たちとともに全国をまわり、裁判モニタリング教育を実施し、チェックリストを通して検事、裁判官、被告人側弁護士の言動をチェックし問題提起するなどの傍聴連帯活動を行っている。連帯者D「性犯罪裁判傍聴記――「わたしたち」はいま裁判所へ行く」『性犯罪裁判、ともに振りかえる――保護法益、裁判実務、市民社会の視線で』資料集、裁判所ジェンダー法研究会裁判振りかえりチーム、二〇二〇。この間女性運動団体でも裁判の過程に対する活発なモニタリング活動をしてきたが、連帯者Dは被害経験者として自分の経験を明かし、自分の経験をもとに連帯活動を率いているという点で、だんだんと性暴力被害者たちが、法的解決の過程で表に出ないようにするよりは積極的に参加しようとする主体の姿を見せている。

(42)〔韓国語原著でカバーしていなかった二〇一七年、二〇二三年の刑法改正を反映し、記述を修正している。〕日本は二〇〇七年の法改定によって、裁判所が一定の事情を考慮し、相当だと認めた場合に、犯罪被害者の参加を許容する被害者参加制度を新設した。参加を許可された被害者参加人は公判期日に在廷することができ、検察官と密接な関係を維持しながら一定の要件の下に許可を受けた場合は証人審問、被告人に対する質問、事実または法律の適用に関する意見を陳述することができる。被害者参加人は被害者本人、被害者の遺族および家族、被害者の法定代理人であり、弁護士が上記の者から委託を受けることもできる。被害者参加が認められる罪としては、故意の犯罪行為によって人を死傷させた罪、不同意性交等・不同意わいせつ罪、業務上過失致死傷、逮捕および監禁、未成年者略取・誘引、誘拐、人身売買、国外移送目的略取・誘引などである。このような罪は被害者側参加の必要性が大きいために被害者参加を認める必要性がとりわけ高いと認められることを理由とする。そして日本はこのような制度が適切に遂行されるために二〇〇八年に被害者参加人のための国選被害者参加弁護士制度に関する法律を導入した。被害者参加人の国選弁護制度は、経済的な力が不足している被害者参加人に対して、裁判所が「法テラス（日本司法支援センター）」に、被害者の意見を聞いて選出された弁護士の候補者のうち一名を選定させ、国家が弁護士の報酬および費用を負担する。二〇一〇年基準の被害者参加弁護士の罪名別内訳をみると、全体三八〇件のうち強かん罪（当時）と強制わいせつ罪（当時）が三二・九％で最も高い比率を占め、殺人、傷害などがその後に続いており、施行後二年六ケ月のあいだに被害者参加弁護士の契約弁護士が四九％に増加した。このような被害者参与制度の最も大きな意義は、国家の刑罰権独占に対抗し被害者を疎外させず、受動的地位から抜けだして自分の心情や意見を法廷で陳述し、必要によっては証人審問、被告人に対する質問の機会を与えることによって犯罪被害の悔しさを訴え被害を回復できる機会を保障することにある。キム・ジャンディ「犯罪被害者陳述制度に対する改善方案――日本の被害者参加制度および被害者参加人弁護制度を中心に」『法学研究』二二巻一号、二〇一一、二一七-二四五頁。

(43) ソウル大学人権センター規定（第二二七三号、二〇二〇年一二月二四日改定）第二一条（審議委員会の構成）第二項には、セクシュアルハラスメント、性暴力および人権侵害の調査のための審議委員会の構成において、相談所長はかならず弁護士を含めるようにすることとなっている。また第二八条の二（調査終結）は、センターの調査権限だけでは事実関係を明確にすることが困難な場合、調査を終結できると明示している。

(44) 韓国社会において一九九〇年代中・後半から各大学内の女性学生運動を通して反性暴力学則制定運動や性政治運動などが、二〇〇〇年代はじめには運動社会内性暴力根絶一〇〇人委員会の活動のように急進的なやり方で性暴力の共同体的解決が実践されてきた。そして最近の二〇一五年にはメガリアの登場、二〇一六年の江南駅女性殺人事件、二〇一七年と二〇一八年には各種の共同体内のMeToo運動などを経て、共同体内の性暴力事件が再び公にされはじめ、共同体内性暴力事件解決の意味と主要概念に対する議論が活発にすすめられた。この過程で二次加害に対する名指しが過剰に拡散されたり、被害者中心主義が機械的に適用され、この概念に対するさまざまな討論と論争などが行われたりした。クォンキム・ヒョンヨンは、性暴力被害者を非難する文化を通称していた二次被害という用語が二次加害という用語に代替されるなかで、文化ではなく個人を指すようになり、被害者と加害者の陳述に対する解釈闘争が不可能になったと評価し、被害者中心主義は判断基準ではなく解釈方法としてのフェミニズム認識論にもとづいた状況に置かれた知として理解するべきだと主張した。クォンキム・ヒョンヨン「性暴力二次加害と被害者中心主義の問題」クォンキム・ヒョンヨン編『被害と加害のフェミニズム』教養人、二〇一八〔影本剛、ハン・ディディ監訳『被害と加害のフェミニズム――#MeToo以降を展望する』解放出版社、二〇二三〕。キム・ボファは、被害者中心主義はたんに事件処理原則における技術的側面の道具ではなく、関係を弱者の視角から見ようとする実践であるとともに、そのような感受性で世界をマイノリティの視角から見るという哲学として、一種のパラダイム転換として見るべきだと主張した。キム・ボファ「性暴力事件の共同体的解決――性認知的客観性は可能か」被害者中心主義の代案を探す集いタムジェンイ〔植物の「ツタ」という意味〕『性暴力事件の共同体的解決――性認知的客観性は可能か？』討論会資料集。チョン・ヒジンはジェンダー被害はそれ自体として真実なのではなく闘争によって獲得される概念であり、被害は承認闘争、集団行動、社会運動、フェミニズムなどのさまざまな名前で呼ばれる実践を通して社会的合意に到達していく過程であるがゆえに、被害者中心主義を主張するよりは被害者化と被害者中心主義の関係、女性を被害者化する権力を問題にするべきだと分析したこともある。チョン・ヒジン「女性に対する暴力とMeToo運動」チョン・ヒジン編『MeTooの政治学』教養人、二〇一九〔金李イスル訳『#MeTooの政治学――コリア・フェミニズムの最前線』大月書店、二〇二一〕。このように「被害者中心」という意味は、それを解釈しようとする者たちの政治的理解と戦略が込められているがゆえに競合する概念だ。しかしこの言説の競合の場が、時には「二次加害」という命名によって公の場で議論されることができないのではないのかというような、そして完璧な事件解決に対する期待がむしろ被害と加害をめぐる意味を過剰化し、その過程で被害と加害のあいだの経験とダイナミズムを表現できないのではないかというような、批判的考察が必要である。

エピローグ

本書は、言ってみれば「語ること」と「聞くこと」についての記録である。

フェミニスト研究者にとって聞くこととは、研究に引用するためのインタビュイーの断片的なさまざまな「言葉」ではなく、インタビュイーたちが語りたかったり語らなかったり語れなかったりする言葉の行間を読みとくことであると同時に、タブーと苦痛の言語を正義と責任、治癒と連帯の意味へ変化させることができる強力な資源である。それゆえわたしはインタビュイーたちがわたしに語ることを選択した理由と語りたい内容のあいだで、インタビュイーたちが考える語ることの意味を探すことに専念した。インタビュー当日にすぐフィールドノートを作成し、録音の過程で現場での空気感と感情が文脈的に集まるようメモにメモを重ねた。

インタビュイーたちにとって「語ること」とはどのような意味だったのだろうか。研究のために会った被害者たちは、インタビュー後に積極的に別の人たちを紹介してくれ、紹介された被害者たちもまた快く応じてくれた。普通、性暴力被害の経験を語るということは不快な記憶を想起しなければならない困難な過程であるにもかかわらず、インタビュイーたちはなぜインタビューに参加し、自分がもっていた資料を快く共有したのだろうか。六年あまりのあいだ、加害者と訴訟を行ったジョンヒは、最近になって民事・刑事上でよい結果がもたらされたが「最後まで放棄しなければなんとかなるということを他の人に知らせたくて、いろいろな活動もやっていますし、いまもこんなインタビューに応じている」と語った。親族間性暴力の被害者であるヘギョンは、インタビューをお願いする最後の通話で「わたしの話は使える部分が多い」と意気揚々と語った。意気揚々な被害者に出会うことは稀な喜びであったが、その後かのじょの言葉をかみしめるなかで、親族間性暴力というタブー視された被害経験の語りを研究に重要なものとして使えるということが、かのじょにとって一つの自負心となっていったようだ。かのじょは親族間性暴力があまりにも世の中に知られていないせいで被害者たちがインタビューにたくさん応じなければならないと強調しており、ヘギョンにとってインタビューは世の中とのコミュニケーション通路であると同時に積極的な社会参与の一環であった。会うことにしたがけっきょく会えなかったある被害者は、裁判の過程で加害者側が活用した証拠資料を研究に活用することに同意し「それがわたしの最初の女性運動」なのだと強調した。そして何度かの通話でこのような研究に参与することは他の被害者たちに「連帯」することなのだとかさねがさね強調した。これ以外にも多くの被害者が「自分みたいな被害者が生じないことを望む思いで」インタビューに参与し、被害者であるインタビュイーたちにとってインタビューと研究のための資料の提供などは、他の被害者に対する連帯活動であり、一つの「運動」として認識されていた。インタビュイーたちにとって性暴力被害経験の語りは苦しいことだけではなく、どのような状況において、だれと、なぜ、どのように語るかによって別のかたちで意味化され、自分の被害を公的な経験として共有しようとする一種の社会的責任感から実践されたものだった。本書で語った「繋がっていることを自覚する過程でつくられる政治的責任感」

は、それゆえまさにインタビュイーたちの一歩一歩のなかで、日常のなかで、大小の実践と参与のなかでともにすることであったのだと、何日も過ぎてから理解することができた。

研究者にとって「聞くこと」とはなにであるべきなのか。

インタビュー過程で、わたしは被害当時の状況を詳しく聞くよりは被害以降にどのようなことが起こり、どのような選択をしてきたのかに注目した。被害当時の状況を具体的に問わなかったがゆえにインタビュイーたちが苦しさを少しは免れてくれるのではないかと期待したが、結果は正反対だった。多くの性暴力被害者が苦しむ部分は被害当時の状況と衝撃、記憶によることだけではない。その後に起こった関係の破壊と生計の困難、時には二次被害と逆告訴などによる場合が多かった。それゆえインタビュイーたちは被害「以降」について語ることをより苦しがるのだが、被害以降のその時、その瞬間、またある時間に自分が行った選択を思いかえし、その選択を自ら理解し、再びわたしに説明しなければならない再解釈の言語を必要としたからだ。それゆえ当時の怒り、後悔、悔恨などの感情がからまって話の流れを失うこともあったが、インタビューの途中でしばしば「わたしはきちんと話していますか?」、「必要な話をしていますか?」、「こんな話にも意味がありますか?」のような質問を繰りかえした。何人かのインタビュイーは「政治的に正しい」話をしなければならないという負担を感じているように見えたが、示談金に関する話や、女性団体に対する悔しさを話す時には研究者の反応をうかがい見ることもあった。またあるインタビュイーはいままではすべて治癒された状態だということを表現しなければならないという負担を感じているようでもあった。わたしはいましゃべりたい話をしてくださいというながしながら、インタビュイーが負担を感じないことを願った。被害者一人ひとりのある経験のなかに入り、その記憶をともにつまびらかにしていく過程は、尊重と敬意なしには難しい。被害「以降」の選択と沈黙のあいだに、後悔と安堵のあいだに、自責と勇気のどこかにとどまっていたり、時には流れていたりするあるものを摑みとって言葉をつくりだして書いていく過程は、互いの思いが繋がっていなければ不可能なことだ。それゆえ決してあらかじめ計画や準備をしていたわけではなかったが、わたしはインタビューを終える時には、いつもインタビュー過程で感じたかのじょらの肯定的なエネルギーと長所、力などについて話した。そうすればその時からインタビューはまた別の新しい局面をむかえた。研究者の聞くことが話者の心に届く瞬間、また別のさまざまな被害経験、とうてい語れなかった出来事、感情、関係に関する話が四方へと広がっていき、新しい語りがはじまりもした。この時くらいになればインタビュイーたちは事件解決の過程で直面した選択を後悔として意味化するのではなく、その状況と条件のなかで最善であったと自負し、語調が変化することもあった。被害者たちは自分の被害経験を語る時すら自分の言葉と経験と記憶を検閲しなければならなかった。被害者らしい語りなるものはどこにも存在しないものだが、どこかにあるかのように誤解されているがゆえに、インタビュイーの検閲は、その存在の証明でもある。相手が女性団体の活動家だとしてもそうなのだ。それゆえ研究者の聞くことは、時には沈黙のなかに埋められている、生きるために忘れなければならず、忘れるために生きぬかなければならなかったインタビュイーたちの時間に共感し、インタビュイーたちが決して語らなかったある言葉を尊重するしかない。

キム・ウンシルは済州島《チェジュ》の四・三事件〔一九四八年四月三日の済州島での武装蜂起に端を発し、約三万人の島民が犠牲となった事件〕以降、女やもめ〔夫を亡くして再婚しない女性〕たちの記憶と語りについての研究で「最も重要なものとして考えたのは聞くことであり、女やもめたちがどのように語りを決定し語る時間を選択するのか、そしてなにを語りたがるのか」を分析した。そして長いあいだタブー視されてきた語りの過程で女やもめたちは「だれにどのような話をするかを選択し、決定している」とし、これを通して「どのようにして、被害者たちの生の過程と地域共同体の努力によって、再現や治癒の不可能性という問題を扱うことができる」のかを模索する。[1] 本書においても聞くことは最も核心的な研究方法であり研究倫理であった。それゆえ被害者の語りを聞く行為は感受性の別名である。被害者たちがこれ以上検閲せず、意気揚々と傲慢に語ることのできる社会が到来しうる条件は、被害者たちの話を「よく」聞くことのできる感受性が準備されている時にこそ可能である。

語ることと聞くことの現場は、新しい連帯と関係を結ぶことのはじまりでもあった。ある被害者は苦しい時ごとに電話をかけてきて自分の話をしたりもしたが、それ自体が安心になると語った。何人かのインタビュイーはこの研究と関連した情報に接した時に知らせてくれたし、性暴力に関して気になることや研究があればメッセージやEメールで問い合わせてきた。インタビュー過程は、インタビュイーたちが自分の経験を客観化し、理論的言語を渇望する契機になったようだ。時にはなぜ関連する研究がないのかと問題提起をすることもあったし、時にはこんな研究をしてくれと注文することもあった。これは当時、団体の活動家であり研究者でもあったわたしの立場ゆえでもあるが、インタビュイーたちにとって研究者は反性暴力運動と研究を代表する人であり、時にはその責任を負うべき存在として認識されたのであろう。一部のインタビュイーたちはわたしに自分たちがやってきた連帯活動に参加してくれと勧めてくることもあったし、あるいはある活動をするように「組織化」してくることもあったが、このような諸関係は、女性学研究において研究者と研究参与者が一方向的な関係ではなく、互いにとって意味になりうる信頼と連帯の関係で繋がることができるのだと学ぶことができた。

本書は、このように被害者の語りとそれを聞く行為を一つの運動、治癒、連帯のための実践の経路として意味化しながら、被害者たちが被害以降の諸経験をどのように解釈しているかを悩んだ記録である。その過程はただインタビューの時間だけに限られず、インタビューの約束をする日から印刷された論文を渡すために会う日まで繋がっていたし、またその日からいつの日かまでわたしたちの過程は続いていいる。それゆえ〔本書の土台となった〕博士論文が印刷されたあとに、研究の主人公たちに一時でも早く会いたい思いでいっぱいだった。短い場合は一年前、長い場合は数年前に最も苦しかったかもしれない生涯のある時期の経験を分かちあってくれた方たちが、いまどのように過ごしているのか、一人ひとりのインタビューの時に分かちあった悩みが思いうかんだ。一七人の被害者のほとんどに直接会って論文を渡し、研究の裏話を話しあった。数年のあいだインタビュイーたちの声と話を噛みくだいているなかで、わたし一人だけの内的な親密感が強固になり、これほどうれしいことはなかった。

性暴力被害者は被害者であるだけのように思われているが、じっさい被害者はさまざまなアイデンティティと経験のうちの一つであるだけだ。インタビュイーのうちのある方は修士論文を見せてくれ、この間論文を書いて卒業したのち、村に移住して共同体をつくっていると語った。別のある方とはその方の修士論文のテーマについて深い話を交わしたし、何人かの親族間性暴力の被害者たちはさらに激しく公訴時効の廃止と親族間性暴力の実体を知らせる活動をしていた。何人かは苦しい法的闘争に勝ち、何人かは負け、ある方は進路を変えるために勉強し、ある方は結婚し、出産し、ある方は当該分野の専門性を認められて大きな賞をもらったりもした。被害経験、そしてわたしと交わした話は、インタビュイーたちの生をかすめるなにかでもあったし、時には生き方を完全に変えるものでもあった。インタビュイーたちはさらに強く自分だけの道を歩み、時には淡々とUターンしたり、何ごとでもないかのように存在しなかった道をつくりだしていた。

最も予想できなかったのは、いまになって知ることになったインタビュー後のインタビュイーたちの思いであった。ほとんどの方はインタビュー後に力が生じたと語った。だれもわかってくれなかった苦しくて寂しかった自分の経験が、だれかによって意味あるものとして使われうるということ、他の人に役立つことに使えるということは、インタビュイーたちにとって被害経験を異なるかたちで意味化する契機になったのだ。それゆえインタビュー後にむくむくと湧いてきた自己肯定と安定感によって学業を再びはじめ、ずっと夢見ていたことのために移住をし、してみたことのなかったことに挑戦できたと言うのだ。時には論文を読みながら、他の被害者が行ったインタビューの引用文であるのに全く自分の思いと同じだったということが、論文が自分が語りたかった言葉を一文字一文字しっかり書きつけて叫んで語っているということが、なによりも大きな慰労であり支持であったと語りもした。そして卒業したばかりのわたしの進路と未来を心配してくれ、ある方はタロットで占いをしてくれ、悩み話も交わしてくれた。もう一度出会った世界で、わたしたちはこれからインタビュイーとインタビュアーではなく、ずっと昔からの秘密を知っている幼馴染や、路上でともにこぶしをかかげる強靭な同志のようであり、いまではわたしたちと言えるようになり、わたしたちはもっと広くて新しい関係へと繋がっていたのだ。

もう一つ、インタビュイーたちに出会いなおしながら、研究のあいだずっと気になっていた一つの疑問が解けた。インタビュー過程で多くの被害者が「わたしは運が良かった」と語った。いったいなぜ、なにが、どんな点で運が良かったのだろうか。加害者と周りの人、二次被害と逆告訴、そして予想できなかった繰りかえされる困難のなかでも、なぜインタビュイーたちは運が良かったと語るのだろうか。出会いなおしたあとになってやっと、さまざまな問題提起によって自分が属した空間と社会を変えようとしたインタビュイーたちにとって、その「運」はすでにかのじょたちが内面にもっていた力の別名であったということがわかった。またその「運」が集まって連帯という名で実践され、繋がっていく時、さらに強力になった「運」がつくられたということを理解した。そのような面で「運」のよい人たちとともにあれたわたしこそが運の良い人なのかもしれない。

そしてまた時間が流れた。わたしたちをめぐる条件はひょっとすれば多少は弱まったのかもしれない。二〇一八年四月、韓国性暴力相談所付設研究所が行ったフォーラムで性暴力事件解決の法市場化現象がはじめて提起されたあと、正義党で法案が発議され、[2] さまざまなメディアで性暴力加害者のための弁護士広告や減刑技術、オンラインコミュニティなどの問題が言及され、[3] 女性団体の問題提起も続いた。それにもかかわらず、まだこれといった変化を体感することは難しい。さらに虚偽告訴罪の処罰の強化と女性家族部廃止を公約にかかげた大統領が当選したがゆえの憂慮もある。

しかしわたしたちをめぐる条件がある意味ではさらに暗くなったのかもしれないが、わたしたちはその条件と状況に抗って、かれらを軽く見ることができるほどにはしっかりしたものになったと確信する。

少なくとも本書の話者であり聴者であるあなたとわたしはそうである。それゆえ本書は共感と支持の記録であり、これからの連帯と闘争の決意文である。世の中のあらゆる性暴力被害者たちに、そして被害者たちのそばに立とうとする者たちに、これまで表に現れることができなかった語りと「ともに聞くこと」が出会って、ある治癒、ある実践、ある連帯を夢見る支持と闘争の記録である本書が、ひょっとすればなかったかもしれないであろう明日を想像させる、暖かくて激しい抱擁になればと思う。

注

(1) キム・ウンシル「四・三女やめもの「語り」と身体の政治」『韓国文化人類学』四九巻三号、二〇一六、三一三―三五九頁。

(2) 二〇一八年八月二八日、正義党のチュ・ヘソン議員は、被害者を無条件的に美人局《つつもたせ》と見立てるなど、性平等に抵触する弁護士たちの広告を禁止する内容の法案を発議した。記事では「積極的な文句を使ったり、過剰に被害者の名誉を毀損したりする弁護士たちの広告が社会的に問題になってきた。「美人局詐欺に注意」、「美人局詐欺の賢明な対応は性犯罪専門弁護士が!」など、無条件的に性犯罪被害者を美人局に見立てる広告が代表的」と指摘した。「「被害者=美人局」性平等に抵触する弁護士広告禁止法案が提出された」『京郷新聞』二〇一八年八月二九日(オンライン参照)。

(3) 「性犯罪を犯されたんですか? わたくしどもが「救出」して差しあげます」『ハンギョレ』二〇一八年九月一五日。「「性犯罪減刑TIP」人気コミュニティのトップ講師……「金になる」加害者市場を解剖する」

『メディア今日』二〇二一年八月一日。「お疲れでしょう？　減刑コンサルティングをしてさしあげます……性犯罪加害者支援「市場」ができた」『ハンギョレ』二〇二一年一一月一〇日。「イシュー追跡……減刑裏技を共有する「性犯罪コミュニティ」」〈ＭＢＣ生放送今日の朝〉二〇二一年一月一日などを参照。すべてオンライン参照。

謝辞

本書は梨花女子大学女性学科博士学位論文「性暴力事件解決の「法市場化」批判と「性暴力政治」の再構成に関する研究」を修正・補完したものだ。学位論文一つが完成するためには村のすべてが必要だという言葉がある。それに値するほど感謝する方がとても多くて数えきれないほどだ。まず梨花女子大学女性学科のキム・ウンシル、イ・ジェギョン先生に感謝する。とりわけキム・ウンシル先生の論文指導がなければこの研究が世に出ることはできなかった。

短くない時間をともに活動した韓国性暴力相談所の同僚たち、疲れた時にはまず手を差しだしてくれたフェミニストの友人たち、博士論文の審査を担当してくださったキム・ソネ、チャン・ミョンソン、イ・ミギョン、チャンイム・ダヘ先生にも感謝する。そして昼夜を分かたず物心両面で祈祷してくださり心配してくださる愛すべき家族たち、この間の苦悩と成長の時間をともに見守ってくれたパートナーにも感謝を伝える。なによりもこの研究をともにしてくださった三一人のインタビュイー、とりわけ一七人の被害者に心を尽くして感謝と尊敬をおくる。足りないところのある研究が一冊の本になるまでともに悩み、細かくなおしてくださったヒューマニスト出版社の編集部に無限の感謝を送りたい。最後まで言及できなかった方たちには生きていくなかで少しずつ感謝を返していきたい。

性暴力はとても古くからの暴力であるが、その意味と様相は変化しつづけてきた。しかし最近の変化している性暴力の構造と意味を、フェミニズム政治学の観点から分析した研究は不足していた。本書はネオリベラリズム的な条件のなかで性暴力が扱われるやり方を批判的に分析することをもって、その変化の様相を追跡しようとした。これまでの三〇年間、反性暴力運動の歴史と争点をもとに、性暴力をめぐる今日の地形と言説を分析するということは、それの介入地点を模索する過程であると同時に、研究を一つのフェミニズム的実践として位置づけるための努力でもある。このため、本書がこれから反性暴力運動と研究において被害者の経験を政治化するための言語を準備するさいに役立つことを願う。また反性暴力運動の現場にもとづき、性暴力をめぐる諸議題を政治化していける後続の諸研究が続くことを期待する。

付録

	Metoo／公論化	法的告訴(結果)	逆告訴の類型(結果)
	○	刑事強迫(不起訴)	民事掲示文仮処分申請(調停)、民事名誉毀損、侮辱(調停)、刑事名誉毀損(不起訴)、刑事侮辱(不起訴)
	○	×	刑事名誉毀損、侮辱、第三者侮辱(すべて嫌疑なし)
	×	強かん、脅迫、ストーキング(有罪)、民事(勝訴)	刑事名誉毀損、侮辱、強要、脅迫、偽証、虚偽告訴(すべて嫌疑なし)
	△(1)	×	×
	×	×	×
	○	強制醜行(不起訴)	虚偽告訴(三審破棄差し戻し)、民事(二審勝訴)
	△	×	×
	○	×	×
	×	×	×
	×	準強かん致傷(有罪)	×
	○	強かん未遂(有罪)	二次加害者集団が刑事名誉毀損(不起訴)、民事訴訟(被害者公判対策委員会勝訴)
	○	性醜行告訴(取下げ)、行政訴訟三審(進行中)、裁判所を相手に印紙代訴訟(進行中)、加害者名誉毀損に対する虚偽告訴(棄却)、会社相手の民事一審(進行中)	刑事名誉毀損(嫌疑なし)
	○	カメラ利用撮影、流布(有罪)、民事(進行中)	×

付録1 研究参与者リスト

表8 性暴力被害者の研究参与者の事件解決方法と解決過程の特性

仮名	加害者	被害類型	被害時年齢／現在の年齢	個人的解決の試み	組織／共同体への申告
ボラ	前デート相手	デート暴力	20代／30代	×	○
ギョンス	前デート相手	デート暴力	20代／20代	×	×
チャニ	前デート相手	強かん、ストーキング	20代／30代	×	×
ヘギョン	義父	強かん、醜行など	8歳～20代初／53歳	×	×
ジユン	教授	強かん	27歳／38歳	○	×
ジョンヒ	職場上司	醜行	30歳／36歳	○	○
ジニ	実父	醜行など	10～19歳／29歳	×	×
ウンジ	社会運動の同僚	強かん	20代／20代	×	○
トギョン	おじ	醜行	9歳／47歳	○	×
ジヨン	インターネットで知り合った人	準強かん致傷	22歳／29歳	×	×
ヨンジュ	社会運動の先輩	強かん未遂	27歳／35歳	○	○
スミン	職場上司	強制醜行	27歳／35歳	○	○
タジョン	撮影監督	不法撮影、流布など	21歳／27歳	×	×

	Metoo／公論化	法的告訴（結果）	逆告訴の類型（結果）
	×	強制醜行（不起訴意見で検察送致）	×
	○	強制醜行（有罪）、民事（勝訴）	×
	○	×	刑事名誉毀損（嫌疑なし）
	×	×	侮辱（刑事調停）

表10 弁護士の研究参与者の一般的特性

仮名	年齢	性別	弁護士活動経歴	弁護士資格試験
スジン	40代初	女性	10年目	司法試験
ギョンヒ	30代後	女性	8年目	司法試験
ウンジュ	40代初	女性	14年目	司法試験
ソンミ	30代中	女性	8年目	司法試験
ユジン	20代後	女性	8年目	司法試験
ミンス	40代後	男性	12年目	司法試験
ソンフン	30代後	男性	6年目	ロースクール
ソニ	40代中	女性	2年目	ロースクール

仮名	加害者	被害類型	被害時年齢／現在の年齢	個人的解決の試み	組織／共同体への申告
ヨニ	同業界の先輩	強制醜行	25歳／30歳	○	○
ソナ	同業界の先輩	強制醜行	35歳／41歳	○	○
ウンジョン	教会の牧師	性醜行	20代／20代	△	△
スヒョン	ほかの事件の加害者	×	40代／40代	×	×

(1) 〈表8〉の△表示は研究参与者がどのような解決方法を実践したかを表記する箇所に使用しているが、これはインタビュー過程で研究者が該当事案を正確に把握できなかったり、研究参与者がよくわからないと表現したり、研究者が判断するに該当状況があったともなかったとも言えない状況である時に表記した。このように、正確に表現できない解決のさまざまな方法を強いて△で表記した理由は、被害者たちは自分の状況と条件によって既存の解決方法を行き来するさまざまな解決方法を想像し実践していることを表すためである。

表9 女性運動団体活動家の研究参与者の一般的特性

仮名	年齢	性別	活動経歴	所属機関
インギョン	40代後	女性	20年目	A機関
ヘジン	20代中	女性	3年目	B相談所
ユミ	20代中	女性	2年目	B相談所
ミンジョン	50代後	女性	16年目	B相談所
ヒョナ	40代後	女性	10年目	C相談所
ソニョン	30代初	女性	5年目	D相談所

	犯罪名	被害者／加害者の関係
	強制醜行、業務上威力によるかん淫など	知っている関係
	性暴力処罰法[2]（13歳未満未成年者位階などかん淫）	知っている関係
	性暴力処罰法（公衆密集場所醜行）	知らない関係
	強かん傷害	知らない関係
	性暴力処罰法（13歳未満未成年者強制醜行）	知らない関係
	性暴力処罰法（カメラなど利用撮影）	知らない関係
	性暴力処罰法（親族関係準強制醜行）	知っている関係
	強制醜行、公然淫乱	知らない関係
	性暴力処罰法（住居侵入準強かん）	知っている関係
	性暴力処罰法（公衆密集場所醜行）	知らない関係（推定）[3]
	性暴力処罰法（カメラなど利用撮影）	知らない関係（推定）
	強制醜行など	知らない関係
	児童・青少年の性保護に関する法律（児童・青少年性搾取物の制作・配布）など、強制醜行など	知らない関係（推定）
	性暴力処罰法（カメラなど利用撮影）	知らない関係
	性暴力処罰法（カメラなど利用撮影）	知らない関係
	強制醜行	知っている関係
	強制醜行	知っている関係
	準強かん未遂	知っている関係
	準強かん	知っている関係
	強かん	知っている関係
	準類似強かん	知っている関係
	強かん致傷	知っている関係
	準強かん	知っている関係
	準類似強かんなど	知らない関係

害者の同意を得た判決文などを活用し、収集、分析した。分析の量は、量の多さを目的にするよりかは、分析しようとする核心的なキーワードを中心に、質的な接近を通して特定の論理と観点が比較的よく表れた資料を対象に選定した。

(2)　本書における性暴力処罰法は、性暴力犯罪の処罰などに関する特例法を指す。

(3)　推定と表記した判例は、判決文で被害者と加害者の関係が表れていない場合に該当する。

付録2 分析対象判決リスト(1)

表11 分析対象判決文の基本情報

宣告日	事件番号	裁判所
2018年8月14日	2018コハプ75	ソウル西部地裁
2019年10月10日	2019ノ359	大邱高裁
2019年8月14日	2018ノ3866	ソウル中央地裁
2019年6月19日	2019ノ83	釜山高裁
2018年11月2日	2010コハプ75	清州地裁
2019年11月12日	2019ノ529	ソウル南部地裁
2020年1月7日	2019ノ2263	ソウル高裁
2020年7月14日	2019ノ2519	大邱地裁
2019年11月21日	2019コハプ223	ソウル西部地裁
2020年7月20日	2020ノ346	ソウル西部地裁
2019年12月2日	2019ノ974	ソウル西部地裁
2020年5月29日	2020コダン241	水原地裁安養支部
2019年11月22日	2019コハプ273	大田地裁
2018年12月7日	2018ノ932	ソウル中央地裁
2020年6月10日	2019ノ1782	大田地裁
2019年8月9日	2018コダン7140	ソウル中央地裁
2020年7月2日	2019コダン7612	ソウル中央地裁
2019年12月19日	2019ノ226	光州高裁
2019年11月1日	2018コハプ542	ソウル北部地裁
2019年11月14日	2019コハプ460	水原地裁
2020年1月23日	2019ノ263	水原高裁
2019年5月2日	2018コハプ178	済州地裁
2019年11月1日	2019コハプ436	釜山地裁
2020年5月7日	2020ノ292	ソウル高裁

(1) 本書で分析対象にした判例はMeToo運動が起こっていた2018年8月から2020年7月までのあいだに、加害者が無罪判決や減刑を受けるために行ったことがはっきり表れていたり、被害者の精神的な困難が量刑に反映されたりした判決文であり、最高裁よりも変化の可能性がある1審と2審の判決文に限定した。判例の検索は大韓民国裁判所のホームページの「判決書インターネット閲覧」サービスを主に活用した。その他にも全国性暴力相談所協議会で行っている捜査・裁判過程における躓き石として選定された判決や、公開できたり被

訳者あとがき

本書はキム・ボファ『市場に行った性暴力——性犯罪加害者はどのように減刑を購買するのか』（原題）ヒューマニスト、二〇二三年（김보화『시장으로 간 성폭력：성범죄 가해자는 어떻게 감형을 구매하는가』휴머니스트, 2023）の全訳である。著者は二〇〇六年から韓国性暴力相談所で被害者相談と支援、加害者教育などを行い、二〇一〇年に「性暴力加害者の加害行為構成過程に関する研究」で女性学修士、大学の性暴力相談センターを経て二〇一六年から韓国性暴力相談所付設研究所ウルリムで責任研究員を務め、二〇二一年に本書の土台となった博士論文「性暴力事件解決の「法市場化」批判と「性暴力政治」の再構成に関する研究」を梨花女子大学女性学科に提出し女性学博士号を取得した。現在は関連機関の研究員である。共著に『それにもかかわらずフェミニズム』（銀杏の木、二〇一七年）、『フェミニズム教室』（トルベゲ、二〇一七年）、『自ら津波になった女たち』（西海文集、二〇一九年）、『誰が女性を殺すのか』（トルベゲ、二〇一九年）、『MeTooがある／つなぐ』（梨花女子大学出版文化院、二〇二二年）がある。

二〇一〇年代の中頃からの韓国におけるフェミニズム運動の広がりは日本語にも紹介され、運動や研究の現場、または運動と研究が切り離せない現場で注目をあつめてきた。二〇一六年の江南《カンナム》駅女性殺人事件と女性嫌悪を許さないという声の大衆化、二〇一八年のMeToo運動の盛り上がり、そして二〇二〇年のn番部屋事件の表面化など、さまざまな出来事を通して韓国におけるフェミニズムの議論は大衆化した。これは一方では泣き寝入りをしないことを選択した被害者たちが立ちあがるという社会環境の変化であり、全く肯定的なことだ。しかし、他方では本書が明らかにしたように、被害者が泣き寝入りを止めることで表面化した多数の加害者たちは、ありとあらゆる手段を使って／つくりだして被害者へのバックラッシュ（反撃）を行っている。日本では韓国のフェミニズム運動についての書籍がいくつか翻訳されているとはいえ、本書が焦点化したように、現在いかに性暴力裁判が利益創出のための市場になっているかについては関連する議論が少なかった。とはいえ、この司法と市場、社会があたかも一体となってフェミニズムの主張を潰そうとする問題は、運動がぶつかってきた古くからの課題でもある。フェミニズムに対するバックラッシュを市場的、社会的観点を通して分析し、批判し、そして別の政治をつくりあげていこうとする本書の議論は、日本社会において被害者支援や司法、研究など、さまざまな現場で生きる力をなんとか編みだそうとする人びとにとってヒントになるだろう。

訳者は本書を最初読んだ時、本書前半部で明らかにされる加害者を相手にする法律事務所による「減刑パッケージ」、オンラインコミュニティを通した「先輩加害者」の「新人加害者」への対応方法の伝授などのバックラッシュの諸事実（原著の副題「性犯罪加害者はどのように減刑を購買するのか」の部分）に驚いた。本書の重要さは、たんにそれらの事象分析にとどまらず、それらがネオリベラリズム的な主体化様式といかに結びついているのか、ネオリベラリズムが性暴力にいかに手を差しだしているのかという観点を持っている点である。ネオリベラリズム的に主体化した人びとにとって、性暴力対策は社会的なものではなく個人的なリスク問題に還元されてしまい、あたかも商品を「賢く消費」することで加害者たちは罪を免れようとするのだ。このような現象は加害者だけではなく被害者にも向けられる。つまり

「性的自己決定権」が新しい被害者責任論になっているという指摘である。被害者が性的自己決定権を行使しなかったことが原因となって（つまりリスクをうまく管理しなかったがゆえに）性暴力が生じたという説が、裁判所の判決文で採用されてしまっているのである。本書でも分析されているが、安熙正《アンヒジョン》の性暴力裁判の第一審判決がこの論理である（詳しくは鄭喜鎮編、金李イスル訳『#MeTooの政治学――コリア・フェミニズムの最前線』大月書店、二〇二一年を参照）。

これらの分析に続いて重要なのは、本書の後半で述べられている被害者の回復、そして性暴力の政治をめぐる議論である。本書は「性暴力事件の解決」を――加害者支援産業がつくりだしたようなリスクと消費の対象ではなく――「性暴力の政治」として展開していく。「性暴力事件の解決は、終焉されうるものや完成された状態として認識するというよりは、解決と治癒の意味を連帯と闘争の言葉で専有することができる「性暴力の政治」の場が構成される一つの経路として、意味化されなければならないのだ」（本書、二六二頁）。性暴力は「被害を受けるしかなかった条件のなかで発生」したのであり、「この時共同体は性暴力事件の解決を、個人に対する非難ではない社会構造と条件に対する互いのあいだの実質的責任の問題として、つまり個人の選択と同意の問題から抜けだして互いに対する義務と責任の問題としてとらえなければならない」のだ（本書、二七八頁）。被害者のケイパビリティ（潜在能力）が発揮できる条件をつくるということは、問題を社会的文脈から切り離して個人化するネオリベラリズムのリスク論とは真逆の方向性にあるのだ。本書は日本の社会運動・研究の現場で議論を具体化させるために参照できるのはもちろんであるが、それだけでなく司法・公共機関に関わる人びとが政策的な議論をしていくために参照するさいにも、それを下支えしている本書の政治学に注目されたい。

著者キム・ボファは、あるインタビューで本書で最も重要な部分を問われ次のように答えている。

最後の章の話が一番好きです。「被害者はあまりにも辛い」で終わるのではなく、最後に、いつも被害者たちがどれだけ力があり素晴らしく存在しているかについての話です。被害者たちは一様に「これからはこんなことが発生してはならない」、「こんな被害者は自分が最後でなければならない」と語ります。「解決や治癒とはなんだと思いますか」と問えば「自分が（体験した性暴力と）関連したことで他の人をサポートしたい」と語ります。性暴力はそれゆえきわめて「政治的」なことなのです。（「キム・ボファ『市場に行った性暴力』著者〈減刑取引を塞ぐ「刑事公共弁護士制度」必要〉」『女性新聞』二〇二三年三月二三日）

日本でも性暴力関連事件に対して「虚偽告訴」が騒がれ一定程度話題になるとはいえ、そこで政治的問題はゴシップ化してしまい、社会構造的なフェミニズムの問いにならないという事例をいつも目撃する。また、加害者が被害者を誹謗中傷する事例も産業化・ビジネス化している側面を分析する必要があるだろう。二〇二四年三月に行われた韓国での総選挙（一院制の国会議員選挙）で与党代表であったハン・ドンフンは「非同意姦いん罪」の立法案をめぐり、「悔しい人を量産しうる」と反対意見を明確にした。性犯罪がニュースになるさいに、いつも「悔しい加害者、虚偽告訴・嘘の被害者」の物語が登場する（「性暴力逆告訴氾濫…加害者弁論市場が形成されている——『市場に行った性暴力：性犯罪加害者はどのように減刑を購買するのか』』『Bマイナー』二〇二四年五月三日)。「虚偽告訴」を騒ぎたてることで被害者に二次被害を与える社会は決して韓国だけにとどまらない。本書はそのような社会ではない社会をつくり出すための力づよい模索なのだ。

翻訳の表記に関して二点記しておきたい。第一に注のニュースや新聞記事のURLは省略した。第二に第五章の注四二番の内容は、著者の参考にしている日本の刑法の情報が二〇二三年の刑法改正以前のものだったので、著者の了解を得て弁護士の村田智子さんに改訂していただいた。

本書刊行にさいして、村田智子さん、森田和樹さん、姜文姫さん、99%のためのフェミニズムコレクティブの皆さん、そして村田浩司さんにはクォンキム・ヒョンヨン編『被害と加害のフェミニズム――#MeToo以降を展望する』に続いてお世話になった。ありがとうございました。そしてなによりも細かい確認につきあってくださったキム・ボファさんに感謝申し上げます。

二〇二三年一〇月　京都にて

影本　剛

著者

キム・ボファ

男性中心的な司法手続きと言説のなかで、女性に対する暴力がどのような構造のなかで、どのように交差して現れるのかを分析し、その意味と効果を研究している。性暴力被害者の支援と研究活動をするなかで、加害者たちは納得できない減刑と無罪を獲得する反面、被害者たちは逆告訴を被ることが頻繁にあることを確認した。このような現象に問題意識を持ち、性暴力の法的解決がどのように市場化され、性犯罪専門法律事務所がどのようなやり方で加害者の減刑事由をつくるのか、加害者はどのように法市場の合理的消費者になったのか、被害者は被害を認められるためにどのように自ら苦痛と感情を管理するのかなどを調査・分析した。この研究を整理した博士学位論文「性暴力事件解決の「法市場化」批判と「性暴力の政治」の再構成に関する研究」は多くのメディアの注目をあつめ、性暴力加害者を支援する「法市場化」問題を世の中に知らしめた。本書はその博士学位論文を修正・補完したものだ。

女性主義研究活動家。ジェンダー暴力研究所と韓国性暴力相談所付設研究所ウルリムで活動し、梨花女子大学女性学科で修士・博士学位を取得した。著書に『フェミニズム教室』(共著)、『自ら津波になった女たち』(共著)、『誰が女性を殺すのか』(共著)、『それにもかかわらずフェミニズム』(共著)などがある。

訳者

影本剛(かげもとつよし)

朝鮮文学研究・大学非常勤講師。著書に『近代朝鮮文学と民衆――三・一運動、プロレタリア、移民、動員』(春風社、二〇二四年)。日本語への訳書に高秉權『黙々――聞かれなかった声とともに歩く哲学』(明石書店、二〇二三年)、金賢京『人、場所、歓待――平等な社会のための3つの概念』(青土社、二〇二〇年)、李珍景『不穏なるものたちの存在論――人間ですらないもの、卑しいもの、取るに足らないものたちの価値と意味』(インパクト出版会、二〇一五年)、共訳書にクォンキム・ヒョンヨン編『被害と加害のフェミニズム――#MeToo以降を展望する』(解放出版社、二〇二三年)がある。

ビジネス化する性暴力

性暴力の法市場化に抵抗する政治の再構成

二〇二四年一二月一〇日　第一版第一刷発行

著　者　キム・ボファ
訳　者　影本　剛
発　行　株式会社　解放出版社

〒五五二−〇〇〇一
大阪府大阪市港区波除四−一−三七　HRCビル三階
TEL 〇六−六五八一−八五四二　FAX 〇六−六五八一−八五五二
東京事務所
〒一一三−〇〇三三
東京都文京区本郷一−二八−三六　鳳明ビル一〇二A
TEL 〇三−五二一三−四七七一　FAX 〇三−五二一三−四七七七
振　替　00900-4-75417
ホームページ　https://www.kaihou-s.com

デザイン　米谷　豪
DTP　株式会社　ステラ
リーガルチェック　村田智子（弁護士）
印刷・製本　モリモト印刷株式会社

Printed in Japan
ISBN 978-4-7592-6816-4 C0036 NDC367 344p 19cm
定価はカバーに表示しています。
乱丁・落丁はお取り替えいたします。